# Tradition, regional specialisering och industriell utveckling

## – sågverksindustrin i Gävleborgs län

Kjell Haraldsson

UPPSALA 1989

# Abstract

Haraldsson, K., 1989. Tradition, regional specialisering och industriell utveckling - sågverksindustrin i Gävleborgs län. (Tradition, regional specialisation and industrial development - the sawmill industry in the County of Gävleborg, Sweden.) *Geografiska Regionstudier 21.* 213 pp. Uppsala. ISBN 91-506-0728-6. Swedish text with a summary in English.

Distributor: Uppsala University, Department of Social and Economic Geography, Box 554, S-751 22 Uppsala, Sweden.

This dissertation deals with the development of the sawmill industry in the county of Gävleborg, Sweden. The rise of the modern sawmill industry in Sweden is usually described as the result of growth-inducing factors appearing from the mid-19th century - such as expanding international markets and new technologies. In Gävleborg, however, sawmills, operated as an ancillary occupation by farmers and in many cases producing for sale on non-local markets, have a very long history. The hypothesis tested in this study is that this tradition of board and plank production represents the roots of the modern sawmill industry, and that the location and development of the modern sawmill industry was greatly influenced by the structure of this rural industry. The theory of proto-industrialisation provides the conceptual framework for an analysis of continuity and change in the development of the sawmill industry in Gävleborg.

The modern sawmill industry grew up in areas with a strong proto-industrial tradition. The new industry did not replace the old one at once - on the contrary the two systems continued to live side by side for a considerable time. The major expansion of new export-oriented, large-scale production units occurred in the coastal areas, whereas sawmills in the interior of the region primarily produced for local and regional markets.

A detailed study of the development of the industry from about 1900 up to the present time revealed considerable restructuring, resulting in a successive reduction in the number of plants, and the concentration of production to a relatively small number of large export-oriented sawmills. Even today, the imprint of the pre-industrial locational pattern can be seen, e.g. in the predominance of rural locations also for the large sawmills, as well as in the existence of many very small sawmills which have survived up to today as suppliers of wood products for local markets.

*Kjell Haraldsson, Uppsala University, Department of Social and Economic Geography, Box 554, S-751 22 Uppsala, Sweden.*

Doctoral dissertation at Uppsala University, Sweden 1989
© Kjell Haraldsson
ISBN 91-506-0728-6
Printed in Sweden by
Graphic Systems, Stockholm 1989.

Geografiska Regionstudier 21.

Distributor: Uppsala University, Department of Social and Economic Geography, Box 554, S-751 22 Uppsala, Sweden.

Kjell Haraldsson
TRADITION, REGIONAL SPECIALISERING OCH
INDUSTRIELL UTVECKLING - sågverksindustrin i Gävleborgs län.

Summary: Tradition, regional specialisation and industrial development
- the sawmill industry in the County of Gävleborg, Sweden.

Akademisk avhandling

som för avläggande av filosofie doktorsexamen vid Uppsala universitet kommer att offentligt försvaras på Kulturgeografiska institutionen, Föreläsningssalen, Norbyvägen 18 B, Uppsala, fredagen den 26 maj 1989 kl. 10 f.m.

### Abstract
Haraldsson, K., 1989. Tradition, regional specialisering och industriell utveckling - sågverksindustrin i Gävleborgs län. (Tradition, regional specialisation and industrial development - the sawmill industry in the County of Gävleborg, Sweden.) *Geografiska Regionstudier 21*. 213 pp. Uppsala. ISBN 91-506-0728-6. Swedish text with a summary in English.

This dissertation deals with the development of the sawmill industry in the county of Gävleborg, Sweden. The rise of the modern sawmill industry in Sweden is usually described as the result of growth-inducing factors appearing from the mid-19th century - such as expanding international markets and new technologies. In Gävleborg, however, sawmills, operated as an ancillary occupation by farmers and in many cases producing for sale on non-local markets, have a very long history. The hypothesis tested in this study is that this tradition of board and plank production represents the roots of the modern sawmill industry, and that the location and development of the modern sawmill industry was greatly influenced by the structure of this rural industry. The theory of proto-industrialisation provides the conceptual framework for an analysis of continuity and change in the development of the sawmill industry in Gävleborg.

The modern sawmill industry grew up in areas with a strong proto-industrial tradition. The new industry did not replace the old one at once - on the contrary the two systems continued to live side by side for a considerable time. The major expansion of new export-oriented, large-scale production units occurred in the coastal areas, whereas sawmills in the interior of the region primarily produced for local and regional markets.

A detailed study of the development of the industry from about 1900 up to the present time revealed considerable restructuring, resulting in a successive reduction in the number of plants, and the concentration of production to a relatively small number of large export-oriented sawmills. But even today, the imprint of the pre-industrial locational pattern can be seen, e.g. in the predominance of rural locations also for the large sawmills, as well as in the existence of many very small sawmills which have survived up to today as suppliers of wood products for local markets.

*Kjell Haraldsson, Uppsala University, Department of Social and Economic Geography, Box 554, S-751 22 Uppsala, Sweden.*

ISBN 91-506-0728-6
Uppsala 1989

# FÖRORD

För ca tio år sedan presenterade Länsmuseet i Gävle ett forskningsprogram om industrialismens framväxt i Gävleborgs län. Programmet hade utarbetats av Gävleborgsgruppen - en tvärvetenskapligt sammansatt forskargrupp vid Uppsala universitet. Programmet syftar bl.a. till att initiera forskning om industrialiseringsprocessen under 1800- och 1900-talen i Gävleborgs län. Under början av 1980-talet knöts jag till denna grupp och inledde så småningom ett forskningsprojekt om sågverksindustrin i länet tillsammans med Maths Isacson. Maths har under hela avhandlingsarbetet varit en inspiratör och god vän.

Professor Gunnar Arpi var min handledare under den första delen av avhandlingsarbetet. Vid Gunnars pensionering övertog docent Sölve Göransson handledarskapet. Gunnars gedigna kunskaper rörande den svenska industrialismens historia parat med Sölves omfattande kunskaper inom fältet historisk geografi, har varit av stort värde.

Många andra har på olika sätt stött och uppmuntrat mig under arbetet. Där är naturligtvis kamraterna vid Kulturgeografiska institutionen: Sune Berger; i vars forskargrupp jag tidigt kom att ingå och som genom sin personlighet och förmåga att entusiasmera, i allra högsta grad bidrog till att jag tog steget in i den akademiska världen - Roger Andersson; arbets- och rumskamrat sedan många år, som läst och kommenterat hugskott, PM och manus i flera omgångar - Margareta Dahlström; som bearbetat summary, kommenterat manus, korrekturläst m.m. - Jan Öhman; som ägnat stor möda åt kommentarer och layout - Hans Aldskogius, Anders Malmberg, Bo Malmberg och Mats Lundmark; som har lämnat synpunkter och på många andra sätt berikat mitt forskningsarbete. Till denna krets hör också Magnus Bohlin, Gunnel Forsberg, Göran Hammer, Jon Hogdahl, Naseem Jeryis, Ali Najib samt medlemmarna i Sölve Göranssons forskargrupp vid institutionen.

Under de gångna åren har Ewa Hodell och Sonja Färeby vid institutionens sekretariat varit till stor hjälp. Särskilt uppskattat har också Marianne Sintorns fina biblioteksservice varit. Ritarbete och fototekniskt arbete har utförts under ledning av Kjerstin Andersson respektive Assar Lindberg.

Till inspiratörerna och stödjepunkterna har också hört mina närmaste; föräldrar och familj - Kicki, Johan, Josefin och Jonerik - liksom kamraterna i Föreningen för Folkets Historia i Uppsala. Uppmuntran och stöd har jag också fått ifrån Lars Holmstrand och Sten Sandberg.

Till Er alla vill jag uttrycka mitt varmaste tack.

Uppsala i april 1989

*Kjell Haraldsson*

# INNEHÅLLSFÖRTECKNING

# FIGURFÖRTECKNING

# TABELLFÖRTECKNING

ix

# Kapitel 1

# Upptakt

## 1.1 Konsten att såga timmer

Den uråldriga handsågningen efterträddes efterhand av mekanisk sågning och enligt den franske historikern Fernand Braudel började de första mekaniska sågarna att uppträda under 1200-talet. För sågkonstruktörerna hade problemet varit att omvandla en cirkulär rörelse - vattenhjulets - till en växelvis sådan, vilket möjliggjordes genom bruket av kamaxlar.[1] Dessa tidiga "mekaniska mästerverk" förbluffade människor även relativt sent. En resenär som reste genom Jurabergen 1603 iakttog flera av dessa tidiga sågverk som tog hand om

> tall och grantimret som kastas nedför de branta bergen; de har en
> trevlig manick med vilken flera rörelser fram och tillbaka i stockarna
> åstadkoms av ett enda hjul som drivs av vattnet i det trädet självmant
> rör sig framåt. Ett annat träd följer i dess ställe så metodiskt som om
> det utförts med människohänder. (Braudel,1982, s.318)

När denna innovation kom till praktisk användning i Sverige för första gången är osäkert. Emellertid omtalas i Vadstena jordeböcker alltsedan 1400-talets mitt en vattendriven såg, s.k. sågkvarn, belägen på västsidan av Vättern vid Forsvik.[2] Under 1480-talet drevs uppenbarligen också ett flertal sågverk utmed Göta älv.[3] De första mekaniska sågverken i Norr-

---

[1]De äldsta fynden av sågverktyg härrör sig från skilda medelhavskulturer 2 till 3 000 år f.Kr. Dessa verktyg var, enligt avbildningar och fynd i allmänt bruk. De första fynden i Norden ger en indikation på att man redan under stenåldern använde sågtandade verktyg av flinta, vilka betydligt senare efterträddes av bronssågar. De första sågverktygen kan dock endast ha använts för mindre arbeten. För avverkning och beredning av virke för t.ex. byggnadsändamål användes yxa eller bila. Klyvning, eller märgklyvning, brukades långt fram i tiden (bl.a. i vissa delar av Hälsingland under 1700-talet) även sedan järn- och stålsågen introducerats. Klyvningen efterträddes senare av den s.k. kransågningen, vid vilken man sågade plankor ur timmerstockar för hand. Se Näslund, 1937.

[2]Vadstena klosters jordebok 1500, 1898.

[3]Thunell, 1959, s.9.

land var förmodligen de kronosågar som anlades under Gustav Vasas regeringstid. Gustav Vasa kom att påskynda spridningen av kronosågar över landet. Dels behövdes virke till fartyg och byggnader dels kunde de utgöra en stabil skattekälla.[4] År 1554 anlades t.ex. Testebosågen utanför Gävle och under Johan III:s tid uppfördes sågar i Iggesund (norra Hälsingland), i Ovansjö vid Sundsvall samt på ytterligare några platser. Dessa verk knöts ofta till äldre anläggningar, såsom kvarnar och fisken. Sågarna anlades i regel i mindre vattendrag då sågbyggarna knappast bemästrade alltför kraftigt strömmande vatten.[5]

Kronosågningen krävde stora insatser av befolkningen i angränsande byar och socknar, både i form av dagsverken och leveranser av råvara. Arbetet vid dessa kronosågar utfördes, enligt Fahlén (1972), av allmogen "under tvång". Kronosågarnas produktion och livslängd i Norrland skiftade mycket kraftigt. År 1595, som enligt Wilhelm Carlgren var ett rekordår för de norrländska kronosågarna, tillverkades 2 430 tolfter, dvs. i runda tal 30 000 "såg- och bottenbräder". (En ordlista som förklarar vissa facktermer inom trävaruhanteringen återfinns längst bak i boken). Carlgren beräknar att motsvarande produktion klarades av vid ett medelstort sågverk på fem dagar omkring sekelskiftet 1900. Samtidigt måste vi komma ihåg att produktionen vid de första vattensågarna var betydelsefull i jämförelse med att handsåga eller handhugga virket. Det ojämna utnyttjandet av anläggningarna under 1500-talet hade till en del sin bakgrund i klagomål från allmogen, men också i det skiftande behovet av sågade produkter till "Stockholms slotts- och flottbyggen" och andra delar av den statliga verksamheten. Avvecklingen av dessa sågverk kom plötsligt och gick också relativt snabbt. Merparten av kronosågarna arrenderades ut under 1600-talet.[6]

Parallellt med kronosågarna drevs också enskilda sågverk. Med ledning av den s.k. brädskatten, som utgick efter var bondes andel i sågningen, fastslår Carlgren att enskilda sågkvarnar drevs redan under 1570-talet. I Gästrikland fanns 9 sågverk, i Hälsingland 14, i Västerbotten 3 och i Ångermanland 3 beskattade sågverk. Sågverken i Hälsingland var under 1580-90-talen främst lokaliserade till socknarna Trönö, Söderala, Norr-

---

[4]Fahlén, 1972, s.41.
[5]Carlgren, 1926, s.15.
[6]a.a., s.18.

ala, Enånger, Rogsta och Hög.[7] P. H. Widmark hävdar att den första såg-kvarnen på Kronans bekostnad uppfördes 1575 i Njutångers socken. Bön-derna uppförde under senare delen av 1500-talet egna sågkvarnar från vilka tull (skatt) erlades till Kronan. År 1590 fanns enligt Widmark 14 tullsågkvarnar i Hälsingland. Och, konstaterar han, "Brädsågning blev från denna tid en viktig näring för allmogen efter kusten."[8]

Dessa korta nedslag i senmedeltiden och 1500- och 1600-talen visar att färdigheten att på mekanisk väg såga bräder har djupa historiska rötter i delar av Norrland, inte minst i Hälsingland och Gästrikland.

## 1.2 Bakgrund och problemformulering

Den svenska sågverksindustrins långvariga expansion och dynamiska kraft kulminerade omkring sekelskiftet 1900. Från 1850 till slutet av 1890-talet 10-dubblades produktionen vid de svenska sågverken och under denna period var sågverksindustrin en viktig drivkraft i landets industriali-seringsprocess. Sågverksindustrin var den näringsgren där det industriella genombrottet först gjorde sig märkbart. Den var också av utomordentlig betydelse för hela den övriga industriella utvecklingen; man kan påstå att sågverksindustrin under en lång tid bar upp eller bar fram den svenska industrialiseringen främst genom de krav den ställde på omfattande maskinleveranser från verkstadsindustrin.[9]

Det omvandlingsskede som det svenska samhället befann sig i för mer än hundra år sedan - och som den expanderande sågverksindustrin var en del av och också påverkade - kan i våra ögon te sig som mycket drama-tiskt. De gamla jordbruksbygderna var på väg att ändra karaktär. Laga skiftet hade pågått i decennier men ännu inte slutförts. Skiftena skapade en ny landskapsbild präglad av stora sammanhängande ägor. Den gamla byorganisationen höll på att sprängas sönder. Under 1700- och 1800-talen växte sågverksrörelsens omfattning. Skogar bytte ägare - bondeskog köp-tes upp av bolag och avverkades i snabb takt. I älvarna genomfördes dyr-bara strömrensningar. Flottningsrännor anlades och nya skogsområden

---

[7]a.a., s.18ff.
[8]Widmark, 1860, s.288.
[9]Land du välsignade, 1974, s.36.

3

blev tillgängliga för exploatering. Längs kusten växte nya sågverks-samhällen upp, delvis på dittills obebyggd mark. Industrins expansion satte såväl kapital som folk i rörelse.[10]

När det gäller sociala företeelser - som den industriella revolutionen - är det snabba och det långsamma oskiljaktigt. Problemet är att hela tiden föra samman det långa och det korta perspektivet, "att inse deras släktskap och inbördes oupplösliga beroende", som Fernand Braudel uttrycker det.[11] En rad "snabba" händelser - som t.ex. byggande av sågverk och flottningsrännor, avregleringar etc. - sammanflätas med påfallande lång-samma processer - som t.ex. markens omfördelning, befolkningstill-växten, teknikspridning etc.

Norrland spelade före mitten av 1800-talet en relativt blygsam roll i den svenska ekonomin; nu förvandlades denna roll på några decennier till en av tyngdpunkterna i den nationella ekonomin. Sågverksindustrins produktionsökning innebar bland annat att trävaruexportens värde 11-dubblades under 20-årsperioden 1840 till 1860 (värdet av Sveriges total-export 4-dubblades under motsvarande period). Ökningen av trävaru-exporten framgår än tydligare av följande uppgifter:

- en ökning med 60% från slutet av 1830-talet till slutet av 1840-talet,
- en fördubbling av exporten under 1850- respektive 1860-talet,
- i början av 1870-talet var trävaruexportens kvantitet tio gånger så stor som i slutet av 1830-talet.[12]

Uppläggningen av denna studie präglas i hög grad av vad som innefattas i orden *kontinuitet* och *förändring* . Debatten om den moderna industrins framväxt i Västeuropa under 1700- och 1800-talet har under det senaste decenniet erhållit nytt bränsle - inte minst genom teorin om proto-industrialisering som utarbetats av den amerikanske ekonom-historikern Franklin Mendels[13] - som, tillsammans med Fernand Braudels trilogi

---

[10]Forskningsprogram för Gävleborgs län. Järnåldersbygd. Industrialismens samhälle. 1977, s.13. Bakgrunden till detta forskningsprogram var ett beslut i Gästrike-Hälsinge hembygdsförbund 1974. Programmet, som utarbetades av forskare vid universiteten i Uppsala och Umeå, har ett förhistoriskt avsnitt och ett avsnitt om industriali-seringsprocessen från mitten av 1800-talet fram till idag. Det sistnämnda avsnittet utarbetades av den s.k. Gävleborgsgruppen, en tvärvetenskapligt sammansatt forskargrupp vid Uppsala universitet. Samordnande instans blev länsmuseet i Gävle.
[11]Braudel, 1986b, s.475.
[12]Thomas, 1941, s.122.
[13]Se t.ex. Mendels, 1972.

över "Civilisationer och kapitalism 1400-1800", utgör den viktigaste inspirationskällan till denna studie. Vad gäller uppläggningen av min egen studie har Maths Isacson och Lars Magnussons bok "Vägen till fabrikerna" (1983) varit betydelsefull. I debatten om den moderna industrins framväxt spelar just begreppsparet kontinuitet och förändring en viktig roll. Industrialismens framväxt bör betraktas som en evolution, menar till exempel Braudel, det vill säga en långsam uppgång följd av en revolution - en acceleration - i två med varandra förknippade rörelser. Denna "långsamma uppgång" i industriell produktion kan iakttagas i många senare industrialiserade regioner i Sverige under sent 1700- och tidigt 1800-tal - inte minst gäller detta sågverkshanteringen i Gävleborgs län. Braudel frågar sig till och med om inte den industriella revolutionen i England 1750-60 i själva verket utgjorde slutpunkten i en industrialise-ring som inleddes åtskilliga sekel tidigare. Med detta synsätt skulle man kunna fråga sig huruvida den svenska sågverksindustrins höjdpunkt under perioden 1870-90 snarare utgjorde slutpunkten, än början, på en indust-rialisering. Den svenske ekonom-historikern Torsten Gårdlund har i nedanstående citat på ett mycket träffande sätt fångat just denna aspekt av den historiska utvecklingen:

> När man synar populära föreställningar om historiens epoker, slår
> det en ofta, att de drag, som anses känneteckna en epok, kunna
> spåras så mycket tidigare och bli av väsentlig betydelse så mycket
> senare än vad som påstås. (Gårdlund, 1942, s.60)

Vilken betydelse skall man då tillmäta den förindustriella produktionen när det gäller förklaringar till industrialiseringen av vissa regioner i Västeuropa? Var skall vi söka grunden till "sågverksriket" eller, för den delen, det småindustriella Småland och "Brukssverige"? Är det kortsiktiga eller långsiktiga förklaringsmodeller som skall betonas? En central fråge-ställning i denna studie är därför: Vad betydde den industriella beredskap som fanns i landet vid det industriella genombrottet - vid järnbruken, i hemslöjden, vid sågverken etc? En stridsfråga har också gällt om det är en intern utveckling eller tillväxt med början utifrån som skall betonas. Det vill säga, är det den lokalt och regionalt nedärvda strukturen som bildar jordmån, eller är processen externt genererad via den nationella och internationella arenan? Det är en debatt utan slut, fastslår Braudel,[14] ty

---

[14]Braudel, 1986b, s.512.

båda förklaringarna är goda. Den svenska forskningen som berört dessa svåra frågor har ofta varit inriktad på att betona enskilda faktorer, inte minst gäller detta undersökningar som söker förklaringar till den svenska sågverksindustrins expansion under andra hälften av 1800-talet. I förklaringarna har man främst betonat det korta perspektivet och därmed har också betoningen kommit att ligga på att processen i stort varit genererad av utvecklingen på den internationella arenan.

Kurt Samuelsson (1949) är till exempel av den bestämda uppfattningen att ett yttre tryck - efterfrågan utifrån - var en nödvändighet för att en genomgripande industrialisering skulle komma till stånd i Sverige. Nyckelordet var specialisering. För ett litet land måste därför specialisering ske gentemot andra länder om dess fördelar skulle kunna tillvaratas i full utsträckning.[15] Lennart Schön (1982b) å andra sidan, vill uppmärksamma andra - interna - förhållanden, t.ex. handeln vid de äldre exportindustrierna, vilken skapade förutsättningar för en fabriksindustriell utveckling.

De frågor som har ställts på dessa inledande sidor har alla det gemensamt att de sätter sökarljuset på kontinuitetsaspekten i den historiska utvecklingen. Gösta Bagge skrev 1931 att den ekonomiska utvecklingen "icke vet av några tvära omkastningar eller plötsliga från grunden gående förändringar".[16] Nya betingelser för det ekonomiska livet överhuvudtaget uppkommer och utvecklas samtidigt som äldre segt lever kvar. Tillsammans bildar detta ett system, sammanvävt av impulser och utvecklingsprocesser från de mest skilda tider.[17] Kontinuitet och förändring!

Syftet med denna studie är att med utgångspunkt i den nya synen på industrialismens framväxt i Västeuropa - främst profilerad i form av teorin om proto-industrialisering - undersöka länkar och kopplingar mellan den förindustriella och proto-industriella sågverksrörelsen och den moderna sågverksindustrins utveckling i Gävleborgs län. Studien går fram till 1980; någon exakt tidsgräns bakåt har inte lagts fast. Det vore självklart oklokt med hänsyn till studiens syfte. Varför då föra studien fram till vår egen tid? Anledningen till detta är att jag vill studera i vad mån vi kan spåra ett förindustriellt/proto-industriellt lokaliseringsmönster även

---

[15]Samuelsson, 1949, s.15.
[16]Bagge, 1931, s.7.
[17]Ibid.

6

under perioden efter det att sågverksindustrins expansiva kraft avtagit några år in på 1900-talet. Har det "ursprungliga" mönstret suddats ut eller finner vi fortfarande sågverk på de platser där rörelsen en gång växte fram?

I första hand studeras de rent lokaliseringsmässiga sambanden mellan den äldre och den nyare sågverksindustrin. I andra hand belyses de ur källhänseende mer svårarbetade variablerna såsom rekryteringen och skolningen av arbetskraft samt kapitalöverföringen mellan proto-industri och fabriksindustri. Att ge sig i kast med uppgiften att specialstudera rekryteringen eller kapitaluppbyggnaden i de större sågverk som byggdes upp under 1850- och 1860-talet är en i det närmaste omöjlig uppgift. Att studera ett enstaka sågverk låter sig möjligen göras, men då tappar man samtidigt det perspektiv som denna studie vill pröva, nämligen utvecklingen i en hel region.

# 1.3 Forskningsöversikt

Den svenska sågverksindustrins expansion och utveckling under 1800- och 1900-talet har blivit föremål för en omfattande forskning. Det är därför bara möjligt att i en forskningsöversikt ta upp de viktigaste arbetena samt de studier som känns speciellt angelägna med avseende på föreliggande studie. Andra studier tas upp till behandling i de olika kapitlen. Det senare gäller också den relativt rikhaltiga lokalhistoriska litteraturen om sågverksindustrin i Gävleborgs län. Nedan ges endast en kort beskrivning av innehållet i de refererade studierna; viktiga resultat, slutsatser etc. diskuteras i de olika kapitlen.

Forskningen om den svenska sågverksindustrin kan grovt indelas i nedan nämnda kategorier. Flera av studierna är överlappande.

a. studier av säsongarbete, arbetsvandringar och rekrytering,

b. studier av den tekniska utvecklingen,

c. studier av arbetsförhållanden och levnadsvillkor,

d. studier av näringsgeografiska samt lokaliserings- och marknadsmässiga förhållanden.

## Studier av säsongarbete, arbetsvandringar och rekrytering

När det gäller studier av säsongarbete i och arbetsvandringar till den expanderande sågverksindustrin har detta belysts främst av Rondahl (1972) och Norberg (1980). Rondahls undersökningsområde utgörs av södra Hälsingland och han studerar i första hand den interna migrationen i Söderala kommun 1871-1885 samt emigrationsbenägenheten och säsongarbetet i Ljusne 1876-1890. Den för föreliggande studie intressanta tiden före 1870 berörs tyvärr ganska rapsodiskt. Det senare gäller också för Norbergs studie över sågverksindustrins framväxt på Alnö. I den senare behandlas främst demografiska förändringar på Alnö till följd av sågverksindustrins framväxt 1860-1890. Bland övriga studier som delvis kan innefattas inom ovan rubricerade kategori kan nämnas Cornells (1982) studie över Sundsvallsdistriktets sågverksarbetare 1860-1890, vidare Bylunds (1979) studie över Matfors bruk samt studien av Sundsvallsdistriktet 1850-1950 av Hjulström m.fl. (1955). Sågverksindustrins tidiga rekryteringsförhållanden berörs också av Kumm (1944), Utterström (1957), Nelson (1963), Rosander (1967) samt Rolén (1979).

## Studier av den tekniska utvecklingen

Den viktigaste redogörelsen för den tekniska utvecklingen inom den norrländska sågverksindustrin fram till 1920-talet finns i Hellström (1925). När det gäller utvecklingen i ett enskilt sågverk (Stocka sågverk i norra Hälsingland), från mitten av 1850-talet till sekelskiftet har detta studerats ingående av Johansson (1988). Också Hjulström (1955), Gårdlund (1942) samt Olsson (1949) diskuterar den tekniska utvecklingen. Vad de äldre vattensågarnas teknik beträffar hänvisas främst till Näslund (1937) samt Carlgren (1926).

## Studier av arbetsförhållanden och levnadsvillkor

Bland den mångfald av studier som behandlat sågverksarbetarnas arbetsförhållanden och levnadsvillkor under främst 1800-talet, finns ett flertal som bör uppmärksammas. Gustafsson (1962) behandlar i sin studie främst decennierna omkring sekelskiftet. Han berör bland annat sågverksarbetet med hänsyn till arbetstid, lönesättning, arbetarskydd, personalkategoriernas ställning och konsumtion. Johansson (1988) gör i sin studie av Stocka en genomgripande analys av sågverksarbetets förändring under perioden 1856-1900. Författaren går igenom arbetsperioder och skiftsystem, arbetstider, arbetsuppgifter, arbetsorganisation och arbetsdelning i sågverket under nämnda period. Även Cornell (1982) tar utgångspunkt i ett enskilt sågverk (Sunds sågverk). Författarens syfte är att försöka ge en beskrivning av hur levnadsnivån förändrades för sågverksarbetarna i Sundsvallsdistriktet under industrialismens genombrott (1860-1890). Övriga betydelsefulla arbeten med arbets- och levnadsvillkor i fokus är Gårdlund (1942), Olsson (1949), J. Björklund (1976) samt A. Björklund (1977).

## Studier av näringsgeografiska samt lokaliserings- och marknadsmässiga förhållanden

Till de klassiska arbetena inom denna kategori hör avgjort Harald Wiks (1950) grundläggande studie av den norrländska sågverksindustrin från 1850 till 1937. Skall man utkora något forskningsarbete om svensk sågverksindustri till det "mest citerade" bör det vara Wiks arbete. Ett betydelsefullt arbete inom denna kategori utgör också Hjulström, Arpi & Lövgrens (a.a.) studie. När det gäller den förindustriella sågverkshanteringens näringsgeografi är det återigen Carlgren (a.a.) som lämnat det viktigaste bidraget. Viktiga uppgifter om den förindustriella sågverkshanteringen finns också i A. Hülphers' noggrant upptecknade beskrivningar av allmogens verksamheter i olika landskap under 1700-talet. Hülphers behandlar bland annat förekomsten av sågverk (på sockennivå), handeln med sågade produkter och trävaruhanteringens betydelse i vissa avgränsade områden. Se också Haraldsson och Isacson (1982).

Marknadsekonomiska studier, det vill säga studier som främst är inriktade mot att beskriva och analysera exportutveckling, mottagarländer etc., har utförts av Söderlund (1951), Hallberg (1951), Sandin (1951) och

Hammarland (1962). Även Gårdlund (a.a.) och Hellström (1925) berör detta ämnesområde.

## 1.4 Avhandlingens disposition

I kapitel 2 presenteras den teoribildning som ligger till grund för vad man kan kalla *en ny syn på industrialiseringsprocessen och industrins framväxt*. Utgångspunkten tas i första hand i den internationella vetenskapliga litteraturen. I denna vetenskapliga bältespänning har den av Franklin Mendels m.fl. utarbetade teorin om proto-industrialisering kommit att inta en viktig position. I kapitlet diskuteras begrepp som industriell beredskap, regionalt och lokalt traderat yrkeskunnande och en tidig regional specialisering som grundval för en senare fabriksindustriell utveckling.

I kapitel 3 görs ett försök att använda teorin om proto-industrialisering för att analysera den förindustriella sågverksrörelse som existerade i undersökningsområdet under 1700-talet och tidigt 1800-tal. I kapitlet undersöks bl.a. den tidiga sågverkshanteringens lokalisering i undersökningsområdet. Vilka områden var viktiga producenter? Vilken roll spelade sågverkshanteringen i den lokala ekonomin, och var det en proto-industriell verksamhet?

I kapitel 4 belyses den svenska sågverksindustrins utveckling under perioden 1850-1895. En stor del av kapitlet ägnas åt en genomgång och diskussion av den traditionella synen på hur den svenska sågverksindustrins kraftiga expansion efter 1850 var möjlig - de förändrade förutsättningarna för råvaruanskaffning, uppmjukningen av statliga regleringar inom näringslivet, Västeuropas ekonomiska uppsving, skogsråvarans ökade betydelse etc. I kapitlet diskuteras också lokaliseringsmönstrets utveckling efter 1850. Är det en ny struktur vi ser växa fram; är det nya områden/regioner som dras in i trävaruhanteringen i Gävleborgs län, eller kan vi fortfarande se drag av ett förindustriellt lokaliseringsmönster inom sågverksindustrin? Är det ett skarpt brott med en äldre struktur eller är det samma områden och intressenter som är inblandade i den nya fasen? En helt ny "klädedräkt" eller "kejsarens nya kläder"?

10

Huvuddelen av kapitel 5 ägnas åt en analys och kartläggning av sågverksindustrins utveckling i Gävleborgs län under perioden 1896 till 1979.[18] Sågverksindustrin i länet uppvisar under 1900-talet en skiftande bild med expansionsfaser, kriser, nedläggningar och förnyelse - inte olik andra industribranscher. Under 1900-talet kan man se två dramatiska omvälvningar i utvecklingen. Den första inträffade omkring 1930, då många sågverk i samtliga storlekskategorier tvingades till kraftiga strukturförändringar. I slutet av 1950-talet inleddes nästa stora omvälvning. Åtskilliga mindre verk, som antingen överlevt 30-talskrisen eller byggts upp därefter, slogs nu ut. Driften koncentrerades ytterligare till allt större enheter där det samtidigt skedde en förnyelse av teknik och organisation. De nya förutsättningarna innebar en kraftig omfördelning av industrisysselsättningen i länet. Sågverksindustrin, som vid sekelskiftet svarade för 45% av industrisysselsättningen i undersökningsområdet, sysselsatte vid 1970-talets slut endast 5% av de industrianställda. Ett syfte med detta kapitel är också att, som i kapitel 4, försöka se om och i så fall i vilken utsträckning sågverksindustrins struktur och lokaliseringsmönster faller tillbaka på en äldre förindustriell struktur. Vilka spår av ett proto-industriellt lokaliseringsmönster kan man finna under 1900-talets olika decennier?

I kapitel 6 diskuteras några olika personalkategoriers ställning vid sågverken i Gävleborgs län under främst 1900-talet.[19] I första hand behandlas tre grupper av anställda: kvinnor, minderåriga och tjänstemän. Dessa personalkategoriers arbete och ställning vid de svenska sågverken under *1900-talet* är tämligen bristfälligt belyst i tidigare forskning. Däremot finns en relativt omfattande forskning om i första hand barnarbetet, och i viss mån kvinnoarbetet, i sågverken under främst slutet av 1800-talet. I kapitlet görs en kartläggning och analys av personalkategoriernas förändrade sysselsättningsmönster under 1900-talet.

I kapitel 7 ges en beskrivning av de mindre sågarnas verksamhet i undersökningsområdet under 1900-talet, de s.k. småsågarna. Småsågarna har haft en säregen förmåga att överleva både stora och små kriser inom branschen. Möjligheten till en flexibel produktion tillsammans med en förmåga att hitta egna produktionsnischer har bidragit till detta. Ytterligare en bidragande faktor har varit driftens förläggning under året. Små-

---

[18]Kapitlet bygger delvis på en tidigare publicerad studie, Haraldsson & Isacson, 1982.
[19]Kapitlet bygger delvis på en tidigare publicerad studie, Haraldsson, 1983.

sågarna drevs i regel endast en begränsad tid av året - även långt fram i tiden. Detta tyder på att de utgjorde en bland åtskilliga andra kombinationssysselsättningar som var mycket vanliga i de delar av undersökningsområdet där varken jordbruket eller den övriga industrin kunde erbjuda full årssysselsättning. En intressant iakttagelse är dessutom att dessa småsågar till sin karaktär har mycket gemensamt med de förindustriella "proto-sågarna", och detta gäller ganska långt in på 1900-talet. Det finns därför all anledning att närmare granska småsågarnas sysselsättningsmönster, produktionsvolym, teknik och utrustning och att också belysa anläggningarnas lokaliseringsmönster och förekomst i vissa områden/socknar.

I kapitel 8 sammanfattas och utvärderas studiens viktigaste resultat.

## 1.5 Undersökningsområdet

Gävleborgs län, som omfattar landskapen Gästrikland och Hälsingland (med undantag av Ytterhogdals socken) samt Hamra kapellförsamling i Dalarna, brukar ofta karakteriseras som en övergångszon mellan Norrland och mellersta Sverige - såväl ur topografisk som växtgeografisk synpunkt.[20] De båda landskapen är till sin natur mycket olika. Gästrikland bildar en övergång mellan Mälardalens slättland och Norrlands kuperade landyta, medan Hälsingland i huvudsak utgör ett skogrikt bergkullandskap. De viktigaste jordbruksområdena i Hälsingland utgörs av floddalarna, f.a. Ljusnandalen.

Vid sekelskiftet 1900 var cirka 80% av länets landareal täckt av skog. Skogsmarkens andel sjönk sedan, i stort sett oavbrutet, till den lägsta nivån (72%) vid 1950-talets början. Efter 1950- och 60-talens nedläggningar av småjordbruk har skogsmarkens utbredning åter ökat och var vid början av 70-talet åter på sekelskiftets nivå. Sedan mitten av 1960-talet är Gävleborg det län i landet som har störst andel skog.

---

[20]Se t.ex. Lothigius, 1937, s.388.

12

Skogsmarken i länet ägs i dag av två stora grupper - privata skogsägare och aktiebolag. De stora skogsbolagen har sedan den moderna sågverksindustrins genombrott haft en mycket stark ställning i länet, inte minst som ägare av skogsmark. AB Iggesunds bruk har idag sitt skogsinnehav koncentrerat till norra Hälsingland; STORA äger skog i f.a. nordvästra, västra samt södra delarna av länet; Kopparfors innehar skog i sydvästra och nordvästra Gästrikland. Korsnäs-Marma har stora sammanhängande arealer i östra Gästrikland samt i nordvästra Hälsingland.

Större sammanhängande områden av icke skogbevuxen mark återfinns främst i floddalarna (Ljusnan, Voxnan, Dalälven) och i områden kring de större sjöarna (Dellensjöarna, Storsjön, Bergviken) samt i södra Gästrikland. Också vid kusten är skogstäcket uppbrutet av sammanhängande jordbruksbygder.

Ett framträdande drag i befolkningens geografiska fördelning är de stråk av tätbygd som leder från kuststäderna längs dalgångarna in i landet, t.ex. Gävle-Sandviken-Hofors och Söderhamn-Bollnäs-Edsbyn. Områdena utanför kustzonen och älvdalarna är även idag relativt glest befolkade eller obebodda. De gamla finnbygderna i sydvästra och västra Hälsingland är exempel på sådana områden.[21]

*Tabell 1.1   Skogsmarkens procentuella ägofördelning
i Gävleborgs län 1987.*

| | |
|---|---|
| Enskild person | 30 |
| Enkelt bolag | 10 |
| Dödsbo | 4 |
| Aktiebolag | 43 |
| Staten | 7 |
| Kommun, allmänning | 2 |
| Kyrkan | 2 |
| Andra | 2 |

Källa: Jordbruksstatistisk årsbok, 1987.

---

[21]Norling, 1966, s. 853.

13

Idag har Gävleborgs län ca 287 000 invånare. Av dessa är nästan hälften bosatta i Gästrikland, som arealmässigt utgör mindre än en fjärdedel av länets yta. Folkmängden är idag ungefär tre och en halv gånger större än den var 1810.

*Tabell 1.2 Befolkning i Gävleborgs län vid valda år 1810-1987.*

| År | Befolkning |
|------|------------|
| 1810 | 83 600 |
| 1860 | 136 100 |
| 1910 | 253 800 |
| 1960 | 293 100 |
| 1987 | 287 300 |

Källa: Norling, 1966, Länsplanering 1980 och Gävleborg 2000, 1989.

Befolkningstillväxten var kraftig i länet under hela 1800-talet, och fram till 1930-talet hade länet en befolkningsutveckling som väl överensstämde med genomsnittet för riket. Under 1930-talet förorsakade den låga nativiteten i kombination med utflyttning en stagnation och nedgång i Hälsingland. Under motsvarande period expanderade järn- och stålindustrin i Gästrikland, vilket medförde att befolkningen ökade i södra länsdelen även under 30-talsdepressionen.[22] Uppgången under 1940-talet hade sin främsta orsak i födelseöverskottets storlek, vilket överskred nettoutflyttningen. Under senare delen av 1950-talet och början av 1960-talet uppvisade dock Hälsingland en starkt negativ befolkningstrend. Under den senaste 15-årsperioden har befolkningstalet för länet som helhet pendlat kring 290 000 invånare. Bakom den relativt stabila totalsiffran döljer sig dock stora förändringar för enskilda orter och kommuner och relativt kraftiga förskjutningar mellan olika grupper i befolkningen.

---

[22]a.a., s.854.

# Områdesindelning

Jag har valt att bearbeta och sammanställa materialet med utgångspunkt i tre olika områdes- eller regionavgränsningar (figur 1.1):
a. länets nuvarande indelning i tio kommuner
b. den gamla sockenindelningen
c. en indelning av länet i tre större områden som utnyttjas för studiet av regionala förändringar och förskjutningar inom undersökningsområdet.

Följande indelning har använts.

*Kustområdet (KO)* har under lång tid dominerat och satt sin prägel på sågverksindustrin i Gävleborgs län. Det är därför naturligt att de fyra kustkommunerna Gävle, Söderhamn, Hudiksvall och Nordanstig behandlas för sig.

*Södra Inlandsområdet (SI)* utgörs av kommunerna Ockelbo, Sandviken och Hofors. I detta område lyckades aldrig sågverksindustrin etablera sig med samma kraft som i andra delar av länet. Till stor del hänger detta samman med järnbrukens och stålindustrins traditionellt starka ställning i området.

*Norra Inlandsområdet (NI)* består av kommunerna Bollnäs, Ljusdal och Ovanåker. Detta område intar ett slags mellanställning mellan *kustområdet* och *södra inlandsområdet*. Den moderna sågverksindustrin etablerades relativt sent i området, även om den förindustriella sågningen var betydande i många socknar. Utvecklingen i detta område skiljer sig därför i hög grad från de övriga områdena.

Man kan invända att några av de socknar som förts till kustområdet i själva verket är inlandssocknar. I geografisk bemärkelse är det naturligtvis på det sättet. Ändock finns det anledning att hänföra dessa socknar till kustområdet, främst på grund av att kustsågverken satte sin näringsgeografiska prägel på dessa socknar. Möjligen skulle man kunna tänka sig att göra en distinktion mellan kust- och kustnära socknar, men eftersom antalet berörda socknar är få bedömer jag det som ett litet problem.

15

Figur 1.1   Gävleborgs län. Nuvarande kommuner samt socknar och städer enligt den äldre indelningen.

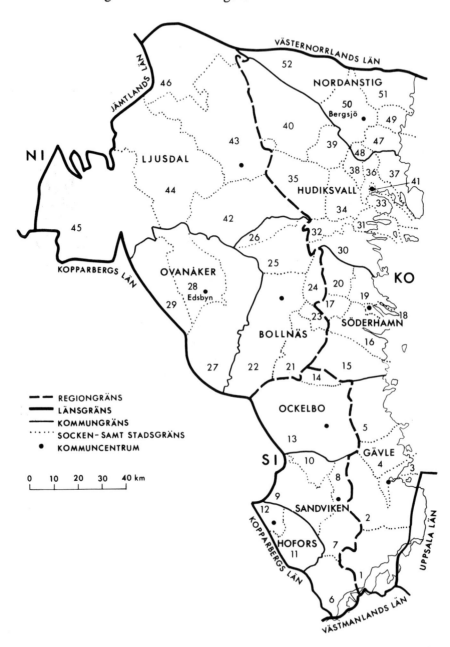

*Förklaringar till siffrorna i Figur 1.1*

Gävle kommun
1. Hedesunda
2. Valbo
3. Gävle
4. Hille
5. Hamrånge

Sandvikens kommun
6. Österfärnebo
7. Årsunda
8 Sandviken
9. Ovansjö
10. Järbo

Hofors kommun
11. Torsåker
12. Hofors

Ockelbo kommun
13. Ockelbo
14. Lingbo

Söderhamns kommun
15. Skog
16. Söderala
17. Mo
18. Söderhamn
19. Norrala
20. Trönö

Bollnäs kommun
21. Hanebo
22. Bollnäs
23. Segersta
24. Rengsjö
25. Arbrå
26. Undersvik

Ovanåkers kommun
27. Alfta
28. Ovanåker
29. Voxna

Hudiksvalls kommun
30. Enånger
31. Njutånger
32. Nianfors
33. Idenor
34. Forsa
35. Delsbo
36. Hälsingtuna
37. Rogsta
38. Hög
39. Norrbo
40. Bjuråker
41. Hudiksvall

Ljusdals kommun
42. Järvsö
43. Ljusdal
44. Färila
45. Los socken med Orsa finnmark
46. Ramsjö

Nordanstigs kommun
47. Harmånger
48. Ilsbo
49. Jättendal
50. Bergsjö
51. Gnarp
52. Hassela

# Kapitel 2

# Industrialiseringens epoker

"Med ångans ankomst accelererade allt i väst som genom ett trollslag. Men denna magi kan förklaras; den har förberetts och gjorts möjlig i förväg", skriver den franske historikern Fernand Braudel i sin bok "Vardagslivets strukturer" (1982). Denna "industriella evolution" och dess roll som förelöpare till den industriella revolutionen har kommit att debatteras mycket flitigt under senare tid, främst av historiker. Med industriell revolution eller industrialisering avser vi vanligtvis hantverks- eller fabriksmässig bearbetning av råvaror, råvaruförädling med maskiner etc. Med industrialisera avses följaktligen att förvandla till industri eller industriland. Historiker har kritiserats för att missbruka ordet *revolution*, vilket borde reserveras för våldsamma och även snabba fenomen. Som påpekades tidigare så är problemet, när vi betraktar en revolutionär process, att hela tiden föra samman det långa och det korta perspektivet.[1] Efter andra världskriget började ekonomer, historiker och sociologer mer allmänt att intressera sig för de "underutvecklade" länderna. I denna "modellvärld" ingick, mer eller mindre underförstått, att dessa länder för att "utvecklas" måste följa Europas och USA:s exempel. Modellerna för ekonomisk utveckling hade en generell prägel. De indelade ekonomisk utveckling i olika historiska stadier som ansågs gälla för alla länder och kulturer. Den kanske mest inflytelserika av alla modellbyggare var Walt W. Rostow. Enligt Rostows förklaring så "lyfte" den engelska ekonomin mellan 1783 och 1802 i och med att den passerade en investeringströskel - bilden av ett plan som lyfter från startbanan; *take off.* Men innan lyftet kunde ske fordrades det att flygplanet byggdes och att förutsättningarna för flygningen i förväg garanterades.

Den industriella revolutionen är åtminstone en dubbel företeelse, säger Braudel. Den är en revolution i ordets vanliga betydelse, men också en

---

[1]Braudel, 1986b, s.475.

19

process av mycket lång varaktighet, "även så lite revolutionär som möjligt."[2] Många har försökt ge ett djupare innehåll åt dessa begrepp. Färre är de, som likt Jacques Bertin, tillstått att de ännu inte fått klarhet i vad som menas med industrialisering. "Är det järnvägar, bomull, stenkol, järnframställning, gaslyktor, ljust bröd?" "Jag skulle vilja svara att listan är alltför kort", genmäler Braudel.[3]

> Industrialiseringen berör liksom den industriella revolutionen allt: samhälle, ekonomi, politisk struktur, allmän opinion och allting annat. Inte ens den mest övergripande historieskrivning kan rymma den, särskilt inte i en enkel, fullständig och uttömmande definition.
>
> (Braudel, 1986b, s.491)

Industrins framväxt låter sig inte förklaras annat än som resultatet av en mängd faktorer och incitament. I denna studie riktas fokus i hög grad mot själva fabriken, industrianläggningen. Det är fabrikers fysiska etablering i en avgränsad region som intresserar mig i första hand. Därmed inte sagt att "allting annat" är oväsentligt. Våra "fabrikers etablering" påverkar den sociala strukturen, ger eko långt in i de politiska apparaterna, skapar debatt, påverkar ekonomi, allmän opinion *och* "allting annat".

Lennart Schön (1982b) talar om två fall av industrialisering - med respektive utan teknisk omvälvning. I sin enklaste och vidaste mening betyder industrialisering att industrins andel av produktion och sysselsättning ökar. I en annan mening avses en förändring inom själva industriproduktionen, en teknisk revolution av sättet att producera. En industrialisering utan teknisk omvälvning kan ske regionalt utan att någon teknisk förändring sker inom vare sig jordbruk eller industri.[4] I det första fallet av industrialisering, som saknar den tekniska omvälvningen, sker industritillväxten i nära anknytning till jordbruket: en industriell utveckling inom jordbrukssamhället. Denna föregångare till den moderna industrialiseringen har under 1970- och 1980-talen kommit i förgrunden för forskningen.[5]

---

[2]Isacson & Magnusson, a.a., s.52f. Braudel, 1986b, s.475. Se också Rostow, 1960, och Marshall, 1987.
[3]Citat i Braudel, 1986b, s.491.
[4]Schön, 1982b, s.6.
[5]a.a., s.6f.

## 2.1 En ny syn på industrikapitalismens framväxt

Den amerikanske ekonom-historikern Charles Tilly pekar på att stora delar av den europeiska landsbygden under 1700-talet "teemed with non-peasants and hummed with manufacturing". Landsbygdsindustrin var heller inte bara en blek kopia av den "riktiga" industrin, och inte heller en tillfällig bisyssla till jordbruket, utan ett kraftfullt system med sin egen logik. På senare tid har man också kunnat påvisa vilken enorm omfattning den småskaliga industriella produktionen före fabriksindustrin hade. Till detta skall också läggas en vanligt förekommande regional överenstämmelse mellan intensiv, men småskalig, landsbygdsproduktion före 1850 och en snabb storskalig industrialisering efter 1850.[6]

> Thanks to the recent articulation of economic and demographic history, students of European industrialization are at last becoming aware of three basic facts about the development of industrial capitalism. First, there is the wide-spread expansion of industrial production in villages and small towns, long before power-driven factories played a significant part in manufacturing - proto-industrialization. Then, there is the considerable proletarianization of the village and small-town population before the massive population redistribution of the nineteenth century. Finally, there is the interdependence between the prefactory expansion of industrial production and the proletarianization. (Tilly, 1982, s.4)

Den småskaliga landsbygdsindustrin konkurrerade effektivt med den storskaliga stadsindustrin under mer än ett sekel. Allt fler forskare är därför av den åsikten, att småskalig landsbygdsindustri kan ha spelat en avgörande roll i utvecklingen av industrikapitalismen.[7] De nya hypoteserna bör ses som ett alternativ till uppfattningen att den växande handeln och den tekniska utvecklingen växelverkade för att åstadkomma en mer effektiv och storskalig produktion.[8] Tilly är också kritisk mot dem som överbetonar de teknologiska förändringarnas roll (t.ex. klassiska marxistiska modeller) och underskattar den industriella produktionens historia.

---

[6]Tilly, 1982, s.7ff.
[7]Ibid.
[8]a.a., 1982, s.8.

## 2.2 Proto-industrin - industrialisering före den industriella revolutionen

Begreppet proto-industrialisering introducerades i början av 1970-talet av den amerikanske ekonom-historikern Franklin Mendels. Mendels diskuterar orsakerna till och effekterna av en proto-industri i Europa under perioden före den industriella revolutionen. Utgångspunkten var förekomsten av en utbredd landsbygdsindustri i Västeuropa redan under 1500-talet, vilken var geografiskt koncentrerad till vissa områden och baserad på hantverkets tekniska nivå. Men till skillnad från by- och bondehantverket producerades varor för en mer avlägsen marknad. Produktionen var förlagd till landsbygden och bedrevs i första hand som säsongarbete.

Mendels menar att det framför allt är följande kriterier som skall vara för handen om man skall kunna tala om proto-industrialisering: Marknaden för proto-industrins produkter skall vara belägen utanför den egna regionen (för att skilja den från hantverk och hemslöjd inom det lokala jordbrukssamhället), arbetskraften skall bestå av i första hand bönder och arbetare som under året alternerar mellan jordbruksarbete och arbete inom proto-industrin. Proto-industrin förutsätter också framväxten av ett kommersiellt jordbruk i vissa regioner - städer inom produktionsområdet fungerade i första hand som centra för handel. Mendels menar vidare att proto-industrin till en början var koncentrerad till områden där förutsättningarna för jordbruk var dåliga, exempelvis till skogsbygderna. Han betonar också befolkningsökningen som den drivande kraften för utvecklingen av en proto-industri.[9]

Också den äldre svenska forskningen rörande det industriella genombrottet har lagt relativt stor vikt vid de yrkeskunskaper och industriella färdigheter som utvecklades inom hemslöjd, bruksnäring etc innan det "riktiga" genombrottet kom. Men diskussionen har främst rört sig på ett allmänt plan. På vilket sätt denna tradition haft betydelse för den senare utvecklingen har inte analyserats närmare.[10]

Orsakerna till proto-industrins utveckling har man sökt förklara på två olika sätt: dels i en tillväxt i jordbrukets produktion - vilket ledde till en

---

[9] Se Clarkson, 1985, samt Isacson & Magnusson, 1983.

[10] Isacson & Magnusson, a.a., s.63. Ett liknande konstaterande gör Joel Mokyr, 1976, beträffande internationell litteratur på området

22

inkomstökning och en efterfrågan på industriprodukter; dels i en befolkningsökning och en proletarisering som gjorde det nödvändigt för stora delar av befolkningen att under delar av året söka sin försörjning utanför jordbruket.

I forskningen kring den svenska industrialismens framväxt under andra hälften av 1800-talet har förloppets snabbhet och häftighet betonats. Fridholm m.fl. (1976) och Lennart Schön (1982b) frågar sig om inte denna "häftighet" har överbetonats. Framför allt har den svenska industrialiseringen under 1800-talets sista decennier kopplats ihop med den västeuropeiska industrialiseringen. Det var via världsmarknaden impulserna kom, vilket underförstått betyder att brottet med den tidigare utvecklingen var relativt skarpt. Schön vill uppmärksamma andra - interna - förhållanden, exempelvis handeln vid de äldre exportindustrierna, vilken skapade gynnsamma förutsättningar för en fabriksindustrialisering. Detta möjliggjorde att utländska impulser snabbare kunde integreras i den svenska ekonomin och gjorde en snabb tillväxt möjlig.[11]

Teorin om proto-industrialisering har ingalunda undgått kritik. Främst har man kanske skjutit in sig på att teorin inte lyckats förklara vad som kanske är det mest centrala, och inte minst av intresse för geografer, nämligen varför vissa regioner kunde ta steget till fabriksindustrialisering medan andra åter blev dominerade av jordbruk. Kritikerna menar att det inte klarlagts vilka de verksamma faktorer var som i vissa områden ledde till "riktig" industrialisering och som följaktligen bör ha saknats i andra områden. Paradoxalt är att proto-industrin både fanns i områden som senare industrialiserades och i områden som deindustrialiserades.[12]

Flera forskare har också vänt sig mot en strikt tolkning av Mendels teori.[13] Maths Isacson och Lars Magnusson menar att det är fel att avskilja proto-industrin och sätta den i något slags motsatsställning till övriga förindustriella aktiviteter av liknande slag. Tillys uppfattning är att proto-industrialisering är lika med

the increase in manufacturing activity by means of the multiplication
of very small producing units and small to medium accumulations of
capital. Negatively, it consists of the increase in manufacturing

---

[11]Schön, 1982b.

[12]Isacson & Magnusson, a.a., s.61.

[13]Se t.ex. Isacson & Magnusson, a.a. samt Tilly, a.a.

*without* large producing units and great accumulations of capital.
(Tilly, 1982, s.8)

Den internationella debatt som förs idag pekar också hän mot att den mer strikta "mendelska" definitionen är på väg att modifieras. Om vi skall ta fasta på kritiken, vad har då teorin om proto-industrialisering för förklaringsvärde? Empiriskt kan konstateras att en majoritet av regionerna i Europa med en omfattande proto-industri stagnerade. Men samtidigt visar undersökningar att det tidigare funnits proto-industri i de flesta industrialiserade regioner. Proto-industrin är kanske därför en nödvändig förutsättning för den senare industriella utvecklingen men samtidigt inte en tillräcklig förutsättning. Tilläggas kan att Charles och Richard Tilly i en artikel påpekat att just den tidiga proto-industrialiseringen av den europeiska landsbygden utgör en av de största skillnaderna mellan Västeuropas industrialisering och industrialiseringen i utvecklingsländerna av idag.[14]

Det finns uppenbarligen andra viktiga faktorer som kan förklara varför det i vissa fall skedde en övergång och i andra fall inte.[15] Även bland de forskare som stöder teorin om proto-industrialisering höjs ett varnande finger. Tilly varnar för försöken att skapa en ny linjär modell där proto-industrin blir "the standard intermediate stage" på vägen från agrarsamhälle till industrisamhälle. Ty de flesta regioner med en proto-industriell produktion under 1700- och 1800-talen gick in i 1900-talet mer beroende av jordbruket än de hade varit några århundraden tidigare.[16]

## Den demografiska modellen

Proto-industrins förläggning skapade mycket bestämda demografiska och sociala återverkningar. I Mendels undersökningsområde, Flandern, ledde detta först till en snabb befolkningsökning, främst orsakad av en sjunkande giftermålsålder för kvinnor. Orsaken till den snabbt ökande befolkningen var främst proto-industrins behov av arbetskraft. Ungdomarna gifte sig tidigare än förut vilket berodde på att de kunde få det bättre genom att tidigt flytta hemifrån och börja tillverkning under eget tak. Den snabba

---

[14]C. & R. Tilly, 1971, s.187f. I: Isacson & Magnusson, a.a., s.55.
[15]Se Pollard, 1981, samt Isacson & Magnusson, a.a.
[16]Tilly, a.a., s.21.

befolkningsökningen spädde också på den proto-industriellt verksamma landsbygdsbefolkningens beroende av städernas köpmän och förlagskapitalister. Trycket på jorden blev allt mer intensivt, och det som en gång varit en bisysselsättning blev nu för många den nära nog enda näringskällan. På detta sätt skapades i vissa regioner ett jordlöst proletariat.[17]

Men det var inte bara genom att det skapades ett jordlöst proletariat som proto-industrin gav bidrag till den senare fabriksindustrin. Peter Kriedte har sammanfattat proto-industrins bidrag i fem punkter:

1) Skapandet av en fri arbetarklass "befriad" från sina produktionsmedel, som har kvalifikationer som gör den lämplig för industriellt arbete.

2) Uppkomsten av ett "företagarskikt" med särskilda egenskaper, som dessutom genom förlagsverksamhet etc. samlar ett tillräckligt kapital.

3) Sammanförandet av handelskapitalet med produktionssfären.

4) Skapandet av en inre specialisering i de västeuropeiska ekonomierna.

5) Skapandet av ett nätverk av lokala, regionala, nationella och internationella marknader.[18]

## 2.3 Proto-industrin och regional specialisering

De centrala problemen rörande proto-industrialiseringen är att försöka förklara hur proto-industrin utvecklades och varför och hur den ersattes av den "riktiga" industrialiseringen.[19] Sidney Pollard betonar att industrialiseringen av Västeuropa sedan 1700-talet i första hand måste betraktas som en regional företeelse (även inom enskilda länder fanns betydande skillnader), vilket i förlängningen innebär att man bör ifrågasätta nationen som analysobjekt. Historiskt sett har det varit så, hävdar Pollard, att vissa områden kännetecknats av industriell tillväxt medan andra förblivit agrara. Denna regionala specialisering var *inte* en effekt av den industriella revolutionen; den hade funnits långt tidigare och avsåg både jordbruksproduktion, hantverk, bergsbruk m.m.[20]

---

[17]Isacson & Magnusson, a.a., s.56ff.
[18]Kriedte, 1981 I: Isacson & Magnusson, a.a., s.57ff. Se också Clarkson, 1985.
[19]Jörberg, 1982.
[20]Se Pollard, 1981 och 1986.

Finns det tecken på att en regional specialisering eller arbetsdelning inom varuproduktionen skulle ha existerat i Sverige redan före 1850-1860? Ja, det kan man med säkerhet påstå. Grunden för detta lokaliseringsmönster var naturligtvis ett utnyttjande av respektive regions specifika resurser (natur, arbetskraft etc.). Denna tidiga form av regional arbetsdelning kan fortfarande spåras i den svenska industrins geografi.[21]

Under 1800-talets första hälft fanns tillverkning på landsbygden för avsalu i åtskilliga regioner i Sverige. Ser vi endast till den så kallade saluslöjden fanns tre områden som utmärkte sig för en omfattande produktion: södra Västergötland, gränsområdet mellan Småland och Skåne samt Dalarna. I södra Västergötland tillverkades för avsalu, förutom textilier, också laggkärl, såll, korgar, fat, möbler, liar m.m. På många platser i Småland hade man specialiserat sig på metalltråd, kardor, nålar, vävskedar etc, men också sågning för avsalu. I Dalarna, landets främsta slöjdprovins, ägnade sig tusentals personer åt att förädla varjehanda slöjdprodukter. Siljansområdet var huvudområdet för slöjden i Dalarna. Även utanför dessa tre områden bedrevs produktion för avsalu. I Ovansjö, Årsunda och Torsåker i Gävleborgs län tillverkades hästskor och hästskosöm för avsalu. I Årsunda framställdes även vagnar, schäsar m.m. I Dellenbygden och Ljusnandalen tillverkades linnevävnader osv. Sågningsverksamheten berörs utförligt i nästa kapitel.

Isacson och Magnusson hävdar att i de mellansvenska jordbruksbygderna, i Skånes slättbygder, liksom på andra håll där jord och skog var samlad i stora jordegendomar, och där godsherrarna höll ett starkt grepp om arbetskraften, fick saluslöjden aldrig någon utbredning. Detta förhållande kan i någon mån förklaras med jordbrukets dominerande ställning och bristen på råmaterial. Enligt samma författare måste dock huvudorsaken sökas i den speciella socio-ekonomiska strukturen i godsbygderna. Arbetskraften var uppbunden vid dagsverken, och skogen ägdes av godsherrarna.

Problemet att försöka identifiera relevanta regionala enheter (bortsett från i mycket generella lokaliseringstermer) och dessas interaktion med

---

[21]För en genomgång av hemslöjden i olika landsdelar hänvisas till Hemslöjdskommitténs betänkande I-II, 1918. Här diskuteras också olika former av *folklig* *"industri"*. Det senare är en term som Berg och Svensson, 1969, använder för att beteckna den utbredda textilhemslöjden i Sjuhäradsbygden. Att man benämner den folklig industri tyder väl på att man uppfattar den som något annat än ren hemslöjd.

omgivande territorier och system har i stor utsträckning förbigåtts i forskningen om proto-industrialisering.[22] För närvarande förs en omfattande diskussion om huruvida "utveckling", "ekonomisk tillväxt" och "industrialisering", analytiskt skall studeras med nationalstaterna som utgångspunkt eller ej.[23] Regionens betydelse för den europeiska industrialiseringen har en historisk dimension, fastslår Pollard. Man kan iaktta koncentration av handel och industri före industrialiseringen, och lokaliseringen av dessa tidiga centra hade ett klart samband med det mönster som så småningom utvecklades.[24] I Sverige kan vi se åtskilliga exempel på detta, t.ex. inom järnhantering, textilindustri, glasindustri och trävaruhantering.

Vilken hjälp kan vi då få från den klassiska och den moderna lokaliseringsteorin när det gäller att finna förklaringar till industrins framväxt utifrån detta synsätt? Ingen alls om vi skall tro Pollard och Massey (1979). Den moderna lokaliseringsteorin är ahistorisk och statisk, menar Pollard. Varken den klassiska eller den moderna lokaliseringsteorin diskuterar lokaliseringsmönster utifrån en historisk dimension. Den misslyckas också med att göra en klar åtskillnad mellan "the causes for concentrations of industry in regions as such, and for the growth of particular industrial regions."[25] Mats Lundmark och Anders Malmberg (1988) frågar sig om lokaliseringsteorin kan vara till någon hjälp när det gäller att identifiera orsakerna bakom industrins regionala omfördelning i Sverige under 1900-talet. Stora delar av den klassiska lokaliseringsteorin har en starkt normativ inriktning och dess strävan är att söka optimala lösningar snarare än att förklara existerande lokaliseringsmönster, menar man. Sökandet efter jämviktslägen gör den klassiska lokaliseringsteorin mindre användbar för att förstå och förklara faktiskt förekommande rumsliga mönster och för-

---

[22]Butlin, 1986, s.2. Se dock Mendels, 1980, samt Andersson & Haraldsson, 1988.

[23]För en utförligare diskussion, se Andersson & Haraldsson, a.a.

[24]Pollard, a.a., s 112. Se också en mycket intressant artikel på samma tema av John Langton i Transactions New Series, 1984. Langton avrundar denna artikel med följande ord; "At the very least it is incontestably true that a regional geography worthy of exploration did actually exist during and after the industrial revolution; that territorial identifications grew rather than withered away, and that recognition of this might lead us to discover something that is important for understanding the history of that period and all that has followed from it. The regional concept deserves to be treated as something more than an absurd stalking horse, .....; perhaps it still provides the only terms in which important problems in the empirical study of industrial as well as preindustrial societies can be expressed."

[25]Pollard, a.a, s.113.

ändringar. Sammanfattningsvis, menar författarna, medför denna inriktning av den klassiska lokaliseringsteorin - dess normativa inriktning och dess statiska karaktär - att den inte erbjuder någon påtaglig hjälp i detta avseende.[26] Ytterligare en begränsning när det gäller lokaliseringsteorins möjligheter att förklara historisk utveckling ligger i det faktum att, som Lundmark & Malmberg (1988) påpekar, lokaliseringsteorin i stor utsträckning abstraherar bort själva rummet, dvs. att anta förekomsten av en homogen yta med lika framkomlighet i alla riktningar och befolkningen jämnt fördelad "blir den teori man bygger mindre tjänlig som hjälp att förklara i verkligheten observerade utvecklingsdrag."[27] Lundmark & Malmberg liksom Doreen Massey (1979) efterlyser ett strukturellt angreppsätt;

> because behaviour must be explained, not assumed, because it cannot be explained at the level at which it occurs, and because historical change and development must be understood together at 'micro'- and 'macro'-levels respectively. These considerations demand a *theorized* relationship between the nature of locational behaviour and the structural context within which that behaviour is produced.
> (Massey, 1979, s.70)

Den vida begreppsmässiga kontexten omkring teorin om proto-industrialisering sträcker sig från neo-klassisk teori till den mer marxistiskt inriktade synen, som ser proto-industrin som en andra fas i övergången från feodalism till kapitalism. Den senare är en ansats som Derek Gregory (1982) benämner "ekonomisk-strukturell". Den strukturella ansatsen står i skarp kontrast till den klassiska teorins sätt att bortse från regionens konkreta innehåll, påpekar Anders Malmberg och Mats Lundmark (1988) med stöd av Massey.


## 2.4 Fabriksindustri eller deindustrialisering

I debatten kring den centrala frågeställningen, "Varför kunde vissa regioner ta steget till fabriksindustri medan andra områden deindustrialiserades?" kan man urskilja tre argument som anförts för att försöka för-

---

[26]Lundmark & Malmberg, 1988, s.78ff.
[27]a.a., s.79f.

klara varför utvecklingen gått i den ena eller andra riktningen.[28] För det första ledde konkurrensen *mellan* proto-industri i olika regioner till en utslagning av vissa regioners proto-industri. I detta sammanhang betonas också den internationella handelns betydelse; t.ex. så hade konkurrensen från den brittiska fabriksindustrin i början av 1800-talet en förödande inverkan på den proto-industriella textiltillverkningen i Tyskland. För det andra uppmärksammas konkurrensen från ett expanderande kommersiellt jordbruk - övergången till fabriksindustri kom främst till stånd där utvecklingsmöjligheterna för ett sådant jordbruk var ringa. Där ett sådant utvecklades uppstod en konkurrenskamp - särskilt om arbetskraften - som jordbruket oftast gick segrande ur. För det tredje har man uppmärksammat problemen med att flytta över en proto-industriellt skolad arbetskraft till den begynnande fabriksindustrin. Proto-industrins nedgång under 1800-talet - som på sikt ledde till att vissa regioner industrialiserades och andra deindustrialiserades - var en kris för ett helt samhälle, en hel kultur.[29]

Lennart Schön exemplifierar detta med utvecklingen av det proto-industriella textilhantverket i Ångermanland, som inte efterträddes av en modern textilindustri. Textilhantverkets öde delades av andra proto-industriella aktiviteter som skeppsbyggeri, järnhantering mm. Detta, påpekar Schön, ledde till en regional strukturomvandling, som till sin snabbhet och omfattning möjligen är utan paralleller i svensk ekonomisk historia. Schön diskuterar också textiltillverkning och textilindustri i Sjuhäradsbygden. Han vill hävda att den fabrikstillverkning av textilier som skjuter fart därstädes från mitten av 1800-talet inte kan kopplas samman med den tidigare så omfattande proto-industriella tillverkningen av linneprodukter i detta område. Kapitalet kom inte från förlagsmännen i proto-industrin, hävdar han, utan från den statliga Manufakturdiskonten. Arbetskraften till den första av de stora fabrikerna, Rydboholm, rekryterades inte bland de proto-industriella verksamma i området. Han drar av detta slutsatsen: "De moderna, mekaniserade fabrikerna framväxte vid sidan av den äldre proto-industrin. Företrädesvis placerades de i områden där det inte fanns någon proto-industriell tradition..."[30] Isacson & Mag-

---

[28]Se t.ex. Kriedte, 1981.
[29]Kriedte, 1981 i Isacson & Magnusson, a.a., s.61f.
[30]Schön, 1982b.

nusson ställer sig frågan om detta stämmer också för andra regioner (om vi accepterar Schöns slutsats för Sjuhäradsbygden) och för andra industriella branscher? Denna fråga bildar utgångspunkten för deras egna studier av: liesmidet i Hedemora socken och behovet av yrkeskunniga industriarbetare i södra Dalarna; bondesmide och verkstadsindustri i Mora och från klensmide till fabriker i Eskilstuna. Författarna kommer till en annan slutsats än Schön gjorde i Sjuhäradsbygden; de menar att proto-industrin i olika grad och på olika sätt påverkat framväxten av en fabriksindustriell tillverkning i samtliga tre områden.

Brian Short (u.å.) diskuterar deindustrialiseringsprocessen i The Weald, i södra England, 1600-1850. Detta område, påpekar Short, utgör ett exempel där proto-industrin inte övergick i "full industrialization" i en avgränsad region. Som förklaring anför Short konkurrensen från andra proto-industrialiserade regioner, bl.a. de svenska järnbruksområdena. Andra viktiga faktorer var höga råmaterialpriser (timmer), förändrade mönster vad gäller nationell och internationell penningpolitik och kultur.[31]

Debatten om deindustrialisering är lika aktuell idag som någonsin tidigare. De förklaringar som idag förs fram vad gäller avindustrialiseringen i Europa och USA efter andra världskriget, påminner till viss del om de förklaringar till proto-industrins avsomnande som diskuterats ovan. Bob Rowthorn (1987) diskuterar därvidlag tre hypoteser för att förklara sysselsättningsminskningen inom tillverkningsindustrin i England under de senaste 40 åren. Den första är "mognadstesen"; i vilken industrins nedgång kopplas samman med generell utvecklingsteori och strukturell förändring. Det brukar framhållas att England var det första landet som nådde detta mogenhetsstadium, där andelen anställda inom tillverkningsindustrin minskar. Detta skulle kunna vara en förklaring till varför minskningen började så pass mycket tidigare i England och blev av större omfattning än på andra håll. I en annan förklaring framhålls specialiseringen inom handeln. Enligt denna tes har minskningen inom tillverkningsindustrin interna orsaker, bl.a. till följd av den positiva utveckling som skett inom andra näringsaggregat sedan början av 50-talet. En tredje förklaring som Rowthorn för fram är "misslyckande". Enligt denna förklaring skulle tillbakagången vara ett symptom på ekonomiskt misslyckande: ett misslyckande

---

[31]Short, u.å.

vad gäller internationell konkurrens eller att producera de "rätta" varorna.[32]

## 2.5 Proto-industrin och städerna

Mendels förnekar existensen av en proto-industri i städerna. Däremot menar han att det var stadsköpmännen som under senmedeltid tog initiativet till den utbredda landsbygdsindustrin i Västeuropa. Köpmännen, som försåg hemindustrin med råmaterial, var oftast hemmahörande i städerna. Man såg det helt enkelt som fördelaktigt att placera viss produktion på landsbygden, inte minst på grund av det lägre löneläget där, men också på grund av den av hantverksskråna hårt reglerade produktionen i städerna. Köpmännen drog nytta av landsbygdsindustrin, främst i form av det bekanta förlagssystemet eller ett köpsystem. I det senare fallet spelade köpmannen en mindre roll då han endast förband sig att avyttra den färdiga produkten och inte - som var fallet i förlagssystemet - också förse producenten med halvfabrikat och/eller råvaror.[33] Länken mellan landsbygdsproducenterna och en större marknad upprätthölls alltså av köpmän. Städerna var med andra ord inte i första hand centra för industriell produktion utan platser där proto-industriella produkter avyttrades. Clarkson (1985) menar dock att denna tes har många begränsningar. Modellen understryker städernas betydelse som handelscentra och negligerar deras betydelse som centra för produktion. Detta, fortsätter han, kommer av att arketypen för den proto-industriella arbetaren ses som en som kombinerar jordbruk med tillverkning av varor. Självklart var den kombinationen inte vanlig i städerna. Clarkson anser att detta är en av de största svagheterna med den proto-industriella modellen; att den är så begränsad vad avser yrkesstrukturer. Nästan alla exempel har hämtats från textilindustrin.[34]

Proto-industrins beroende av städerna tas också upp av Jan de Vries (1984). Han menar att storskalig produktion på landsbygden för en avlägsen marknad var beroende av kommunikationer och av samordning, vilket

---

[32]Rowthorn, 1987.
[33]Isacson & Magnusson, a.a.s.55.
[34]Clarkson, 1985, s.51.

skapade ett beroendeförhållande till städerna.[35] de Vries använder teorin om proto-industrialisering i sin studie av urbaniseringen i Europa under perioden 1500 till 1800. Han ser proto-industrin som en viktig förklaringsfaktor när man undersöker urbaniseringen i ett historiskt perspektiv på grund av dess kopplingar både till den agrara och den urbana sektorn, och dess starka påverkan på migration, social stratifiering och yrkesstruktur.[36] de Vries ser gränsen mellan stad och land som en bred övergångszon. När proto-industrin expanderade förde detta oundvikligen med sig en rekrytering av "marginalbönder" och jordbruksarbetare. Anställning inom landsbygdsindustrin innebar för somliga att korta flyttningar blev nödvändiga. Främst var det dock en fråga om social snarare än om fysisk mobilitet.

Proto-industrins relation till den urbana ekonomin fick bl.a. som konsekvens att när den förra expanderade, innebar det en nedgång för antalet anställda inom stadsindustrin. Men trots de kapitalinvesteringar i och den samordning av landsbygdsproduktionen som genomfördes, kunde inte steget tas till att också förlägga den yrkesmässigt mest kvalificerade och kapitalintensiva produktionen till landsbygden.[37] Proto-industrins tillväxt var en konsekvens av städernas investeringar, men den försvårade stadsindustrins tillväxt samtidigt som den stärkte städernas handels- och servicefunktioner.[38] Kriedte uttrycker det som att landsbygden knöts till staden och av staden blev påtvingad en arbetsdelning. För staden var det nödvändigt att tillgodogöra sig landsbygdens produktionskapacitet.[39]

I den kritik som riktats mot teorin om proto-industrialisering har man också ifrågasatt det rimliga i att så hårt betona den agrara basen för proto-industrin. Även i många små och medelstora städer växte det fram ett hantverk utanför skråväsendet, organiserat i form av förlagssystem med tillverkning för en avlägsen marknad. Isacson & Magnusson ger i detta avseende proto-industrin en vidare tolkning än t.ex. Mendels. När det gäl-

---

[35]de Vries, 1984, s.220.

[36]Ibid.

[37]Jämför de nya teorier som presenterats på senare tid rörande industrispridning under 1900-talet. För en sammanfattning över denna forskning på nordisk bas, se Andersson & Malmberg (red.) 1988.

[38]de Vries, a.a., s 221

[39]Kriedte, 1982, s.1-2. Se också Dunford & Perrons, 1983, s.129f och Kriedte m.fl., 1986.

ler ett av författarnas undersökningsområden - Eskilstuna - "anser vi inte att det finns någon annan mer lämplig term" [än proto-industri; min anm.]. Tillverkning och produktion i den s.k. Fristaden påminner mer om vad som internationellt beskrivs som proto-industri än som stadsbaserat hantverk, påpekar man.[40]

Även andra forskare betonar att det är viktigt att ha med städerna i bilden när man studerar den första industrialiseringsfasen. L.A. Clarkson & B. Collins betonar att den tidiga industrins utveckling är mer komplicerad än den enkla tvåstegsprocess som ibland skisseras i teorin om proto-industrialisering.[41] Det är dock viktigt att komma ihåg att ofta, *men inte alltid*, stod de förindustriella aktiviteterna på landsbygden under stark urban influens på kapital- och/eller marknadssidan. Braudel menar att det fanns vidsträckta områden där produktionen befann sig utanför köpmannens direkta kontroll. Förutsättningen för denna fria produktion var tillgången till en råvara som var lättåtkomlig på den närbelägna marknaden.

Detta berörs delvis i nästa kapitel, där jag undersöker om de proto-industriella aktiviteterna utgjorde element i en urban-rural arbetsdelning, där städer som Gävle och Söderhamn *helt* kontrollerade sina omland, eller om ackumulationen av kapital också till viss del skedde på landsbygden och under kontroll av landsbygdsanknutna aktörer.[42]

---

[40]Isacson & Magnusson, a.a., s.146.

[41]Clarkson & Collins, 1982, s.17.

[42]Andersson & Haraldsson, a.a. Se också Höglund, 1957 vad beträffar Sundsvallsdistriktet.

# Kapitel 3

# Före genombrottet

Syftet med detta kapitel är att undersöka och redovisa material om den förindustriella sågverkshanteringen i Gävleborgs län och utifrån detta material kartlägga denna verksamhets omfattning och lokaliserings-mönster. Avsikten är inte att i absoluta tal slå fast denna närings omfatt-ning - det låter sig knappast göras. Därför har stor vikt lagts vid de kvali-tativa omdömen som vi återfinner hos samtida iakttagare (tjänstemän, författare o.a.). Följande frågeställningar skall behandlas:

a. I vilken utsträckning förekom sågning för avsalu och husbehov bland allmogen i undersökningsområdet i slutet av 1700-talet och under första hälften av 1800-talet?

b. Vilka områden/socknar var indragna i denna produktions- och handels-verksamhet?

c. Hur viktig var denna verksamhet i den lokala ekonomin?

d. Kan man hävda att det var en proto-industriell verksamhet?

Är det möjligt och meningsfullt att försöka datera industrialismens genombrott i Sverige? Tidsgränser och dateringar är självklart inte ovik-tiga i historisk forskning, men man skall vara medveten om att det alltid finns en risk med att uppdela den ekonomiska historien i strängt avgrän-sade perioder, med vissa årtal som gränspålar. Det finns i själva verket inga gränser och inga sådana gränspålar inom den ekonomiska utveck-lingen; periodindelningen är uteslutande ett pedagogiskt hjälpmedel, fast-slår Gösta Bagge helt riktigt.[1] Vad man bör koncentrera sig på, fortsätter Bagge, är i vad mån den period man avser att studera kännetecknas av att hela dess karaktär undergått en förändring. Det vill säga att de förhärs-kande och tongivande krafterna inom det ekonomiska samhällslivet blivit andra än under föregående tidsperioder.[2] Att så är fallet med sågverksin-

---

[1]Bagge, 1931, s.8.
[2]a.a., s.8.

dustrins utvecklingen efter 1850 är tydligt. Sågverksindustrins utveckling efter 1850 uppvisar just en sådan omsvängning i de allmänna karakteristiska tendenserna på både det ekonomiska och sociala området. Med sågverksnäringen före det industriella genombrottet avses alltså tiden före 1850.

Carlgren (a.a.) menar att det har funnits två viktiga brytningstider i den norrländska trävarurörelsens utveckling. Den ena 1700-talets första årtionden, den andra decennierna kring 1800-talets mitt. Båda gångerna framträdde plötsligt stegrade anspråk "som man med nästan explosiv brådska sökte tillfredsställa".[3] Från 1850-talet inleddes en successiv och stadig tillväxt för sågverksindustrin, inte minst genom hemmamarknadens ökade behov. Nya områden i Norrland drogs vid denna tid in i den direkta exportrörelsen; de finbladiga sågverken ökade och var på väg att få övertaget över de gamla grovbladiga. Utvecklingen gick också mot en koncentration av driften genom olika övergångsformer, inte minst via ångans användning som drivkraft.[4]

Den förindustriella sågverkshanteringen är tämligen bristfälligt belyst i forskningen. Det mest grundläggande arbetet har Wilhelm Carlgren (a.a.) som upphovsman. Författaren anlägger ett brett historiskt perspektiv på sågverksnäringen i Norrland och söker sig tillbaka till medeltidens primitiva vattensågar. Enligt sågkommisionernas protokoll, som Carlgren gått igenom, fanns redan år 1700 ca 140 sågar i Gävleborgs län (figur 3.1). I vissa socknar, ofta kustnära, fanns mer än tio - och i några fall mer än trettio - sågverk registrerade. Fram till omkring år 1800 (figur 3.2) hade antalet sågar i området ökat till omkring 240 - samtliga var så kallade grovbladiga sågverk. Ungefär hälften var avsalusågar, övriga var husbehovssågar.

Det skall omedelbart sägas att gränsen mellan husbehovssågar och salusågar av allt att döma var ganska oklar.[5] Detta faktum framgår klart av det källmaterial som jag tagit del av.[6] Där uppges t.ex. att det fanns 13 husbehovssågar i Ockelbo socken 1827, samtidigt som det noteras att sågningen har minskat i socknen under de senaste två åren på grund av "vanpris" på

---

[3]Carlgren, a.a., s.129.
[4]a.a., s.130.
[5]Söderlund, 1951, s.41.
[6]Handlingar angående femårsberättelser 1827, Kronofogden i Gästriklands fögderi.

bräder. Uppenbarligen sågades för avsalu även vid dessa grovbladiga husbehovssågar. Redovisningen av de grovbladiga sågarna, i synnerhet husbehovssågarna, är dessutom säkerligen ofullständig.[7] Alltifrån 1740-talet hade de statliga myndigheterna sökt gynna de finbladiga sågverken på bekostnad av de gamla grovbladiga. Resultatet blev dock blygsamt, i synnerhet i Gävleborgs län.[8] År 1825 fanns enligt Carlgren endast två finbladiga sågar i länet.[9] Ernst Söderlund framhåller att de finbladiga vattensågarna endast utgjorde en ringa del av de norrländska sågarna. Även om deras genomsnittsproduktion var mångdubbelt större än de grovbladiga sågarnas, måste de senare ha svarat för en mycket betydande, i södra Norrland en övervägande, del av totalproduktionen av sågade varor.[10] De privilegierade finbladiga sågarna var koncentrerade till de nordligaste länen, där konkurrensen om skogen från järnbrukens sida var minst utpräglad (1825 fanns i Västernorrlands län 17 st., i Västerbottens län 33 och i Norrbottens län 16 finbladiga sågar).[11] I Gävleborgs län, där huvudparten av de norrländska järnbruken låg, var däremot antalet finbladiga sågar, som framgått, mycket litet. De norrländska grovbladiga avsalu- och husbehovssågarna representerade en latent produktionskapacitet och de deltog också i produktionen av exportvaror.

Källmaterialet från 1850-talet[12] vittnar om att allmogesågade plankor i vissa exportområden spelade en betydande roll. Engelskt källmaterial visar dessutom att en avsevärd del av den norrländska exporten såväl till London som till Hull på 1810- och 1820-talen utgjordes av "rough-sawn deals". All sannolikhet talar för att så var fallet även på 1830- och 1840-talen, anser Söderlund. Författaren menar sig inte på basis av det genomgångna källmaterialet, kunna dra några entydiga slutsatser rörande den norrländska produktionens kvalitet före den stora expansionsperioden. Dock ansågs tydligen Gävledistriktets trävaror stå i särklass med avseende på kvaliteten, "beroende som det vill synas på en traditionellt tillämpad mycket rigorös sortering".[13] Att gävleplankorna vid denna tid var grov-

---

[7]Söderlund, a.a., s.41.
[8]Ibid.
[9]Jfr dock Nyström,1982, s.176.
[10]a.a., s.42.
[11]Carlgren, a.a., Bilaga 2 s.163 och Söderlund, a.a., s.42.
[12]Se Söderlund, a.a. s.44. Söderlund hänvisar inte till namngiven källa.
[13]a.a., s.45.

sågade, tycks inte ha medfört lägre prisnotering, tvärtom, "rough-sawn deals" betalades ofta bättre än "fine-sawn".[14]

Runt sekelskiftet 1800 ökade antalet avsalusågar i kustsocknarna i Gävleborgs län mycket snabbt. Den nya finbladiga tekniken hade dock svårt att vinna insteg i länet. Antalet finbladiga anläggningar i övriga norrlandslän var före 1850 betydligt större. Orsakerna till eftersläpningen i Gävleborgs län är inte lätta att fastställa, men troligen spelade motståndet från de starka järnbruken, som antyddes tidigare, en betydande roll. Bruksägarna försökte på olika sätt att bromsa privilegiegivningen till den nya typen av sågverk. Redan i den livliga diskussionen under 1600-talet om skogsbrist spelade sågningen en framträdande roll. Bruksägarna klagade ofta hos Bergskollegium över sågarnas verksamhet och i 1683 års skogsordning förbjöds allt "sågande som skedde alltför mycket till bergsbrukets avsaknad i skog", som formuleringen löd.[15] I botten låg naturligtvis en oro för att brukens monopol på råvaran skulle kunna luckras upp. De hårda attacker som bruksägarna riktade mot böndernas sågar, med hänvisning till slöseri med skog var säkerligen snarare en "vädjan" till bönderna att syssla med kolning åt bruken istället för med den mer inkomstbringande brädsågningen. Därför gällde det att helst få bort sågarna eller i varje fall inskränka deras verksamhet i brukens närhet så mycket som möjligt.

Sågningen bland bönderna betraktades som kolningens fiende nummer ett.[16] Bruken lyckades också, åtminstone till en början, att förhindra den nya teknikens införande. Förhållandet mellan järnbruken och sågverksrörelsen avhandlas inte i denna studie. Man kan dock anta att bruken fungerade som en hämsko på sågverksnäringens utveckling i vissa regioner och områden. När det gäller införandet av den nya finbladiga sågtekniken står det ganska klart, att bruken kände sin egen råvaruförsörjning hotad. Samtidigt var det uppenbart att det fanns många sågverk i järnbruksområden. En fråga man kan ställa sig är om bönderna här, genom kolningen och leveranser av ved och bräder till bruken, hade skaffat sig en större beredskap och kunskap om skogens tillvaratagande än på många andra håll där det också fanns rikligt med skog? Kanske var ändå järnbruken inte enbart ett hinder, utan också ett incitament?

---

[14]Ibid.
[15]Montelius, 1985, s.26.
[16]Montelius, a.a. s.39.

Att försöka uppskatta produktionens storlek vid sågverken i början av 1800-talet är en mycket besvärlig uppgift. Vissa produktionssiffror på länsnivå finns dock att tillgå.[17] Produktionen anges i måttet tolfter[18] och har nedan omvandlats till m³. I Gävleborgs län uppskattas produktionen år 1825 till 7 000 m³ (Västernorrlands län 26 000 m³ och Västerbottens län 11 500 m³). Sätts uppgiften för Gävleborgs län i relation till antalet sågverk vid samma tid finner man att produktionen per sågverk var ganska blygsam. I genomsnitt producerades ca 45 m³ per sågverk och år. Även om de största avsalusågarna hade en större kapacitet var produktionen, enligt vår tids mått, mycket liten.

## 3.1 Sågverkshanteringen - en svensk form av proto-industri

Inom trävaruhanteringen finns många intressanta kopplingar mellan en tidig förindustriell produktion och en senare "fabriksindustriell" produktion. Den moderna sågverksindustrins framväxt, expansion och blomstring under andra hälften av 1800-talet har traditionellt framställts som en mycket snabb och intensiv process - utan direkta länkar och kopplingar bakåt i tiden till en äldre form av sågverkshantering. Att fabriksindustrin, lokaliseringsmässigt, i många fall har sin utgångspunkt i en äldre lokaliseringsmönster framgår dock av äldre kartor och förteckningar över industrins belägenhet i Sverige. När det gäller den äldre sågverkshanteringen kan Carlgrens kartor tjäna som en bra utgångspunkt (Figur 3.1 och 3.2).

Forskningen om proto-industrialisering har hittills i mindre grad berört Sverige. Endast ett fåtal undersökningar är genomförda. För den mest omfattande svarar Isacson & Magnusson (a.a.). De har i sin undersökning valt en mindre sträng definition av begreppet, eftersom deras syfte är att diskutera en äldre traditions [saluslöjdens] omfattning och betydelse för den senare industrialiseringen i Sverige. I den fortsatta diskussionen om den tidiga sågverksnäringens betydelse för den moderna sågverksindustrin

---

[17]Carlgren, a.a., bilaga 2.
[18]Tolfter var inget enhetligt mått, utan kunde variera från plats till plats och även över tid. Se ordlista. Här har använts samma omräkningstal som i Wik, a.a.

Figur 3.1    Socknar i Norrland med vattensågar kring år 1700.

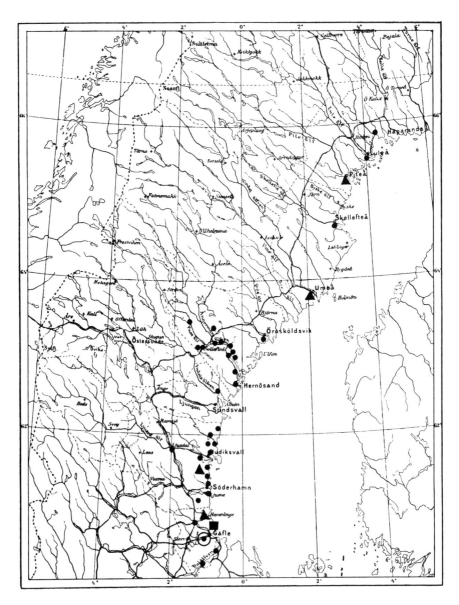

Tecknens betydelse:   ● socknar med 1—9 sågar; ▲ med 10—19 sågar; ■ med 20—29 sågar;
⊙ med 40 sågar och därutöver.

Källa: Carlgren, 1926, Pl.2.

40

Figur 3.2 Socknar i Norrland, utom Jämtland och Härjedalen, med vattensågar kring år 1800.

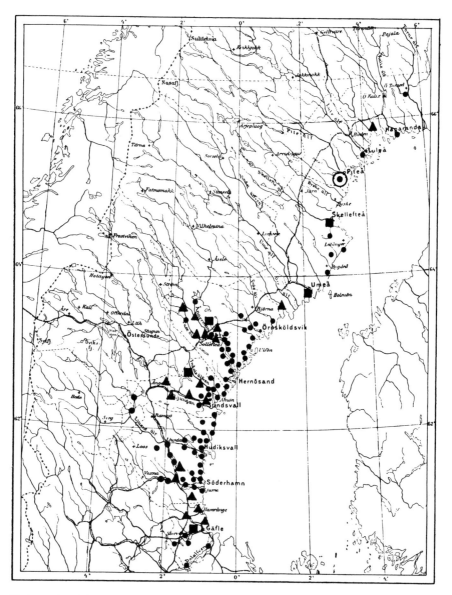

Tecknens betydelse:  ● socknar med 1—9 sågar;  ▲ med 10—19 sågar; ■ med 20—29 sågar;
⊙ med 40 sågar och därutöver.

Källa: Carlgren, 1926, Pl.3.

ansluter jag mig till Isacson & Magnussons vidare synsätt. Även om sågverkshanteringen knappast kan inräknas bland de så kallade saluslöjderna eller ens anses vara proto-industriell verksamhet i dess *renaste* form, anser jag det vara meningsfullt att diskutera en tidig form av industriell verksamhet och dess bidrag till den moderna industrialiseringen, med stöd i denna teori.

Av den kritik som riktats mot Mendels strikta definition av proto-industri har det framgått, att det i Västeuropa fanns många regioner och verksamheter som inte riktigt passar in i hans schema, men som ända har omisskännliga proto-industriella drag.[19] Till denna kategori kan man, enligt min mening, räkna den äldre svenska sågverkshanteringen. Jag vill i detta kapitel pröva om det är möjligt att påstå, att en viktig förklaring till den moderna svenska sågverksindustrins expansion i Gävleborgs län under andra hälften av 1800-talet skall sökas i en flerhundraårig regional specialisering och tradition.

De traditionella förklaringarna till expansionen diskuteras närmare i kapitel 4. Dessa faktorer är viktiga och måste ingå i en analys av expansionen. Ofta saknas emellertid ett helhetsgrepp på problemet i dessa analyser. Sällan ser man försök att skildra den omvandlingsprocess, som skapade den grund på vilken de utlösande faktorerna kunde verka.[20] Flera luckor återstår därför att fylla. Teorin om proto-industrialisering kan kanske inte fylla igen alla dessa luckor, men den kan medverka till att ge ökad kunskap om förutsättningarna för expansionen.

## Den äldre sågverkshanteringen i Gävleborgs län

Under 1700-talet utvecklades den topografiska forskningen i Sverige. Präster, men även lantmätare, kronofogdar, borgmästare, läkare, litteratörer, industriidkare och andra gjorde betydelsefulla insatser på detta område. Nils-Arvid Bringéus anser att denna litteratur, genom sin rikedom på fakta, har ett mycket högt värde som kulturhistoriskt och etnologiskt källmaterial.[21] Till de allra främsta arbetena räknar han Abraham Hül-

---

[19]Isacson & Magnusson, a.a., s.64.
[20]Fridholm, m.fl., 1977, s.13.
[21]Bringéus, 1961, s.335.

phers "Beskrifningar". År 1771 inleddes Hülphers' "Samlingar til en beskrifning öfver Norrland" med en skildring av Medelpad. Därefter följde Jämtland 1775, Härjedalen 1777, Ångermanland 1780, Västerbotten 1789 och 1797 samt Gästrikland 1793. Någon del om Hälsingland blev aldrig skriven.[22]

En annan person som hade för avsikt att ge ut en beskrivning över Hälsingland vid slutet av 1700-talet var landshövding Cronstedt i Gävleborgs län. Förebilden var Hülphers' härjedalsbeskrivning. Till grund för en sådan beskrivning utsände han 1790 en frågelista till "pastorer, ståndspersoner och kronobetjäningen i varje socken" i Gästrikland och Hälsingland.[23] Någon sådan bok utkom nu aldrig vid denna tid. Däremot bevarades källmaterialet vilket sammanställdes och utgavs 1961 av Bringéus.

Ur formell synpunkt är den av Cronstedt utsända frågelistan väldisponerad. Frågelistan besvarades också av samtliga socknar i Hälsingland. De flesta listorna har besvarats av en enda person, som inhämtat nödvändiga uppgifter om förhållanden som han ej personligen känt till. I vissa socknar sammankallades dessutom sockenstämman.[24]

Cronstedts lista omfattar totalt 39 frågor, alltifrån frågor om "Socknen, hvaraf den förmenas hafva fådt sitt namn?" (fråga 1), "Folknumern, huru stor ..." (fråga 3), "Bönder, Torpare, Kålare, Nybyggare, Handtvärkare, ..." (fråga 4) till frågor av mycket stort intresse för föreliggande undersökning:

Fråga 6."Näringsfången, hvilka?"

Fråga 11."Skogen, hurudan? väl eller illa medfaren?"

Fråga 12."Sågar, grof- eller fin-bladige, huru många? Om sågningen blott sker till husbehof eller afsalu? Huru många Tolfter Bräder här sågas?"[25]

---

[22] a.a., s.336.
[23] a.a., s.341.
[24] a.a., s.380.
[25] a.a., s.5ff.

*Sockenbeskrivningar och topografisk litteratur*

Av sockenbeskrivningarna framgår att brädsågning för avsalu förekom vid ett stort antal grovbladiga sågverk i Hälsingland. Från Skogs socken uppger sagesmannen antalet grovbladiga sågar till "12 styk. ..., [vilka] tilwärcka årligen i det närmaste 300 tolfter helbotnbräder, hwilka föryttras i Gefle." Det sägs vidare att "Skogen, blir nog medtagen så i anseende til sågning som kohlning." I Söderala socken, den moderna sågverksindustrins centrum i länet, uppges finnas fyra grovbladiga sågar vilka var skattlagda till avsalu för fyra tolfter. I Trönö socken uppger sagesmannen att det viktigaste näringsfånget är "bräders föryttrande". Skogen är också mycket medtagen i socknen genom sågning dels för avsalu, dels för husbehov.

Från Enångers socken lämnas en mycket detaljerad beskrivning över socknens näringsliv. Bland de viktigaste näringsfången upptas "i några byar brädsågning". Skogen är tydligen illa medfaren och "sågning [har] nog förstört honom, ..." Några finbladiga sågar fanns uppenbarligen inte i Enånger, utan all avsalusågning skedde vid nio grovbladiga sågverk. Uppgiftslämnaren har dessutom bifogat en uppställning över dessa sågverk samt tillverkning och ränta till Kronan. Tabell 3.1 visar tillverkningen i tolfter vid sågverken i Enångers socken. Sågarna var skattlagda och erlade en viss produktion i skatt, eller ränta som uttrycket är i källan.

Enligt sockenbeskrivningarna fanns minst 140 grovbladiga sågverk i drift i Hälsingland i början av 1790-talet. Vid många av dessa bedrevs avsalusågning. Denna sågning bedrevs i stor utsträckning vid skattlagda by- eller bondsågar. Huruvida sågade trävaror även såldes från icke skattlagda sågar är omöjligt att säga. Gränserna mellan husbehovssågar och salusågar var, som tidigare påpekats, av allt att döma oklara även kameralt sett. Redovisningen av de grovbladiga sågarna, i synnerhet husbehovssågarna, är dessutom säkerligen ofullständig. Detta förhållande gäller inte bara för tiden före 1850; problemet kvarstår även i nutid när det gäller redovisningen av småsågarna.

*Tabell 3.1  Avsalusågar i Enångers socken 1789 med projecterad ränta*
*till Kronan.*

| Såg | Tillv. i tolfter | Ränta i % | Ränta i tolfter | |
|---|---|---|---|---|
| Österbölan | 20 | 4 | 4/5 | tolft |
| Wästerbölan | 40 | 4 | 1 3/5 | |
| Boda | 75 | 3 | 2 1/2 | |
| Tosäter | 81 | 3 1/3 | 2 7/10 | |
| Bäckmora | 30 | 4 | 1 1/5 | |
| Änga | 12 | 4 1/6 | 1/2 | |
| Haga | 25 | 4 | 1 | |
| Tyttrene | 18 | 4 | 18/25 | |
| Grängsjö | 28 | 3 4/7 | 1 | |
| Tilwerkning | 329 | | | |

Räntan till Kronan 11 23/25 tolfter alt beräknadt i enkla bräder.
Källa: Bringéus, 1961, s.172.

Försäljningsorten uppges endast vid ett tillfälle i sockenbeskrivningarna men det är sannolikt att större delen av avsalubräderna hamnade vid de större lastageplatserna efter kusten för vidare transport utomlands eller till Stockholm.

Hülphers utgav 1793, som tidigare nämnts, en beskrivning över Gästrikland. Eftersom Hülphers inspirerade Cronstedt i utformandet av hans frågeformulär är det ingen tillfällighet att Hülphers' gästrikebeskrivning starkt påminner om de tidigare refererade sockenbeskrivningarna från Hälsingland.

Hülphers konstaterar inledningsvis att "Sågwerken ...., samt handel med åtskillige träpersedlar ..., giva en del socknar god förtjänst". Han refererar vidare en uppgift från Landscontoiret om att det vid denna tid fanns 34 skattesågar i provinsen (inga frälse- eller kronosågar).

Efter en allmän inledning om Gästrikland övergår så författaren till att beskriva varje socken mycket ingående. Under rubriken "Näringsfång" upptas de verksamheter som är dominerande i de olika socknarna. I kustregionen, dvs. i socknarna Hedesunda, Valbo, Hille och Hamrånge, uppger författaren att "brädsågning, jämte försäljning på sina ställen av trävirke ger någon förtjänst". Till Norrsundets lastageplats i Hamrånge "... nedflotas och upstaplas de Bräder härifrån försäljas til Gefle, hwilka med smärre Jackter ... afhämtas".[26] Också från Hedesunda föryttrades bräder, plankor och bjälkar till Gävle. Men även i järnbrukssocknarna i södra inlandsregionen förekom avsalusågning, trots att en kunglig förordning från 1696 förbjöd salusågning i Gästriklands bergslag. Denna förordning "har ock märkeligen här bidragit til skogens konservation", utbrister Hülphers förvånat, med avseende på förhållandena i Torsåkers socken.

I övrigt är författaren uppenbarligen mycket bekymrad över skogarnas situation i Gästrikland. I Valbo är skogen "mycket medtagen genom otilbörlig fällning til afsalu med timmer och wed, samt kolning och brädsågning, ...", noterar han.[27] I Hille är visserligen skogen betydlig, "ehuru i sednare tider nog tillitad genom Kolningar och Brädsågning, samt afsalu med Wed, Timmer, Bjelkar och annat träwirke".[28] I övriga inlandssocknar förekom tydligen ingen avsalusågning bland allmogen.

Om vi kort summerar uppgifterna från sockenbeskrivningarna och Hülphers' beskrivning kan vi konstatera följande. Av sockenbeskrivningarna från Hälsingland 1790-1791 framgår att sågning förekommer i de allra flesta socknar. Störst antal sågar, både vad gäller avsalu- och husbehovssågning, återfanns i de nuvarande kommunerna Söderhamn, Hudiksvall och Bollnäs. Av Hülphers' beskrivning framgår att det vid 1790-talets början fanns drygt 30 skattesågar, dvs. avsalusågar, i Gästrikland. De var samtliga koncentrerade till kustsocknarna Hedesunda, Valbo, Hille och Hamrånge. Dessutom fanns i landskapet ett icke uppgivet antal grovbladiga husbehovssågar.

Några decennier innan Hülphers publicerade sin beskrivning över Gästrikland hade han givit ut böckerna om Medelpad 1771 och Ångermanland 1780. Uppläggningen av dessa är i stort sett identisk med gästrikedelen och det framgår att brädsågning och -försäljning även här tycks ha utgjort en viktig inkomstkälla för allmogen, kanske till och med mer betydande än i Gävleborgs län. Trävaruhanteringen var i dessa båda land-

---

[26]Hülphers, 1793, s.132.
[27]a.a., s.88f.
[28]a.a., s.105.

skap dessutom i högre grad koncentrerad till inlandet, främst till älvdalarna.

Till dessa uppgifter kan dessutom läggas det värdefulla material som tagits fram av Maurits Nyström (1982) i anslutning till hans avhandling "Norrlands ekonomi i stöpsleven". Detta material utgörs av fögderisammanfattande uppgifter över sågkvarnar i Gävleborgs län 1796 och 1815 hämtade ur Kammarkollegiets arkiv. Enligt dessa uppgifter fanns 1796 33 grovbladiga avsalusågar i Hälsingland, i första hand koncentrerade till de tre socknarna Enånger(9), Trönö(7) och Skog(11) (figur 3.3). Antalet grovbladiga husbehovssågar i provinsen uppgick till 145 med störst utbredning i följande socknar: Färila(8), Ljusdal(9), Bjuråker(9), Enånger(10), Bollnäs(11), Trönö(7), Norrala(7), Arbrå(10), Alfta(10). De finbladiga sågarna var totalt 9, varav 3 avsalusågar. Det totala antalet sågar i Hälsingland vid denna tidpunkt var enligt detta källmaterial 187. Nyströms uppgift om 9 finbladiga sågar i undersökningsområdet år 1796 är uppseendeväckande med tanke på Carlgrens uppgift om endast två finbladiga verk från 1825. Det hindrar inte att Nyströms uppgifter är korrekta. De sex finbladiga husbehovssågarna återfinns nämligen i socknar med järnbruk, vilket gör att dessa sågar förmodligen var kopplade till brukens egna behov av sågat virke.

I Gästrikland finner Nyström för år 1796 36 grovbladiga avsalusågar koncentrerade till de socknar som också nämns av Hülphers, nämligen: Valbo(9), Hille(9), Hamrånge(7) och Hedesunda(5). Vidare fanns 50 grovbladiga husbehovssågar med störst utbredning i Hamrånge(10), Valbo(8), Ovansjö(7), Färnebo(6) samt Ockelbo(6). De finbladiga sågarna var 7 till antalet, samtliga husbehovssågar och troligen knutna till järnbruken i området.

Nyströms material för 1815 är av sämre kvalitet eftersom endast avsalusågar redovisas. Antalet avsalusågar i Hälsingland för detta år uppges till 38 grovbladiga, samt 3 finbladiga. Någon omfördelning av avsalusågningen bland provinsens socknar hade inte inträffat under 20-årsperioden efter 1796. Fortfarande var denna sågning starkt koncentrerad till socknarna Enånger (9), Trönö (6) och Skog (11). Avsalusågning bedrevs också i följande socknar både 1796 och 1815: Bjuråker, Ilsbo, Rogsta, Söderala och Norrala.

Figur 3.3  Socknar med grovbladiga avsalusågar i Gävleborgs län 1815.

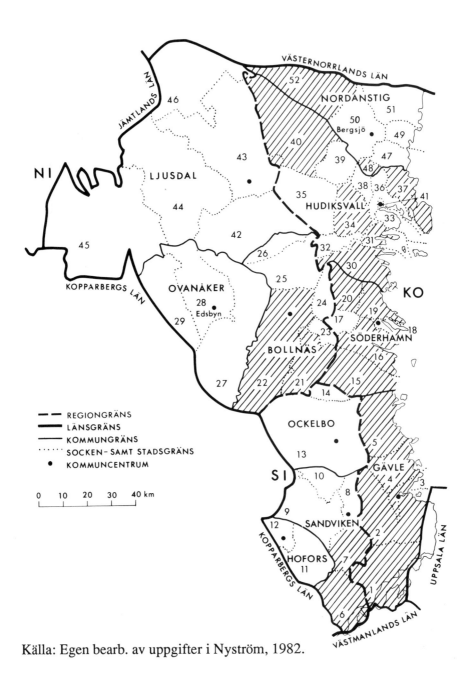

Källa: Egen bearb. av uppgifter i Nyström, 1982.

I Gästrikland uppger Nyström 40 grovbladiga avsalusågar 1815, inga finbladiga verk. Avsalusågningen hade alltså vuxit och i Valbo socken fanns hela 15 avsalusågar, i Hille 9, Hedesunda 6 och Hamrånge också 6. Kustsocknarna hade med andra ord stärkt sin ställning sedan mitten av 1790-talet.

## Kronofogde- och landshövdingeberättelser

Till grund för Kongl Maj:ts Befallningshafvandes femårsberättelser låg bland annat uppgifter från kronofogdarna i länet. Även om detta material är mycket ojämnt, t.ex. vad gäller uppgifter över antalet sågverk, så behandlas dock sågverkshanteringen i länets olika socknar. Ibland diskuteras mer utförligt sågverksrörelsens betydelse i både negativ och positiv bemärkelse. Trots källmaterialets ojämnhet utgör det ett mycket intressant källmaterial när det gäller att få en inblick i den tidiga avsalu- och husbehovssågningen i länet.

Handeln med trävaror var för bara några "få år sedan [mitten av 1820-talet] i en del socknar en ganska lönande binäring", men också för något av åren under den avrapporterade 5-årsperioden förekom ganska lönande handel. I stort sett var det samma regioner/socknar nu som tidigare som var indragna i trävaruhanteringen i länet.

I mitten av 1830-talet gör landshövdingen följande notering:

Genom jordavsöndringar blir visserligen mer jord varje år uppodlad och produktionen ökad; men välmågan hos Hemmansägarna i allmänhet också minskad, emedan möjligheten för dem att förkovra sig försvåras därigenom, att de ofta se sig i saknad av den till odling tjänligaste jord på Hemmanet, och de måste inskränka försäljningen av trävaru-effecter i samma mån.

Tillgången på tjänlig skogsmark minskade alltså via avsöndringarna och detta drabbade tydligen produktionen och försäljningen av trävaror. Trävaruförsäljningen på och via Gävle och Söderhamn, från hälsingesocknarna Enånger, Skog, Norrala, Trönö m.fl., hade också ökat sedan mitten av 1820-talet.

Under de svåra missväxtåren 1837-38 ökade skuldsättningen kraftigt bland allmogen i länet men vid mitten av 1840-talet kunde denna minskas;

49

dels till följd av bättre skördar, dels genom ökad avsättning av trävaror. Detta visar vilken stor betydelse trävaruhanteringen hade fått i den lokala ekonomin vid denna tid. Under perioden 1835-45 spreds också avsalu-sågningen till "åtskilliga från kusten avlägsna socknar". Denna sprid-ningsprocess förstärktes dessutom under den följande 5-årsperioden och landshövdingen konstaterar att försäljning av trävaror "idkas nu till mera och mindre belopp av allmogen i alla länets socknar, ..."

Under andra hälften av 1840-talet expanderar trävaruhandeln i flera socknar i norra Hälsingland. I Bergsjö och Hassela socknar fanns vid denna tidpunkt 3 avsalu- och 22 husbehovssågar, och det konstateras att "avyttringen av bräder ... lär komma att bli den huvudsakligaste binäring-en ..." Vid halvsekelskiftet fanns i norra fögderiets 20 socknar 152 husbehovs- och 36 avsalusågar, dvs. i genomsnitt 9 sågverk per socken. Genom sågning, flottning, huggning, strömrensningar etc. drogs allt större områden in i trävaruhanteringen och under det följande decenniet klagas allmänt över hur svårt det är att rekrytera arbetskraft till jordbru-ket. I Delsbo, Forssa, Hög, Harmånger, Jättendal m.fl. socknar höjs dags-verkslönerna kraftigt på grund av konkurrens från sågverk och flott-ningsverksamhet.

Materialet över södra Hälsinglands fögderi är tyvärr av betydligt sämre kvalitet än för den norra delen. De utförliga sockenrapporterna saknas till stora delar över detta område, vilket är en stor brist. Dock kan vi konsta-tera att det i socknarna Trönö, Norrala, Söderala och Skog bedrevs en omfattande sågningsverksamhet.

Kronofogdeberättelserna från Gästrikland är dock något rikhaltigare på uppgifter om sågningsverksamheten. Några exakta uppgifter om an-talet sågverk i provinsen lämnas dock inte för någon period. Under perio-den 1822-27 bedrivs brädsågning framför allt i kustsocknarna. I t.ex. Hamrånge socken "bibehålles välmågan emedan denna socken har goda penninger genom sin myckna brädsågning". Under 1830-talet bedrivs sågning för avsalu också utanför kustsocknarna, t.ex. i Ockelbo.

Ytterligare en äldre topografisk studie över undersökningsområdet är värd att nämna. År 1861 utgav L.E. Åhrman "Beskrifning öfver provinsen Gestrikland". Åhrman har liksom Hülphers m.fl., valt att basera sin beskrivning på sockennivå. Det intressanta med Åhrmans studie är att den tillkommit under den tid då den storskaliga sågverksindustrin började växa fram. Åhrman nämner dock till skillnad från t.ex. Hülphers, ganska litet om trävaruhanteringen. Ibland lämnar han dock kommentarer utöver uppräkningen av antalet sågverk och produktion.

I Hille och Valbo socknar fanns 23 respektive 21 skattesågar omkring år 1860. Avyttringen av produkterna skedde liksom tidigare till Gävle. Beträffande Hedesunda socken (KO) ger Åhrman följande kommentar: "Den på senare tid överhandtagande föryttring av sågtimmer och bräder, varigenom en lätt åtkomlig penningförtjänst erhållits, har lockat allmogen". (Åhrman 1861, s.131)

I Ockelbo var tillverkning av bräder en viktig binäring och i Hamrånge gav handel med bräder en betydlig förtjänst, noterar han.[29] I Hamrånge sysslade torpare och backstugusittare under sommaren med brädflottning, "var jämte stor del av allmogens tid upptas av forslor med bräder."[30] En del av dessa transporter gick landvägen till Gävle, "det mesta flottas dock till lastageplatsen i Norrsundet, där det fraktas ut till Gävle på mindre fartyg, varav några ägs av bönderna i denna socken.[31] Uppenbarligen var det vid denna tid goda år även för allmogesågningen. Storsågverkens framväxt och den begynnande storindustrins uppsving hade tydligen positiva effekter även för den småskaliga trävaruhanteringen.

## 3.2 Den tidiga sågverksindustrins arbetskraftsrekrytering

Rekryteringen av arbetskraft till 1800-talets sågverk tillhör de mest undersökta ämnena i den svenska industriarbetarklassens historia, skriver

---

[29]Åhrman, 1861, s.288.
[30]Ibid.
[31]Ibid.

Alf Johansson i sin bok om Stocka sågverk. Författaren hänvisar till Rondahl (1972) och Norberg (1980). Ändock, vågar jag påstå, vet vi mycket litet om vilka de personer var som anställdes i den tidiga sågverksindustrin och då avser jag i första hand tiden 1850 till 1865. Vilken miljö kom de ifrån? Hur såg deras yrkesmässiga och sociala bakgrund ut? "Importerades" arbetskraften till sågverken eller rekryterades den ur obesuttna, och kanske besuttna, grupper i den egna regionen? Det är viktiga frågor att ställa sig men de är samtidigt mycket svåra att besvara. Om vi vill studera länkar och kopplingar mellan den förindustriella och den moderna industrin, bör dessa också innefatta rekryteringen av arbetskraft. Det kan därför vara på sin plats att här mer utförligt redogöra för den forskning som angripit detta problem.

Gårdlund slår fast att även om en del av industriarbetarna under genombrottstiden rekryterades bland bönder, backstugusittare och torpare, måste en del ha kunnat uppbringas bland hemslöjdens, hantverkets och den tidiga industrins arbetare. Detta gäller också, menar han, den moderna sågverksindustrin som knöt an till en äldre teknik och yrkeskunskap.[32] *Hur* den "knöt an" berör inte Gårdlund närmare.

Kurt Samuelsson (1949) är av en annan åsikt. Sambandet med "det gamla" var obetydligt; trävaruindustrin byggdes upp i en trakt utan traditioner i detta avseende, Norrland. "Arbetarna kom till stora delar från andra landsdelar, ofta utan varje kunskap i sitt nya yrke."[33] Andemeningen i Harald Wiks (1950) resonemang om arbetskraften vid sågverken 1850-1890 påminner starkt om Samuelssons. Wik menar att situationen på arbetsmarknaden för sågverksindustrin under sagda period "varit rätt bra", vilket beror på att sågverksindustrin icke behövt i egentlig mening yrkeskunnig arbetskraft. "Vem som helst med ordentliga kroppskrafter har kunnat ge sig på sågverksarbete, vare sig det nu gällt arbete i själva sågen, vid timmerintaget eller i brädgården."[34]

Arthur Montgomery (1947) för i sin bok "Industrialismens genombrott i Sverige" en kortfattad diskussion om arbetarrekryteringen till den tidiga sågverksindustrin. "Arbetarna vid sågverken hade under 1800-talets tidigare hälft mestadels rekryterats från jordbruket och bevarade länge sitt

---

[32]Gårdlund, a.a., s.216.
[33]Samuelsson, 1949, s.43.
[34]Wik, a.a., s.70f.

52

samband med denna näringsgren", säger Montgomery.[35] Vid det "Kempeska" Mo sågverk kallades arbetarna vid tiden omkring 1840 ömsom torpare, ömsom sågdrängar.[36] Montgomery konstaterar slutligen att den sågindustri som växte upp vid 1800-talets mitt drog till sig arbetskraft från olika håll.[37]

Filip Hjulström m. fl. (1955), som behandlar arbetarrekryteringen till de tidiga sågverken i Sundsvallsdistriktet, anser att sågverksindustrin på flera håll använde sig av torpinstitutionen som ett instrument för upprättandet av en fast arbetarstam. Vid t.ex. Fagerviks vattensåg anlades en del torp vid mitten av 1800-talet för att tillgodose verkets behov av en fast arbetarstam. Anläggandet av torplägenheter var av gammalt datum men under 1850-talet och kanske ännu mera under 1860- och 1870-talen sköt det ny fart. Arbetarstammens existensvillkor var alltså baserad dels på jordbruk och dels på anställning i sågverket. Hjulström m. fl. är också av den åsikten att vattensågarna överhuvudtaget inte gav upphov till någon säsongvandring av arbetskraft. Den kom senare när stordriften hade satt in på allvar vid kusten. För vattensågarna har arbetsvandringarna aldrig varit av någon betydelse. Om detta är en riktig iakttagelse betyder det att den tidiga sågverksindustrins arbetare i stor utsträckning måste ha utgjorts av "traktens folk"; torpare, arbetare och andra obesuttna men där kanske också småbönder deltog i verksamheten. Ty vad vi med säkerhet vet är att vattensågarna *inte* började gå tillbaka i betydelse i och med att ångsågarna började uppträda, tvärtom.

> Vattensågarna hade väl, menar man, sin bästa tid, just innan ångsågarna började komma litet mera allmänt, alltså någon gång på mitten av 1850-talet. Denna uppfattning är emellertid felaktig. (Wik, a.a., s.117)

Uppsvinget för trävaruindustrin i mitten av 1800-talet förde också med sig en expansion av vattensågarna.[38] Vattensågningen i Medelpad, som Arpi (1955) undersökt mer ingående, expanderade ännu under senare hälften av 1860-talet, och även under de första fem åren på 1870-talet.[39]

---

[35]Montgomery,1947, s.119.
[36]Ibid.
[37]a.a., s.120.
[38]Wik, a.a., s.117.
[39]Hjulström, Arpi och Lövgren, 1955, s.293.

Ytterligare några studier som behandlat rekryteringen av arbetskraft till 1800-talets sågverksindustri skall beröras. Rondahl (1972) har i sin studie konstaterat att säsongarbetarna, främst värmlänningar, utgjorde en högst väsentlig produktionsfaktor för sågverksindustrin i Ljusnetrakten åren 1876 till 1890. I genomsnitt omfattade dessa över hälften av arbetsstyrkan - i slutet av 1870-talet mer än två tredjedelar. Samtidigt noterar han att

> värmlänningarna tycks ... i hög grad tillvunnit sig dessa positioner högkvalificerat arbete inklusive stabbläggning; min anm] vid såg-verken [i södra Norrland; min anm] eftersom ganska få av dem hade titlar som sågare, stabbläggare eller klampare vid inflyttningen."
> (Rondahl, 1977, s.36).

Överhuvudtaget hade säsongarbetarna okvalificerade och lägre betalda jobb än de bofasta arbetarna.[40] Rondahl lanserar också begreppet "rural-industriell barriär", med vilket avses den ringa inflyttning som han har belagt, från byar till industriorter i undersökningsområdet. Det är full-ständigt klart, säger Rondahl, "att inflyttningen från byar till industriorter var obetydlig och att ej heller någon betydande etappflyttning från andra kommuner via byar till industriorterna förekommit under perioden [1871-1885]."[41] Författaren berör dock inte hur detta mönster kan ha sett ut under expansionens inledande decennier. Cornell (1982) frågar sig om det verkligen fanns en rural-industriell barriär. Han menar att orsaken till det observerade fenomenet kan sökas i storleken av utbud och efterfrågan på arbetskraft i distriktet inom andra näringsgrenar än industrin.[42] Av Johanssons (a.a.) studie framgår dock att det var mycket vanligt med vad han benämner "kortpendling" till sågverken från angränsande byar inom socknen, en tes som får visst stöd i korta notiser i kronofogdeberättelserna. Personligen är jag av den åsikten att det finns mycket svaga belägg för att en rural-industriell barriär skulle ha existerat i undersökningsområdet under perioden 1850-1865. Tvärtom verkar det som om de egendomslösa i byarna nära de större sågverken i allra högsta grad deltog i produktionen vid dessa sågverk. Jag återkommer längre fram till denna diskussion.

Rune Bunte m.fl. (1982), som studerat näringsutvecklingen i Vindelns kommun från 1800-talets början fram till 1980 konstaterar, beträffande

---

[40]Rondahl, 1977, s.36.
[41]a.a., s.63f.
[42]Cornell, a.a., s.298f.

sågverksnäringen, att de nya sågar som uppfördes ofta byggdes på platser där det redan fanns en grovbladig bondsåg. "De startades således inte helt utan industriell tradition".[43] Författarna konstaterar att sågningen betalades nästan dubbelt upp mot andra arbeten vid 1860-talets slut. Det fanns flera orsaker till detta, menar man. Den första är att det krävdes yrkesskicklighet. Den andra är att arbetarna levde helt på sågningen vid denna tidpunkt. Den tredje orsaken är att sågningssäsongen var ganska kort, vilket innebar att årsinkomsten inte blev så stor som man skulle kunna vänta sig.[44]

Cornell, som har intensivstuderat Sunds sågverk i Sundsvallsdistriktet under år 1869, fann att av de 510 personer som avlönades av sågverket detta år utgjorde de fast anställda arbetarna 7%. En andra grupp av "längre tid avlönade" (huvudsakligen arbetsvandrare) utgjorde 5,5%. För bägge dessa grupper fanns en stark koncentration till kvalificerade arbetsuppgifter. Dessa båda grupper anser Cornell ha utgjort kärnan av arbetarna vid sågverket. De övriga anställda gruppernas totala arbetsvolym var liten, men de omfattade 88% av alla någon gång avlönade vid sågverket 1869. Orsakerna till att ett visst sågverk kom att rekrytera sin arbetskraft från en viss trakt kunde naturligtvis vara flera, påpekar Cornell, ibland rena tillfälligheter. Sunds bolag kom att rekrytera sin arbetskraft till stor del från Medelpad i och med bolagets strategi att köpa upp och ofta lägga ned de gamla järnbruken. Vid dessa fanns det redan en industriarbetarkår, som kunde utnyttjas och som var ett lämpligt inslag i den fasta kärnan av sågverksarbetare vid sågverket. En del kom från agrar miljö men påfallande många rekryterades från andra sågverk.[45] Vad Cornell inte nämner i detta sammanhang är att det vid åtskilliga gamla järnbruk fanns sågverk, ofta finbladiga, som producerade både för husbehov och avsalu. Utgjorde dessa sågverksarbetare en viktig grupp vid t.ex. Sunds sågverk? Det vet vi tyvärr inget om, men jag utesluter inte att så kunde vara fallet.

Thord Bylund (1979) har studerat rekryteringen till Matfors bruk 1793-1850. I mantalsuppgifterna upptages vid sågverket 143 arbetare under perioden från anläggandet 1793 till 1850. Det totala antalet sysselsatta arbetare var dock betydligt större. Man sågade i regel under perioden

---

[43]Bunte, m.fl., 1982, s.58.
[44]a.a., s.155.
[45]Cornell, a.a., s.297.

maj-juli och en betydande del av arbetsstyrkan kom därför att utgöras av dagsverkare, huvudsakligen bönder och torpare från kringliggande byar, vilka på detta sätt kunde dryga ut förtjänsten från jordbruksarbetet innan arbetet med skörden tog vid.[46] Merparten av sågverksarbetarna (52%) rekryterades från det egna pastoratet medan ca 15% rekryterades från omkringliggande församlingar. Övriga arbetare kom bl.a. från norra Hälsingland (10%) och Jämtland (6%). Bylund finner inte att de s.k. sågkarlar som anställdes vid sågverket under dess första år hade någon verifierbar erfarenhet av sågning vid annan vattensåg.[47] Det ställer sig naturligtvis mycket svårt att finna dylika belägg. Det är viktigt att komma ihåg att sågningsarbetet, även långt in på 1900-talet, var en utpräglad säsongnäring. Sågning var en av flera kombinationssysselsättningar på landsbygden i dessa områden och i husförhörslängder får personer sällan andra titlar än bonde, torpare, dräng osv.[48]

Johansson (1988) menar att hans olika exempel från Stocka sågverk visar att en industri vid 1800-talets mitt måste byggas med de resurser som till stor del fanns i bygden - med hjälp av de tjänster som dess befolkning kunde ställa upp med och de kunskaper denna befolkning besatt.[49] Det fanns i fallet Stocka sågverk en minst 200-årig tradition av sågverksrörelse i detta område. För de människor som bott här var säsongarbetet i sådan verksamhet vid sidan av jordbruket ingen nyhet då Stockwiks såg startades 1856.[50] Johansson har närmare undersökt rekryteringen till sågverket under tre olika år: 1863, 1877 och 1891. Under det första året kom arbetskraften till övervägande del från den egna socknen, Harmånger. Av 136 sågverksarbetare kom 70% från Harmånger, 4% ifrån den nuvarande kommunen Nordanstig till vilken Harmånger hör, 7% ifrån övriga Hälsingland, 8% ifrån Värmland och 7% ifrån övriga Sverige; 4% har icke kunnat placeras.[51] Den allra största gruppen utgjordes av dem som bodde utanför sågverksorten inom den egna socknen. Dessa personer vandrade mellan en och ett par mil till arbetet. De flesta arbetarna bodde alltså kvar i

---

[46]Bylund,1979, s.343.
[47]a.a., s.347.
[48]Norberg, 1980, har valt att studera sågverksindustrins framväxt på Alnö 1860 till 1890. Norbergs undersökning börjar egentligen först 1869 och några större sågverk etablerades inte på ön före 1865.
[49]Johansson, 1988, s.40.
[50]a.a., s.36.
[51]a.a., diagr. 6, s.79.

byar, torp och bondgårdar på gångavstånd. I själva verket var det, enligt Johansson, fullt förenligt med fast anställning vid sågverket att vara bosatt i någon av de byar som låg i Harmångers socken.[52] I en skrivelse till Kronofogden i fögderiet, som jag tagit del av, klagas också över det faktum att drängarna eller dagkarlarna i Harmånger hellre går sysslolösa vissa tider (än arbetar i jordbruket) och dessemellan under vår- och sommarmånaderna arbetar de vid sågverk där bättre löner betalas.[53] Detta konstaterande är mycket intressant, och det stöder också hypotesen att de anställda i den tidiga sågverksindustrin i stor utsträckning utgjordes av lokal arbetskraft. Att t.ex. Rondahl inte nått samma slutsats som Johansson kan bero på två saker. Dels undersöker Rondahl rekryteringen under en senare period, dels utgår han ifrån att de anställda vid sågverken flyttade till arbetsorten från de närmast omkringliggande byarna. Också från Söderala socken nära Söderhamn, som utgör Rondahls huvudsakliga undersökningsområde, finns noteringar i kronofogdeberättelserna från slutet av 1860-talet, liknande dem från Harmånger:

> De härstädes anlagda många sågverken inverka menligt på jordbruket i det att arbetskraften drages därifrån genom de betydligt förhöjda dagsverk- och ackordlöningarna.(Kronofogden i Södra Hälsinglands fögderi. Femårsberättelser 1828-1880.)

Denna arbetskraft synes till största delen ha utgjorts av "sådana som är i husbondens tjänst, jordtorpare och backstugusittare".

## 3.3 Entreprenörer och regional specialisering

Flera av de referenser som använts i genomgången ovan pekar ut den lokala arbetskraften som en mycket viktig arbetargrupp i den tidiga sågverksindustrin (perioden 1850-1865). Denna bild har dock knappast varit den dominerande i forskningen om sågverksindustrin. Vad gäller arbetskraften så har det västsvenska inslaget betonats starkt. Det var västsvenska arbetare och tjänstemän som spelade den avgörande rollen för att en ex-

---

[52]a.a., s.78.
[53]Kronofogden i Norra Hälsinglands fögderi. Femårsberättelser med handlingar 1856-1860, 1861-1865. Harmångers socken.

pansion skulle komma till stånd, hävdar t.ex. Ernst Söderlund (1951). Ett viktigt sådant arbetskraftstillskott utgjorde de s.k. vandringsarbetarna från Värmland och Dalarna. Värmlänningarna var pionjärer när det gällde sågverksdrift i större skala, en kunskap som man främst hade inhämtat från Norge, påpekar Björn Rondahl (1977).

Fjärrekryteringen av sågverksarbetare till sågverken i t.ex. Gävleborgs län kom att bli av oerhörd betydelse under 1870-talet och framåt. Men jag anser att man måste ställa sig frågan hur det kunde gå så snabbt att "flytta över" den värmländska sågverksindustrin till Norrland. Utan en tidigt förvärvad kunskap om trävaruhantering i regionen och utan en tidigt utvecklad handel och en lokal kapitalackumulation är det i högsta grad troligt att den moderna sågverksindustrins utveckling i Gävleborgs län skulle ha sett annorlunda ut. Otto Hellström (1925) var tydligen ganska trött på påståendet att det bland sågverksindustrins pionjärer skulle "vara att räkna ett ringa fåtal infödda norrlänningar". Tvärtom, menar han,

är det i mycket stor utsträckning infödda norrländska män, som börjat verksamheten. Ofta har denna ursprungligen varit av blygsam omfattning och rört sig om bjälk- och rundvirkesaffärer samt handel med från ortens bönder inköpt sågat virke. (Hellström, 1925, s.209).

Denna tanke får också stöd av Helge Höglund (1957) i boken om Sundsvallsdistriktets ångsågar. Höglund fann att av de 46 sågverk som startades i Sundsvallsdistriktet före sekelskiftet 1900 igångsattes 17 sågverk av lokala handlare, startades 4 av bönder och endast 4 av handelshus. Resterande 21 sågverk etablerades av sågverksägare som investerade tidigare intjänat kapital från sågverk i området. Naturligtvis får man inte förringa det västsvenska inslaget i den expanderande sågverksindustrin i Gävleborgs län. Att det var viktigt är oomtvistat. Det ligger dock, enligt min mening, en fara i att alltför starkt betona detta inslag och till och med tillmäta det en "närmast avgörande roll"[54]. Faran ligger närmast i att man förringar, eller till och med förnekar, den moderna industrialiseringens länkar och kopplingar till den förindustriella produktionen.

Hur såg då dessa "länkar och kopplingar" ut? De var självfallet av flera slag. Jag har ovan redogjort för den kompetens som under sekler bör ha upparbetats i undersökningsområdet vad gäller kunskaper om trävaruhan-

---

[54]Söderlund, a.a., s.49.

teringens olika delar. Den omfattande handeln med sågade produkter bidrog till att marknadskontakterna liksom marknadskännedomen bör ha varit mycket goda i området. Den mycket omfattande transportapparaten för timrets forsling via flottleder hade börjat byggas ut på ett tidigt stadium. Det lokala kapitalets roll får heller ej förringas. Handlare i kuststäderna Hudiksvall, Söderhamn och Gävle hade via bjälk- och brädhandel skapat sig ett kapitalöverskott som kunde investeras i den expanderande sågverksindustrin. Men även det lokala agrara kapitalet var viktigt i denna utveckling. Knut Ohlsson (1982) blir närmast förvånad när han i sin undersökning av Trönös (Hälsingland) sågverkshistoria finner en stor tillgång på kapital hos bönderna i socknen, tillgängligt för industriinvesteringar. Hans förklaring till detta är att böndernas kapital till stora delar härrörde från inkomster på försäljning av bondvirke, sågat vid socknens talrika småsågar, en produktion som för övrigt ägt rum ända sedan slutet av 1500-talet.[55]

Det lokala agrara kapitalets roll i industrialiseringsprocessen i Västeuropa har också kommit att uppmärksammas i internationell forskning.[56] Så anser exempelvis Paul Bairoch (1973) att majoriteten av den tidiga industrialismens entreprenörer hade en bakgrund inom jordbruket. Detta, menar han, förde med sig att den gamla kapitalistklassen - i motsats till vad som hävdas i många teorier rörande den industriella revolutionen - spelade en mindre roll i dess finansiering. Det är uppenbart, fortsätter Bairoch, att den industriella revolutionen först fick fotfäste i områden där ackumuleringen av handelskapital var relativt sett mindre viktigt. Det var inte städer som Marseilles, Bordeaux, Venedig, Bristol, Plymouth eller Hansastäderna, som blev tillväxtpoler under den industriella revolutionen. Men kapital kunde väl överföras till regioner med mer gynnsamma förutsättningar för en industrialisering? frågar han sig. Ja, det är sant, men Bairoch menar att den nyare forskningen klart visar på att en mycket stor del av kapitalet hade *lokalt* ursprung. Han slår också fast att detta faktum inte bara är giltigt för England och Frankrike, utan gällde alla länder där industrialismen växte fram under 1800-talet.[57] Också R.J. Holton framför en liknande åsikt

---

[55]Ohlsson, 1982, s.1.
[56]Se t.ex. Tillys, a.a., genomgång.
[57]Bairoch, 1973, s.494ff.

There is no good reason to suppose that rural industry began solely
as a result of urban agency, nor should one ignore the early impor-
tance of local village entrepreneurs or village capitalists. (Holton,
1986, s.103)

## 3.4 Förklaring i ett kort eller långt perspektiv

Diskussionen om proto-industrialisering faller inom ramen för vad man
kan kalla den historiografiska striden mellan kontinuitet och förändring.
Gutman (1982) menar att vi bör betrakta den industriella revolutionen
som en logisk följd av strukturella förändringar som kan härledas till de
två föregående århundradena. Den industriella revolutionen representerar
förändring, medan proto-industrialisering representerar kontinuitet.[58]

Schön (1982b) redovisar två modeller till förklaring av den svenska
industrialiseringen, där tonvikten läggs på de yttre respektive inhemska
förutsättningarna. Den mest omfattade förklaringen av svensk industriali-
sering utgår från exporten som den utlösande och drivande kraften. In-
hemska förutsättningar bidrog närmast genom att göra betingelserna
gynnsamma - genom att minska hindren. Den andra förklaringen utgår
från de inhemska förändringar som föregick den tidiga industriali-
seringen. Jordbrukets omvandling står här i förgrunden. Kapital och en
klass av lönearbetare bildades inom jordbrukets ram. Inom jordbruks-
samhället utvecklades också proto-industrialiseringen. I en förklaring med
sådan utgångspunkt betonas kontinuiteten mellan proto-industri och mo-
dern industri. Den inhemska omvandlingen blir därmed den långsiktiga
och grundläggande förklaringen till industrialiseringen, medan exporten
blir en kortsiktig, utlösande eller förstärkande, faktor.

I en annan variant av den "inhemska modellen", understryker Schön
istället mera diskontinuiteten mellan proto-industrialiseringen och den
moderna industrialiseringen. Steget från hemarbete till fabriksarbete var
långt, påpekar Schön. Detta förhållande gällde möjligen inom textiltill-
verkningen, som Schön studerat, där hemarbetet på förlag kunde stå i bjärt
kontrast till arbetet i de moderna textilfabrikerna. Vad gäller sågverks-

---

[58]Gutman, 1982, s.1.

60

näringen var läget annorlunda. Jag tänker då närmast på att de tekniska förhållandena, med hänsyn både till arbetsteknik och mekanisk utrustning, inte hade genomgått några genomgripande förändringar från de tidiga verken till de sågverk som byggdes upp under industrialiseringsfasens första årtionde. Skillnaden låg snarare i det sätt på vilket arbetet organiserades samt möjligen i verkens storlek. Dessa skillnader kan man naturligtvis inte förringa. Men tröskeln mellan den tidigare bond- eller bysågningen och den "moderna" sågverkshanteringen bör dock ha varit lägre än mellan hemarbete på förlag och arbete inom den tidiga textilindustrin.

Kan man då hävda att de ovan redovisade modellerna snarare kompletterar än står i strid med varandra? Att de tillsammans skulle kunna ge en relevant bild av det historiska förloppet i Sverige under 1800-talet? Knappast - fortfarande är det så att vi saknar viktig kunskap om den industri som tillverkade varor för inhemsk förbrukning; i synnerhet gäller detta under industrialiseringens tidiga fas då den industriella produktionen var nära knuten till jordbruket.[59] Däremot har vi bättre kunskap om exporten och den utländska efterfrågan.

En stor del av den tidigare forskningen har alltså koncentrerats till att försöka förklara de kortsiktiga orsakerna till industrialiseringsprocessen. Detta gäller i hög grad, som påpekats, forskningen om sågverksindustrins expansion. En lång rad institutionella förutsättningar har kommit i bakgrunden vid beskrivningen. Produktionsfaktorerna arbete och kapital måste finnas tillgängliga, en viss teknisk nivå måste ha uppnåtts och - inte minst - en viss bestämd social struktur som underlättar utvecklingen måste vara för handen.[60] Förklaringar till industrialismens förutsättningar i ett mer långsiktigt perspektiv bör förläggas till perioden från 1700-talets mitt till 1800-talets mitt, påpekar Merike Fridholm m. fl. (1976). De författare som behandlat denna period har sällan kopplat ihop skeendena i denna period med industrialiseringsprocessen i nästa.

De svenska geografer som behandlat sågverksindustrins expansion betonar i regel mycket starkt det kortsiktiga perspektivet. Wik (1950) diskuterar näringsfrihetens införande, sågningens frigivande, avskaffandet av tullhinder, ångsågen samt aktiebolagslagen som de viktigaste händelserna bakom "det verkliga uppsvinget". Wik diskuterar inte den sociala

---

[59]Schön, 1982b, s.39.
[60]Fridholm, m.fl., a.a., s.14f.

strukturen eller den äldre sågverksnäringens möjliga bidrag till "uppsvinget". Även Arpi (1955) nämner dessa faktorer jämte ytterligare några av kortsiktig utlösande karaktär. Också Arell (1986) diskuterar i liknande banor: nya marknader öppnades, restriktioner slopades, ångmaskinen ökade stordriftsfördelarna. Arell nämner också jordbrukets omvandling, som gav upphov till arbetskraftsöverskott, vilket i sin tur "var en av förutsättningarna för den industrialisering som genomfördes". Han för dock inte denna diskussion särskilt långt utan konstaterar i ett annat avsnitt:

Många av de företag som grundades inom ... sågverksindustri ...
hade köpmän som upphovsmän ... När signaler kom utifrån om nya
behov, reagerade de snabbt genom att starta nya exportföretag.
(Arell, 1986, s.36)

Vad betydde då denna förindustriella sågverkshantering när det gäller framväxten av de nya storsågarna i länet efter 1850? Det är en fråga vi skall fortsätta att diskutera i nästa kapitel. Att, som tidigare gjorts, särskilja den gamla sågverkshanteringen från den moderna sågverksindustrin gör att vi får svårt att förstå hur den senare expansionens omfattning var möjlig. Visst var det så att många entreprenörer "reagerade snabbt och startade nya exportföretag", men vad betydde den i regionen under sekler förvärvade kunskapen om trävaruhantering (i alla dess delar), den tidigt utvecklade handeln med sågade produkter etc? Om vi vill förklara hur sågverksindustrins kraftiga expansion efter 1850 var möjlig måste vi fästa stor vikt vid expansionens förutsättningar i ett längre tidsperspektiv. Detta innebär att de kortsiktiga, omedelbart utlösande faktorerna bör tonas ned och att de långsiktiga, bakomliggande socio-ekonomiska faktorerna tillmäts en mer avgörande betydelse.

# 3.5 Sammanfattning

Jag vill avslutningsvis återgå till de frågor som ställdes i inledningen till detta kapitel. Av redovisningen har framgått att sågning för avsalu bland allmogen i vissa delar av länet varit en mycket utbredd och viktig verksamhet. *Hur* viktig denna verksamhet varit i den lokala ekonomin kan vi bara gissa oss till, med utgångspunkt i det källmaterial som finns till hands. De antydningar som givits i bland annat landshövdinge- och kronofogdeberättelserna ger dock en indikation på att sågning för avsalu fick en allt viktigare roll i den lokala ekonomin under 1800-talets första decennier, fortfarande med förbehållet att denna verksamhet var särskilt utbredd i vissa områden. Vilka områden var då indragna i denna verksamhet? Som framgått har det viktigaste produktionsområdet utgjorts av kustområdet. Materialet från 1790-talet pekar framför allt ut socknarna Hedesunda, Valbo, Hille och Hamrånge i Gästrikland, det vill säga samtliga kustsocknar i provinsen, och socknarna Enånger, Trönö och Skog i Hälsingland, som centra för allmogens avsalusågning i undersökningsområdet. Parallellt med salusågningen bedrevs en omfattande husbehovssågning i länet med stark koncentration till nämnda socknar och till inlandssocknarna Färila, Ljusdal, Bollnäs, Arbrå och Alfta samt kustsocknen Norrala. Under första hälften av 1800-talet håller dessa socknar sin ställning som det viktigaste produktionsområdet. Några ytterligare socknar tillkommer, bland annat Söderala.

Kan man då hävda att den förindustriella sågverkshanteringen i Gävleborgs län var en proto-industriell verksamhet? Ja, åtminstone i de socknar och områden som anförts ovan. Avsalusågarnas marknad låg uppenbarligen till stor del utanför den egna regionen samtidigt som arbetskraften i första hand bestod av bönder och arbetare som under året alternerade mellan jordbruksarbete och arbete inom sågverksrörelsen. Naturligtvis kan vi inte uttala oss exakt om varifrån dessa människor kom som arbetade i dessa tidiga sågverk, men de källor vi utnyttjat pekar alla mot att arbetskraften utgjordes av bönder och till dem knuten arbetskraft.

Huruvida sågverksnäringen kan betraktas som en proto-industri diskuteras för Finlands vidkommande av Kaj Hoffman (1982). Med få undantag återfanns de flesta sågverken i Finland vid 1800-talets början på landsbygden. Produkterna såldes till marknader långt ifrån sågplatsen - ofta utomlands. Förutom sågverkens starka bundenhet till landsbygden var den säsongbundna driften det mest slående proto-industriella draget. Landsbygdslokaliseringen innebar att arbetskraften i stor utsträckning kom från den jordbrukande befolkningen. Sågsäsongens höjdpunkt inträffade emellertid när arbetet inom jordbruket var som intensivast, och det är därför sannolikt att de som arbetade inom sågverksindustrin skilde sig från huvuddelen av jordbruksarbetarna.[61] Det finska källmaterialet över

---

[61]Hoffman, 1982.

vattendrivna sågverk ger, enligt Hoffman, anledning att tro att sågverks-
näringen redan före den "riktiga" industrialiseringen hade skapat en egen
arbetarstam vilken kvarstannade inom näringen år efter år, trots den korta
arbetssäsongen. Hoffman besvarar egentligen inte frågan om den tidiga
finska sågverksnäringen, enligt Mendels definition, är att betrakta som
proto-industriell verksamhet. Vad vi däremot med säkerhet kan påstå är
att både den finska och svenska sågverksindustrins utveckling efter 1850
knöt an till en äldre teknik och yrkeskunskap.

> Av de tusentals vattensågar, som föregingo ångsågarna, var väl
> flertalet av enkel konstruktion, men åtskilliga, särskilt de större ex-
> portsågarna, voro resultatet av en högst betydande mekanisk konst-
> färdighet. (Gårdlund, 1942, s.218)

I bygder med en tidigt utvecklad sågverksnäring bör det alltså ha funnits
rika fonder av traderad yrkesskicklighet att tillgå som kunde tas till vara
vid övergången till den storskaliga sågverksindustrin vid mitten av 1800-
talet.

Det källmaterial, som utnyttjats om befolkningens verksamheter och
näringsfång i Gävleborgs län under slutet av 1700-talet och början av
1800-talet, ger stöd för hypotesen att sågverks- och trävaruhanteringen
tidigt utgjorde en viktig binäring eller kombinationssysselsättning i många
delar av undersökningsområdet, framför allt i kustområdet. Sannolikt be-
drevs trävaruhanteringen som en säsongmässig näring, och produkterna
avyttrades, bl.a. via kuststäderna Gävle, Söderhamn och Hudiksvall, utan-
för den egna regionen. Denna verksamhet var reglerad via skattläggning.
Förekom då försäljning av sågade trävaror utanför den av Kronan reg-
lerade skattläggningen? Som nämndes tidigare är det en närmast omöjlig
uppgift att undersöka detta. Vi kan dock konstatera att statsmakterna ivrigt
klagade över allmogens överträdelser när det gäller andra förordningar
av liknande karaktär, t.ex. timmeruttag. Det vore därför närmast för-
vånande om det inte förekommit olovlig försäljning av bräder. Jag har
också visat med ett exempel att försäljning av bräder även förekom från
grovbladiga husbehovssågar.

Man kan också med fog ställa sig frågan huruvida jordbruket i Hälsingland
och Gästrikland verkligen var den huvudsakliga näringen. I flertalet
socknar i länet var det säkerligen så att jordbruket utgjorde basnäringen,
men att det å andra sidan knappast ensamt kunde klara att försörja hela be-

folkningen under vissa tider. I andra socknar var jordbruket av underordnad betydelse och i dessa områden var sedan länge trävaruhanteringen, i alla dess delar, en av de viktigaste näringarna. Nämnas bör också den i vissa socknar i Hälsingland mycket omfattande linslöjden. Avsalusågningen i Gävleborgs län representerar blott en av otaliga kombinationssysselsättningar bland allmogen, vilka var av stor betydelse i den lokala ekonomin under 1700- och 1800-talen.

I detta avsnitt har visats att långsiktigt genererade förutsättningar och erfarenheter har präglat sågverksindustrins utveckling i Gävleborgs län. Olika delar av undersökningsområdet kom att efter sina förutsättningar och behov specialisera sig på skilda verksamheter inom trävaruhanteringens område - ibland i sådan utsträckning att verksamheten sannolikt utgjorde den primära försörjningsbasen.

Det har under senare år publicerats forskningsarbeten, t.ex. inom etnologin, där man lyft fram hantverket på landsbygden som delar i ett större ekonomiskt system. Dessa verksamheter betraktas här inte som något artskilt från primärnäringarna, utan behandlas som en ekonomisk aktivitet, likvärdig med andra.[62] Agneta Boqvist påpekar att huvuddelen av det svenska kamerala materialet ger en missvisande bild av den svenska näringsstrukturen eftersom det sällan finns några spår av verksamheter utanför jordbrukets ramar.[63] Att utforska den dolda ekonomin utan en någorlunda fast materialbas är naturligtvis ett vågspel men samtidigt viktigt och nödvändigt, påpekar Boqvist.[64]

Denna genomgång av äldre källmaterial visar att trävaruhanteringen, i alla dess olika delar, i undersökningsområdet under lång tid varit en betydande och mycket omfattande näringsgren bland allmogen. Trävaruhanteringen, och framför allt brädsågningen, nämns tillsammans med jordbruket som de viktigaste näringarna i undersökningsområdet. Denna verksamhet hade helt klart karaktären av proto-industri. Marknaden för produkterna var belägen utanför den egna regionen; arbetskraften bestod av bönder eller arbetare som alternerade mellan jordbruksarbete och arbete vid sågverken.

---

[62]Boqvist, 1978, s.16.
[63]Ibid.
[64]a.a., s.17.

Teorin om proto-industrialisering är värdefull i det avseendet att den förmår betona kontinuitetsaspekten i den historiska utvecklingen. En parallell till de nya teorierna om industrins framväxt tycker jag mig kunna se i de nya idéströmningar som på senare tid gjort sig gällande inom arkeologi och historia. De plötsliga omvälvande "kasten" i utvecklingen tonas ned, och man diskuterar allt oftare i termer av en "långsam övergång" till något nytt. Så försöker till exempel arkeologerna numera allt oftare förklara jägarstenålderns slut med att bondekulturen "sipprade in" i Sverige. Den s.k. jordbruksrevolutionen fick en smygande start och de båda livsformerna existerade länge sida vid sida. Introduktionen av jordbruket ledde inte alls till den snabba samhällsomvandling som man tidigare föreställt sig. Sakta och nästan motvilligt fick den nya ekonomin fäste i landet.[65] Är det en likartad utveckling vi kan se när det gäller den moderna sågverksindustrins framväxt? Mycket talar för det. För att parafrasera Erikson och Löfman (1985):

Den industriella kulturen med sågverksindustrin i spetsen "sipprade in" i Sverige. Den s.k. industriella revolutionen fick en smygande start och de båda livsformerna existerade länge sida vid sida. Introduktionen av fabriksindustrin ledde inte alls till den snabba samhällsomvandling som man tidigare föreställt sig. Sakta och nästan motvilligt accepterades den nya ekonomin i landet.

---

[65]Se Erikson & Löfman, 1985.

# Kapitel 4

# Sågverksindustrin expanderar

I detta kapitel redogörs inledningsvis för, vad jag valt att kalla, *den veder-tagna uppfattningen*. Med detta avser jag de orsaksfaktorer som traditionellt brukar förknippas med sågverksindustrins expansion. Dessa orsaksfaktorer är dem man oftast möter vid läsning av studier kring sågverksindustrins ut-veckling under andra hälften av 1800-talet. Avsnittet är till stora delar en diskussion baserad på tidigare litteratur inom området.[1] I ett andra avsnitt behandlas skogsråvaran. Råvarusituationen och skogsmarkens omfördel-ning kom att inta en viktig roll i sågverksindustrins expansionsskede och det finns därför anledning att mer utförligt redogöra för de viktigaste dragen i denna utveckling. Slutligen tar jag upp tråden om proto-industrins bidrag till sågverksindustrins expansion under andra hälften av 1800-talet.

Den ökade exporten av trävaror från Sverige omkring 1800-talets mitt, som redogjordes för i kapitel 1, innebar bland annat att trävaruexportens värde elvadubblades under 20-årsperioden 1840 till 1860. Det är därför inte förvånande att forskarna sökt förklara den moderna svenska sågverks-industrins expansion vid mitten av 1800-talet som en produkt av efterfrågan utifrån, en ökad export. Ofta har denna forskning i hög grad sökt orsakerna i samtiden, vilket resulterat i ett betonande av olika kortsiktigt utlösande eller pådrivande faktorer. Sällan ser man försök att sätta in dessa orsaks-faktorer i ett teoretiskt sammanhang. Några av de oftast anförda orsaksfak-torerna diskuteras alltså i det följande.

---

[1]Bl.a. Gårdlund, 1942, Heckscher, 1949 och Söderlund, 1951.

# 4.1 Den vedertagna uppfattningen

## Näringslagstiftningen

Den befarade skogsbristen i de välbelägna skogarna, särskilt på eftersökta dimensioner föranledde statsmakterna att, under 1700-talet och tidigt 1800-tal, kringgärda sågverksnäringen med detaljerade föreskrifter. Verklig skogsbrist kunde förekomma lokalt, där hyttor och hamrar låg tätt. Skogsbrist var för övrigt ett mycket relativt begrepp. Med tillgång på skog förknippades ofta det väsentliga tillägget "till önskvärt pris".[2] I första hand såg man en fara i att den ökade konkurrensen om virket skulle leda till prishöjningar på råvaran och därmed minska konkurrenskraften på exportmarknaderna för de färdiga produkterna. Huvudprincipen från Kronans sida var att sågverk endast fick anläggas där de inte konkurrerade om skogen med järnhanteringen. Sågverk fick inte heller anläggas så nära varandra att de sinsemellan konkurrerade om råvaran.

Tillstånd krävdes för anläggande av salusåg, och en viss maximal sågning fastställdes för varje sågverk. Dessa inskränkningar i sågningsrätten upphävdes 1842 - anläggningsbestämmelsen kvarstod dock till 1863. Mycket talar dock för att dessa bestämmelser i stor utsträckning kringgicks - kontrollen var naturligt nog svår att upprätthålla.[3]

## Avvittringen[4]

Stark kritik har riktats mot avvittringen och det sätt, på vilken den genomförts. Många har hävdat att nybyggare, hemmansägare och sågverksbolag gynnades på Kronans bekostnad och tilldelades för stora skogsarealer. Andra framställer bönderna som de stora förlorarna. Ibland har till och med avvittringen betecknats som en förskingring av Kronans skogar.[5]

Äganderätten till skogsmark var oklar i stora delar av Sverige under början av 1800-talet och när skogen började få ett rotvärde var det nödvän-

---

[2]Montelius, 1985, s.39.

[3]Söderlund, a.a., s.8

[4]Det är omöjligt att i definitionens korta och eleganta form förklara begreppet avvittring, säger Stenman, 1983, s.1. Verbet avvittra betyder avmäta och avskilja. Som regel brukar dock avvittring förstås som: avskiljande av Kronans mark från enskildas och byars ägor.

[5]Se Stenman, a.a., för en utförligare diskussion.

digt att klarlägga äganderättsförhållandena. En trakt var mogen för avvittring då en konkurrenssituation hade uppstått, till exempel genom att en ny intressent - sågverksbolagen - börjat uppträda på arenan.[6] Därför togs i början av seklet beslut om att avskilja Kronans mark från enskildas och byars ägor. Från och med 1820-talet försiggick en mycket omfattande avvittring i Kopparbergs, Gävleborgs, Västernorrlands och Jämtlands län. Resultatet blev bland annat att bestämda gränser drogs mellan Kronans skogsinnehav å ena sidan, byskogar samt enskilda skogar å den andra. Härigenom kom en mängd hemman i besittning av enorma skogsarealer, som innehavaren hade full dispositions- och äganderätt till. Detta gällde också för flera bruk och sågverk. Kronans skogar kom till stor del att bestå av områden som låg långt borta från de odlade bygderna, och innehavet reducerades i vissa fall till en bråkdel av det ursprungliga.[7]

Avvittringen i södra och mellersta Norrland ägde i huvudsak rum innan skogen hade något större saluvärde, bortsett från ett fåtal särskilt välbelägna områden.[8] Omkring 1820 var avvittringen genomförd i 34 av 42 socknar i Gävleborgs län.[9] När sågverksindustrins efterfrågan på råvaror växte vid mitten av 1800-talet, var därför en stor del av skogen i enskild ägo. Det betydde att trävaruexploatörerna kunde göra affärer direkt med lokala skogsägare. Man blev därmed oberoende av växlingar i Kronans försäljningspolitik. Köp av skogshemman och avverkningsrätter möjliggjorde en jämnare och billigare råvarutillförsel och framför allt säkrare råvarukalkyler än tidigare. Se vidare avsnitt 4.2.

## Tekniken

Förutom utvecklingen eller förbättringen av sågbladet introducerades på 1850-talet en annan mycket viktig teknisk innovation - den ångdrivna sågen. Det breda genombrottet för denna innovation dröjde emellertid ytterligare något årtionde.[10] Fram till 1860 hade det endast anlagts 15 ångsågar i hela Norrland (utom Gästrikland). Ångsågens egentliga genombrott kom först

---

[6]a.a., s.3.
[7]Ibid.
[8]Ibid.
[9]Almquist, 1928, s.98 och 462.
[10]Se Wik, a.a., s.117 samt Gårdlund, a.a., s.38-39.

efter 1860-talets mitt, men den fick därefter en dominerande roll för den fortsatta utvecklingen. Ångsågens betydelse i sågverksrörelsens uppsving har dock överskattats, när man tillskrivit den en avgörande roll för expansionen. Detta faktum gäller troligtvis även för andra tekniska nyheter inom sågverksindustrin vid denna tid. Betydligt viktigare för sågverksindustrins utveckling vid denna tidpunkt var den samtidiga utbyggnaden av vattensågarnas kapacitet. Den ökade produktionen av trävaror i flera trävarudistrikt skedde vid vattensågar.[11]

Transportsystemets tekniska utveckling var en annan viktig faktor. I detta system ingick en mängd olika arbetsmoment alltifrån utforslingen av det avverkade timret till upplagsplats och flottled, fram till pråmskeppning från brädgårdar och lastageplatser för lastning och stuvning av fartyg i hamn eller ute på redd.[12] Den viktigaste flottningsleden i Hälsingland var Ljusnan med dess biflöden, främst Voxnan. Flottningen i Ljusnan började omkring 1840, vilket var sent i jämförelse med övriga Norrland - redan 1740 hade man börjat utnyttja Ångermanälven som flottningsled. Orsaken till den sena flottningsstarten i Ljusnan var främst naturliga hinder i älvens nedersta lopp.[13] I fråga om järnvägar kom Söderala socken att bli pionjär bland de norrländska sågverksdistrikten. Huvudskiljestället låg vid sjön Marman och för att underlätta timmertransporterna till kusten byggdes 1858 järnvägen Askesta-Sandarne. Tre år senare invigdes järnvägen Bergvik-Söderhamn och denna bana förlängdes till Kilafors där man 1886 knöt an till Norra stambanan. Denna hade 1878 nått Bollnäs och 1880 Ljusdal.[14]

### Förändrad mentalitet - ökad initiativkraft

I äldre forskning framhålls ofta en förskjutning av mentaliteten i riktning mot större initiativkraft, större risktagande och djärvare företagaranda som en av de drivande krafterna bakom industrialismens genombrott i Sverige. Följden blev att man i högre utsträckning än tidigare tog till vara möjligheterna till en snabb utveckling av näringslivet. Framtidsförhoppningarna var stora och optimismen var stark. På många håll var optimismen för stark

---

[11]Wik, a.a., s.117.
[12]Utterström, 1985, s.100.
[13]Rondahl, 1972, s.15.
[14]a.a., s.16.

- många storslagna projekt kapsejsade redan i sin linda, andra överlevde en kortare tid. Om optimism och förväntningar vittnar inte minst företagarnas livsöden, deras korrespondens och uttalanden i offentliga sammanhang etc.[15]

## Västeuropas ekonomiska uppsving

Det har ofta framhållits att en av de på lång sikt viktigaste förutsättningarna för sågverksindustrins expansion var den allmänna ekonomiska utvecklingen i världen och speciellt i Västeuropa vid mitten av 1800-talet. Bakom detta ekonomiska uppsving fanns en mängd orsaker. Den industriella produktionen började på allvar ta fart i länder som Belgien, Frankrike och Tyskland. Av mycket stor betydelse var också det faktum att England sänkte importtullarna på sågade trävaror i olika omgångar från 1842, samt avvecklade dessa helt 1866. Utvecklingen av världshandeln, koloniseringen av Förenta Staterna och järnvägsbyggandet var andra viktiga faktorer. Resultatet av dessa och ytterligare samverkande faktorer ledde till att 1850-talet framstår som en av de allra mest expansiva perioderna i västerlandets ekonomiska historia.[16]

# 4.2  Skogsråvaran i stöpsleven

### Skogsbrist eller ...

Råvarusituationen och skogsmarkens omfördelning kom att inta en viktig roll i sågverksindustrins expansionsskede. Det finns därför anledning att mer utförligt redogöra för de viktigaste dragen i denna utveckling.

Vid mitten av 1800-talet betraktades ännu skogen i Sverige som i första hand en naturtillgång, vilken bestod i att landet ägde ett avsevärt förråd av virke. Skötseln av detta förråd kom främst till uttryck i åtgärder som syftade till en begränsning av förbrukningen. I praktiken fungerade denna typ av "skogsskötsel" dåligt, och den lagstiftning som fanns kunde inte hindra skogsskövling. Tillståndet för den svenska skogen var synnerligen dåligt,

---

[15]Söderlund, a.a., s.9.
[16]Se Gårdlund, 1947.

menade tidens experter. Dessutom rådde svår skogsbrist inom vida områden.[17] En mängd författare lämnade under 1600-, 1700- och 1800-talen skildringar av den svåra skogsbristen,[18] trots att skogsbrist i dagens mening knappast förelåg annat än lokalt i vissa landsdelar, t.ex. på Öland och Gotland, i Skånes kusttrakter samt i delar av Bergslagen och lokalt i de större jordbruksområdena. För större delen av landet var äldre tiders "skogsbrist" mer ett åtkomst- och transportproblem, vilket vissa bedömare också insåg.[19]

För att förstå den äldre svenska skogslagstiftningen måste man betänka dels att många på allvar befarade att skogen verkligen skulle "ta slut", dels att järnhanteringen var en privilegierad näringsgren.[20] Visserligen tänkte man mera på Syd- och Mellansveriges skogar när man slog larm, men även beträffande de norrländska skogarna var oron inför framtiden påtaglig.

Sågverksindustrins expansion ledde till en kraftig ökning av avverkningen och faran för en än värre skogsbrist var överhängande. Behovet av att samla kunskap om skogen och dess förutsättningar blev alltmer accentuerat. Efterhand växte - om än i blygsam skala - en skogsforskning fram. År 1849 ingavs till Kungl Majt en "Approximativ Calcul öfver Skogsproductionen och consumtionen i Sverige" författad av chefen för skogsinstitutet.[21] Kalkylen visade på en avsevärd skogsbrist och kom att tilldra sig stor uppmärksamhet.

Skogshushållningen intog ifråga om lagstiftningens detaljrikedom och stränghet inte någon särställning bland näringsgrenarna. Den allmänna strävan som fanns hos nationalstaterna under merkantilismen, att stärka statens makt både inåt och utåt, tog sig bland annat uttryck i en vidlyftig lagstiftning som strängt kringgärdade den enskildes (läs ofrälses) handlingsfrihet. I den ekonomiska liberalismens kölvatten växte emellertid en motreaktion fram, och i och med en förordning från 1789 fick, med vissa undantag, innehavare av skattejord i det närmaste full dispositionsrätt till sin skog.[22]

---

[17]Nordström, 1959, s.241.

[18]Se Nordström, a.a..

[19]Se Sprengtporten, 1853.

[20]Wik, a.a., s.40.

[21]Nordström, a.a., s.245.

[22]a.a., s.249ff.

Hela det virrvarr av lagar, förordningar, undantagsbestämmelser och nyckfulla påbud, som under trenne föregående århundraden tillkommit beträffande skogen, handeln och äganderätten, slopades ... under slutet av 17- och början av 1800-talet. (Nordström, 1959, s.250. Ur Lindner, J. (1935) Skogens krönika i Göteborgs och Bohus län. Göteborg).

Under 1800-talet växte sig dock den uppfattningen starkare att enskild oinskränkt dispositionsrätt till skogen innebar avsevärda risker för misshushållning med skogen, och mot slutet av 1800-talet var tiden inne för en inskränkning av skogsägarnas obegränsade dispositionsrätt till sin skog. 1903 års lag (angående vård av enskildes skogar) gällde för enskild skog i hela riket, med några undantag. Lagen, som diskuterats under ett halvt sekel, utformades mer som en återväxtlag än som skydd mot skogsskövling. Förklaringen kan kanske sökas i att den "allmänna uppfattningen" ännu inte var mogen för en mer långtgående lagstiftning. Lagen mötte starkt motstånd redan i den relativt tandlösa utformning den kom att få.[23] År 1918 tillkom den s. k. provisoriska skogslagen, vars främsta syfte var att, i avvaktan på en ny skogsvårdslag, slopa ett tills vidare gällande skydd för ungskogarna. Massaindustrins snabba framväxt efter sekelskiftet gav även ungskogarna med deras klenare dimensioner ett högt rotvärde. Lagen gav också möjligheter att stoppa spekulationen i skogsfastigheter. Den provisoriska lagen ersattes 1923 med en ny skogsvårdslag som i vissa avseenden gick längre än sina föregångare.

**Stockfångst och rekognition**

Järnbruken hade sedan länge en privilegierad ställning när det gällde möjligheten att tillgodose sitt råvarubehov. I slutet av 1600-talet blev det vanligt att bruken fick avlägga en viss avgift, rekognition, för att få utnyttja skogarna. Rekognitionsskogarna fick en viss utbredning i Gävleborgs län, framför allt i Hälsingland. Genom en kungörelse 1811 berättigades bruken att skatteköpa viss del av skogarna. På detta sätt försvann under första delen av 1800-talet så gott som samtliga rekognitionsskogar. Bruken fick genom detta förfarande vidsträckta skogsarealer att förfoga över. Dessutom var köpeskillingen blygsamt låg. År 1739 hade också sågverksrörelsen i viss

---

[23] a.a., s.252.

mån blivit en privilegierad näringsgren, då den som anlade ett s. k. finbladigt sågverk i viss utsträckning skulle kunna få rätt till timmerfångst på kronoskog. Skogsanslaget, så kallad stockfångst, erlades som avgift per avverkat träd. Stockfångstprivilegier utfärdades ganska flitigt under senare delen av 1700-talet och början av 1800-talet.[24]

I princip upphörde utdelandet av stockfångstprivilegier 1820, men först 1852 fastställdes det i lag att inga nya privilegier skulle utdelas. Det var framför allt i Norrbottens och Västerbottens län som stockfångstskogarna hade någon större utbredning. Stockfångstskogarna kom emellertid att spela en mer betydelsefull roll från 1850-talet. Då började nämligen de så kallade avlösningarna att äga rum. De fortsatte sedan in på 1900-talet. Ibland skedde det på så vis att de gamla stockfångsträttigheterna utbyttes mot bestämda områden, som blev utlagda till hemman, skattlagda och med full äganderätt överlämnade till privilegieinnehavaren. Det vanliga var dock att ägaren i gengäld erhöll s.k. avverkningsrätter. De flesta överenskommelserna träffades under 1880- och 1890-talen.[25]

Som regel hade kronoallmänningarna i Gävleborgs län efter avvittringen, mot rekognitionsavgift, tilldelats järnbruk och masugnar. Endast i fyra socknar hade man upplåtit mark åt nybyggare. Någon avvittringsstadga utfärdades aldrig för länet. Statsmakterna hade däremot 1820 anbefallt landshövdingen att påskynda avvittringsarbetet. Vid detta tillfälle var dock bara åtta socknar oavvittrade. Att avvittringen i Gävleborgs län dittills hade gått så snabbt berodde huvudsakligen på det intresse bruken hade av att erhålla rekognitionsskogar. Sedan bruken hade fått sitt, avstannade avvittringsarbetet. Först 1865 ansågs det vara avslutat i länet.[26]

### Hemmansköpen

Sågägarnas efterfrågan på timmer var stor vid 1800-talets mitt. Vid denna tid koncentrerades uppköpen på långvariga, i regel 50-åriga avverkningskontrakt mellan sågverksägare och bönder. Kontrakten avsåg till en början endast den grövre timmerskogen men kom senare att omfatta även klenare dimensioner. För att trygga råvarutillförseln gick man emellertid alltmer

---

[24]Wik, a.a., s.43.
[25]a.a., s.46.
[26]Almquist, a.a., s.98 och 462.

över till att köpa in hela egendomar och hemman med skog, gård och grund. Någon brist på tillgängliga objekt förelåg knappast, åtminstone inte i Gävleborgs län. Snarare var det bristen på kapital som gjorde att vissa sågverksägare under senare hälften av 1800-talet upphörde med hemmansköpen, långt innan den s. k. förbudslagen trädde i kraft.[27]

Det oavbrutet växande råvarubehovet ledde till att sågverksbolagens och enskilda sågverks- och bruksägares andel av den jord som var i enskild ägo i Dalarna och Norrland ökade från 16 till 23% mellan 1885 och 1900, räknat efter taxeringsvärdena. Sågverksindustrin hade således lagt under sig drygt 1/5 av all i enskild ägo befintlig jord i Norrland vid sekelskiftet, räknat efter mantal. Ifråga om arealen skedde större förändringar - ca 42% av jorden i södra Norrland som var i enskild ägo år 1900 var bolagsjord. Motsvarande siffra för norra Norrland var 25% (Tab. 4.1).

*Tabell 4.1 Bondejord och bolagsjord i norrlandslänen i procent av arealen år 1900.*

| Län | Bondejord | Bolagsjord |
| --- | --- | --- |
| Norrbotten | 74 | 26 |
| Västerbotten | 76 | 24 |
| Jämtland | 57 | 43 |
| Västernorrl. | 58 | 42 |
| Gävleborg | 57 | 43 |

Källa: Hellström, 1917, s.123.

Förskjutningen, som fortsatte efter sekelskiftet, var starkast i skogssocknarna, som i vissa fall nästan helt kom under bolagens välde. Detta fick såväl kommunalpolitisk[28] som allmän ekonomisk betydelse. Minst 12 000 jordbrukare i landet beräknas på detta sätt redan före sekelskiftet ha "sålt sina hemman". En del stannade dock kvar på sina gårdar som arrendatorer.[29]

---

[27]Nordquist, 1959, s.326.

[28]Se Lundberg, 1984.

[29]Carlsson, 1968, s.250.

75

*Tabell 4.2 Tillväxten av bolagens jordareal i norrlandslänen mellan år 1900 och 1906. I procent.*

| Län | Procent |
|---|---|
| Norrbotten | 13 |
| Västerbotten | 48 |
| Jämtland | 15 |
| Västernorrland | 11 |
| Gävleborg | 6 |

Källa: Hellström, 1917, s.124.

Den av bolag ägda jordarealen tillväxte med närmare 20% under de år utredningarna om "norrlandsfrågan" pågick. År 1906 uppgick bolagsfastigheternas sammanlagda areal till 5,3 miljoner hektar, inom det område norrlandslagstiftningen omfattade, dvs. de fyra nordligaste länen plus västra Hälsingland - fr.o.m. 1912 hela Hälsingland. Tillväxten av bolagens jordareal mellan 1900 och 1906 var, som framgår av tabell 4.2, betydligt lägre i Gävleborgs län än i övriga norrlandslän.

## Norrlandsfrågan

Vi skall "planlägga för sekler för detta rikedomens land", sade vänsterradikalen Carl Lindhagen i riksdagsdebatten om Malmfälten. Lindhagen var en av representanterna för den ganska breda idétradition i svensk debatt, som anlade ett socialt perspektiv på den ekonomiska exploateringen av Norrland, liksom för den strömning av radikal småbruksidealisering och jordbruksvurm som utbredde sig runt sekelskiftet 1900. Denna specialform av norrländsk radikalism med agrara förtecken är svår att etikettera, påpekar Sörlin (1986). Synen på Norrland som ett symboliskt framtidsland ingick i en månghundraårig mytbildning, som kulminerade vid sekelskiftet.[30] Sina tydligaste uttryck fick kanske denna strömning i den så kallade indignationslitteraturen,[31] där man i upprörda tonlägen gisslade bolagsväldet. De sociala vådorna av "bolagiseringen" var påtagliga. En dittills stabil folk-

---

[30]Sörlin, 1986, s.120.

[31]Bl.a. Olof Högberg och Martin Koch.

grupp hotades av proletarisering, och "jordromantiker" och antikapitalister förenades i en häftig kritik mot bolagen.

Frågan om bolagsköpen kom upp i Riksdagen första gången år 1892, genom en liberal motion. Första kammaren avstyrkte direkta ingripanden men gick 1894 med på en utredning. När denna slutförts väckte Lindhagen 1901 en motion, som syftade till direkt förbud för bolag att förvärva bondejord i Dalarna och Norrland. Första kammaren gick med på att en Norrlandskommitté skulle tillsättas och den framlade sitt betänkande 1904.[32] I kommittén fanns tre olika åsiktsgrupper. Högerledaren Arvid Lindman och chefen för Mo och Domsjö - Frans Kempe - avvisade förbudet som ett nationalekonomiskt olyckligt intrång i den personliga rörelsefriheten. Radikalerna krävde i huvudsak rent förbud. Kommitténs majoritet föreslog dock en lagstiftning anpassad efter skiftande förhållanden i olika bygder och på olika hemman. Till denna "moderata" linje anslöt sig regeringen Staaff i en proposition 1906. Den norrländska förbudslagen antogs i Riksdagen samma år.[33] Lagen var begränsad till de fyra nordligaste länen plus västra Hälsingland (fr.o.m 1912 hela Hälsingland) och delar av Dalarna. I princip stadgade lagen förbud för skogsbolagens skogsförvärv men medgav vissa undantag. Lagen var i stort sett effektiv men ledde till att bolagens jordförvärv istället ökade i mellersta och södra Sverige.[34]

## Sammanfattning

En sammanfattning av sågverksindustrins virkesförsörjning med utgångspunkt i äganderättsförhållandena ger följande schematiska periodindelning.[35]

1) Ungefär fram mot mitten av 1800-talet var köpvirket viktigast, även om hemmansköp och framför allt köp av avverkningsrätter under 1840-talet fick ökad betydelse.

2) Tre à fyra årtionden närmast efter 1850 dominerade avverkningsrätterna. Intresset för dessa minskade mot slutet av 1880-talet, även om

---

[32]Carlsson, a.a., s.250.
[33]Ibid.
[34]Ibid.
[35]Efter Arpi, 1955.

virke från redan ingångna 50-årskontrakt spelade en betydande roll ännu flera decennier senare.

3) Från slutet av 1880-talet knöts intresset främst till förvärv med fullständig äganderätt. Denna expansion upphörde 1906 .

4) Från 1906 har inte äganderättsförhållandena kunnat ändras nämvärt. Man har tagit ut lämplig avverkning från egna skogar, resten av behovet har fyllts dels genom de allt mer avtagande kvantiteterna från avverknings-rätterna, men främst genom köp av virke på rot från Kronan eller enskilda och genom förvärv av avverkat och till flottled framkört virke, så kallade leveransköp.

## 4.3 Sågverksindustrin i Gävleborgs län 1850-1896

I detta avsnitt knyts intresset i första hand till att studera den storskaliga sågverksindustrins framväxt och utveckling i Gävleborgs län under perioden 1850 till 1896. Syftet med detta avsnitt är att utröna var i undersökningsområdet den moderna storskaliga sågverksindustrin växte fram. Huvudfrågeställningen kan formuleras på följande vis: Är det i områden med en tidigt utvecklad proto-industriell sågverkshantering som den moderna sågverksindustrin etablerar sig, eller är det nya områden som industrialiseras? Med andra ord; ett nytt regionalt industrilokaliseringsmönster eller en accentuering av ett redan etablerat industrimönster? Kontinuitet? Förändring? Eller: kontinuitet *och* förändring?

Under perioden från 1850 till sekelskiftet växer sågverksindustrins omfattning i stort sett oavbrutet i Gävleborgs län. I Hälsingland fanns 1850, enligt Harald Wik, endast sex sågverk "av betydelse", det vill säga sågverk med ett taxeringsvärde på minst 2 000 riksdaler banco (fr.o.m. 1862 3 000 rdr rmt eller kr). Hela 53 sågar låg under detta värde. Vid en jämförelse med uppgifter hos Wilhelm Carlgren[36] kan Wiks uppgifter över antal sågverk i Hälsingland verka mycket låga. Carlgren, som hämtat sina uppgifter ur Kommerskollegii statistik, har t.ex. för år 1827 371 samt för 1828 219 sågverk. Den lägre siffran för år 1828 förklarar Carlgren med att man ej medräknat husbehovs- (och lego-) sågar detta år. I Hälsinglands jordebok

---

[36]Carlgren, a.a.

1825 finns uppgifter om 38 salusågar och 189 husbehovs- och legosågar. Hur kommer det sig då att Wik för år 1850 endast finner 59 sågverk totalt i Hälsingland? Förklaringen är att Wik uteslutit husbehovs- och legosågarna samt att han dragit en nedre gräns för vilka sågverk som skall tas upp i den vidare behandlingen (se ovan). Genom detta tillvägagångssätt reduceras antalet sågverk mycket kraftigt. Wiks arbete utgör icke desto mindre en mycket viktig källa till förståelsen av sågverksindustrins lokaliserings- mönster efter 1850. Den fortsatta framställningen om utvecklingen i Häl- singland från 1850 till 1880 bygger därför, där inget annat sägs, på material framtaget av Wik.

## Hälsingland

De sex större sågverk i Hälsingland som finns i Wiks material från 1850 är, i jämförelse med andra norrlandsprovinser, ett mycket litet antal. (se tabell 4.3 och figur 4.1). I Västernorrlands län, som visserligen utgörs av två landskap, fanns hela 52 större sågverk. Av sågverken i Hälsingland fanns två i Skogs socken samt ett i vardera Bollnäs, Nianfors, Njutånger och Hassela.

Fram till början av 1860-talet skedde emellertid en kraftig tillväxt av an- talet större sågverk i Hälsingland, i själva verket den största ökningen av samtliga norrlandsprovinser. 32 nya sågverk tillkom under perioden varav fem var ångdrivna. Produktionen 1850 vid de större sågverken översteg dock sällan 1 000 standards, dvs drygt 4 600 m$^3$. Vid 1860-talets början uppnådde emellertid ett flertal sågar i Hälsingland denna produktionsvo- lym. Givetvis var inte samtliga 32 sågar nyetableringar, flera av dem hade säkerligen ökat sin produktionsvolym och därmed kommit att ingå bland de större sågverken. I vilka områden av länet skedde då tillväxten av större sågverk? I första hand sker en tillväxt i kustområdet (KO) och där framför allt i socknarna Söderala, Skog, Delsbo, Enånger, Gnarp och Bergsjö. Men även i inlandsområdet ökar antalet större sågverk, t.ex. i Bollnäs, Hanebo och Ljusdal. I Söderala tillkommer bl.a. följande sågverk: Bergvik, Ala, Marma, Ljusne och Askesta. Dessa sågar skulle senare under 1800-talet komma att tillhöra de största i landet. Av totalt 38 sågverk var 5 ångdrivna; 3 i Söderala, 1 i Forsa samt 1 i Söderhamns stad.

Fram till början av 1870-talet anlades ytterligare en handfull sågverk i Hälsingland. Totalt fanns 1871 43 större sågverk i landskapet, varav 30 var lokaliserade till kustområdet. Endast nio sågverk var ångdrivna vilket visar att vattensågen fortfarande var den klart dominerande sågtypen. Ångsågarna var främst lokaliserade till Söderhamnsdistriktet (7 st.). De större sågverken stärkte under 1860-talet sin ställning i Söderala, Skog och Söderhamn. Andra socknar med ett flertal större sågverk var Bollnäs, Hanebo, Undersvik, Forsa, Enånger och Bergsjö. Produktionen vid de enskilda sågverken ökade avsevärt under tioårsperioden 1860 till 1870.

För Hälsingland blev de sista två decennierna av 1800-talet ångsågens verkliga genombrottstid, och det var i Söderhamnsdistriktet den stora expansionen ägde rum. På sträckan Söderhamn-Ljusne (ca 10 km) fanns 1880 inte mindre än elva ångsågar. Trots denna expansion var vattensågarnas tillbakagång fortfarande anmärkningsvärt liten i Hälsingland.[37]

*Tabell 4.3  Antal sågverk i Hälsingland under perioden 1850-1890.**

|      | vattensåg | ångsåg | S:a |
|------|-----------|--------|-----|
| 1850 | 6         | -      | 6   |
| 1862 | 33        | 5      | 38  |
| 1871 | 34        | 9      | 43  |
| 1880 | 50        | 26     | 76  |
| 1890 | 49        | 47     | 96  |

*)för 1850 sågverk med minst 2 000 rdr bco i taxeringsvärde,
för 1862 och 1871 3 000 rdr rmt och för 1880 och 1890 3 000 kr.
Källa: Wik, 1950, s.287ff.

Som framgår av tabell 4.3 ökade antalet sågverk kraftigt i Hälsingland under 1870-talet. Flest ångsågar fanns inom Söderhamns stadsgräns, sju st. I grannsocknen Söderala fanns fyra ångsågar och tre större vattensågar. Övriga socknar med flera större sågverk var Skog, Norrala, Trönö, Forsa, Idenor, Enånger, Rogsta och Bergsjö i kustområdet, samt Hanebo och Bollnäs i inlandsområdet.

---

[37]Wik, a.a., s.314.

Figur 4.1 Sågverk i Hälsingland 1850-1890.

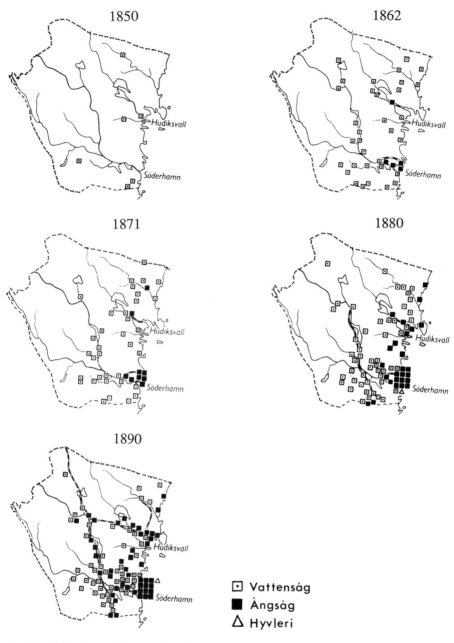

Källa: Efter Wik, 1950, Pl. 1-5.

Sammanfattningsvis kan vi alltså konstatera att nya storsågar, och äldre sågar med utbyggd kapacitet, i första hand växer fram i kustområdet, men även i inlandsområdet finner vi en expansion. Av de socknar som räknats upp i denna genomgång återfinner vi samtliga de som förekommit i den tidigare genomgången av den förindustriella sågningen i Hälsingland, både vad gäller husbehovs- och avsalusågning. Den moderna sågverksindustrin växte alltså fram och etablerades i trakter där sågverksdrift varit en källa till försörjning under sekler. Vi kan alltså belägga en kontinuitet vad gäller lokaliseringen av sågverk under mycket lång tid.

## Gästrikland

För Gästrikland har jag valt att arbeta med ett källmaterial som är relativt lättillgängligt. Jag bedömer det som tillräckligt att utgå ifrån "Handlingar till kronofogdeberättelser", som låg till grund för landshövdingarnas femårsberättelser, de tryckta sammandragen av femårsberättelserna - som därvidlag har visat sig vara en intressantare källa än basmaterialet. En annan viktig källa har "Gefle stads och läns adresskalender" för lämpliga år utgjort. I adresskalendrarna upptas sågverken sockenvis. Mycket talar dock för att endast större sågverk eller verk ägda av större bolag medtogs i dessa. Eftersom syftet i detta avsnitt är att belysa framväxten av större sågverk i distriktet, är denna begränsning av mindre betydelse. Eftersom vi inte med säkerhet vet vilka kriterier man gick efter för publicering i dessa kalendrar, är dock en viss försiktighet vid tolkningen av uppgifterna nödvändig. Annat intressant källmaterial, vad gäller utvecklingen i Gästrikland under ovan nämnda period, utgör en del lokalhistoriska verk, framför allt Åhrmans studie över Gästrikland utgiven 1861.

De första uppgifterna om sågverk i länets adresskalendrar återfinns i 1857 års upplaga. Här anges antalet sågverk i Gästrikland till 16 stycken. För Hälsingland finns en siffra om 17 sågverk samma år. Wik har för 1850 en uppgift om sex sågverk i Hälsingland och för 1862 38 sågverk. Kalenderns uppgift om 17 sågverk i Hälsingland 1857 är troligen korrekt, med tanke på att den starka tillväxten av sågverk i landskapet kom några år senare. Sexton sågverk ("av betydelse") i Gästrikland 1857 bör alltså i konsekvens med ovanstående vara en ganska rimlig siffra. Det är viktigt att

82

komma ihåg att dessa siffror endast avser något större sågverk. Hur skall man annars förklara Åhrmans uppgift om 100 (!) sågverk i Gästrikland omkring år 1860? Åhrman redovisar för socknarna i kustområdet följande sifferuppgifter: Hamrånge 11 sågar, Hille 23 skattesågar (med angivande av hur många sågar som fanns i respektive by), Valbo 21 skattesågar och Hedesunda 6 skattesågar.

1875 års adresskalender upptar 12 sågverk i Gästrikland. Här redovisas uppenbarligen endast de största sågverken, i regel knutna till järnbruk. Drygt hälften av verken är lokaliserade till kustområdet. Det var vid denna tid som de första ångsågarna började anläggas i Gästrikland: Norrsundet och Weda i Hamrånge socken.

Från och med 1896 har vi tillgång till ett mer utförligt källmaterial; primärmaterialet till industristatistiken. Detta källmaterial diskuteras mer ingående i nästa kapitel. Om vi konsulterar detta material för år 1896 finner vi att 32 sågverk finns redovisade för Gästrikland. Det största antalet sågverk är lokaliserade till Valbo och Ockelbo (5 i vardera socken). De två klart största sågverken finner vi i Hamrånge (Norrsundet, 28 550 m³) och i Hille (Avaström, 21 173 m³), båda belägna i urgamla sågverksområden vid kusten. Andra större sågverk finner vi i Ockelbo (Fredriksro) och Ovansjö (Kungsgården). De största sågverkens produktion i Gästrikland vid denna tid är dock, i jämförelse med produktionen vid de största sågarna i Hälsingland, relativt blygsam. Vid t.ex. Ala sågverk, Söderala, producerades år 1896 drygt 93 000 m³ sågad vara, och vid Askesta, Söderala, 94 000 m³.

## Sammanfattning

Både i Hälsingland och i Gästrikland kan vi belägga kontinuitet vad gäller uppförandet av större sågverk i områden där den äldre sågverkshanteringen har en mycket lång tradition. Vad jag tidigare kallat den *moderna såg-verksindustrin* växer fram och expanderar kraftigt i framför allt kustom-rådet, där socknarna Söderala, Norrala, Forssa, Hälsingtuna, Njutånger, Gnarp, Harmånger samt Söderhamns stad intar tätpositionen i denna ut-veckling. Vid t.ex. sågverken i Söderhamns stad och Söderala socken pro-duceras närmare en halv miljon kubikmeter sågad vara vid mitten av 1890-talet. Utvecklingen i detta område är exceptionell under senare delen av 1800-talet. Som vi tidigare konstaterat har det under en mycket lång tid bedrivits sågverksamhet i området, och i grannsocknarna Skog, Mo, Trönö och Norrala är kanske sågverksrörelsens rötter ännu djupare. Men även i norra inlandsområdet sker en markant tillväxt av sågverksindustrin under motsvarande tid, framför allt i socknarna Ljusdal och Bollnäs.

Även i Gästrikland sker expansionen i första hand i kustområdet, där socknarna Hamrånge och Hille svarar för den största produktionen vid 1890-talets mitt. I södra inlandsområdet sker också en expansion, framför allt i Ockelbo och Ovansjö. Även i Gästrikland är det i socknar med en lång tradition av sågverkshantering som expansionen sker.

Den moderna sågverksindustrins utveckling under perioden 1850-1896 var dock ganska olikartad i de båda landskapen. Den stora skillnaden ligger främst i etablerandet av större exportsågar. Ännu vid 1890-talets mitt fanns i Gästrikland ingen riktigt stor exportsåg. Man kan knappast heller påstå att det vuxit fram några sågverkssamhällen av den typ vi känner från t.ex. Söderhamns- och Sundsvallsdistriktet. En av de viktigaste orsakerna till den skilda utvecklingen i de båda landskapen under denna period bör, återigen, sökas i den starka bruksrörelsen i Gästrikland. Här spelade konkurrensen om råvaran - att såga eller kola - en viktig roll. Under slutet av 1800-talet expanderade också järn- och stålindustrin kraftigt i Gästrikland. Sandviken och Hofors är exempel på två orter där detta skedde.

I några socknar, som under 1700-talet och tidigt 1800-tal hade en betydande allmogesågning för avsalu, kom emellertid inte denna tidiga sågverksrörelse att anta storindustriella former under andra hälften av 1800-talet. Två exempel på en sådan utveckling är Trönö och Enånger socknar. Visserligen växte sågverksrörelsen även i dessa socknar under senare delen av 1800-talet, men vi kan inte iaktta någon etablering av större exportsågar, och den kraft med vilken den moderna sågverksindustrin expanderar i angränsande socknar blev aldrig märkbar här. Vad är då förklaringen till detta? Tidigare diskuterades vilka de verksamma faktorer är som i vissa områden ledde till en "riktig" industrialisering och som därför bör ha saknats i andra områden. Proto-industrin fanns ju både i områden som senare industrialiserades och i områden som deindustrialiserades eller stagnerade. Allting tycks dock tyda på att det, som berörts i kapitel 2, tidigare har funnits proto-industri i de flesta senare industrialiserade regioner.[38]

---

[38]Isacson & Magnusson, a.a., s.61

Men varför skedde en utveckling i vissa fall men misslyckanden i andra fall? Peter Kriedte, som lämnat många intressanta bidrag till teorin om proto-industrialisering, har försökt identifiera olika faktorer som istället för till "riktig" industrialisering ledde till deindustrialisering.[39] Bland annat pekar han som tidigare framgått på konkurrensen mellan proto-industrin i olika regioner. Den ledde till att vissa regioners proto-industri slogs ut. I detta sammanhang betonar han också betydelsen av den internationella handeln. Nu kan man inte påstå att proto-sågningen i Trönö och Enånger omedelbart slogs ut i och med storindustrins etablering i grannsocknarna. Den skulle komma att utvecklas i en annan riktning och ta sig andra former. Men frågan kvarstår; varför skedde ingen övergång till en storskalig industri i dessa socknar? Kriedte betonar också problemen med att flytta över en proto-industriellt skolad arbetskraft till den begynnande fabriksindustrin i vissa områden. Trots sjunkande löner höll många arbetare envist fast vid det gamla mönstret. Den proto-industriella kulturen, arbetsrytmen etc. utgjorde därför i viss mån ett hinder för framväxten av en fabriksindustri.[40] Andra faktorer måste naturligtvis också vägas in. För Trönös del bör det geografiska läget ha spelat en icke oväsentlig roll. Man har ingen kust och saknar därför förutsättningar att bygga upp en transportorganisation baserad på sjöfart, men troligtvis spelade också konkurrensen från kustsocknarna en viktig roll, inte minst vad gäller arbetskraften. Sågverksrörelsen i Trönö kom att leva vidare även under 1900-talet, men kom aldrig att anta de storindustriella former som dominerade i angränsande kustsocknar. I stället kom sågverksindustrin här att präglas av småindustri. Vad gäller arbetskraften är det dessutom troligt att många från Trönö och Enånger kom att söka sig till storsågarna i de angränsande socknarna.

---

[39]Ibid. Se också Kriedte, m.fl., 1981, s.309 och Dunford & Perrons, 1983.
[40]Isacson & Magnusson, a.a., s.62.

85

# Kapitel 5

# Utveckling och avveckling 1896-1979

## 5.1 Inledning

Sågverksindustrins långvariga och dynamiska kraft kulminerade vid sekelskiftet. Från 1850 till slutet av 1890-talet hade produktionen vid de svenska sågverken tiodubblats, och under dessa år hade sågverksindustrin varit en viktig drivkraft i landets industrialiseringsprocess. Under perioden 1896-1900 uppgick trävarornas andel av Sveriges totalexport till hela 43%[1]. Men i och med sekelskiftet bröts den positiva utvecklingen. Prisstegringen på trävaror under 1890-talets andra hälft medförde att Ryssland och andra länder med riklig tillgång på råvara kraftigt ökade produktionen, varvid konkurrensen på marknaden snabbt hårdnade. I Sverige började samtidigt genombrottsårens exploatering av den svenska urskogen att märkas i en tilltagande råvarubrist. Följden blev att den svenska produktionen gick tillbaka i början av 1900-talet. Inte minst tydlig var denna utveckling i Gävleborgs län. Trots detta arbetade omkring hälften av alla industriarbetare i Gävleborgs län i sågverksindustrin vid sekelskiftet. Sågverken svarade samtidigt för drygt hälften av fabrikernas tillverkningsvärde i länet.

Syftet med detta kapitel är att analysera sågverksindustrins utveckling under 1900-talet. I första hand tas utgångspunkt i utvecklingen i Gävleborgs län, men utvecklingen i övriga landet liksom i utlandet vägs in i analysen. Branschen har under 1900-talet präglats av skiftande konjunkturer och förändrade ekonomiska, tekniska och arbetsmarknadspolitiska villkor. Förändrade produktionsbetingelser har gett perioder av tillväxt vilka avlösts av nedgångsperioder, vilka i sin tur skapat förändrade lokaliseringsmönster. Gamla sågverk läggs ned och nya kommer till. Också de som består under lång tid förändras. Vissa expanderar medan andra

---

[1]Hallberg, 1951, s.205.

87

genomför driftsinskränkningar, vissa specialiserar produktionen medan andra breddar produktsortimentet. Men sågverksindustrins lokaliseringsmönster under 1900-talet är också präglat av sina historiska rötter. En viktig fråga att ställa sig är därför om vi även under 1900-talet kan se tecken på en kontinuitet i lokaliseringen som går tillbaka till mitten av 1800-talet eller rent av ännu längre tillbaka. Präglas sågverksindustrins lokaliseringsmönster fortfarande under 1980-talet av en struktur som växte fram redan under slutet av 1700-talet?

En andra frågeställning som tas upp i detta kapitel är: Vilka lokaliseringsmässiga förändringar kan vi se i undersökningsområdet under ifrågavarande period? I vilka områden tillväxer sågverksindustrin, var stagnerar den och var går den tillbaka? Kan vi iakttaga "brott" i utvecklingen och vad beror dessa i huvudsak på?

Bakom de totalsiffror som redovisas i det följande döljer sig särdrag, som haft stor betydelse för de människor som levt och verkat i sågverkens närhet. Det regionala och lokala perspektivet blir med denna utgångspunkt viktigt. Det insamlade materialet är bearbetat och sammanställt med nuvarande kommuner och den gamla sockenindelningen som bas. Den regionindelning som diskuterades i kapitel 1, dvs. kustområdet (KO), norra inlandsområdet (NI) samt södra inlandsområdet (SI), utgör utgångspunkten även i detta kapitel.

## 5.2 Källmaterialet

Primärmaterialet till industristatistiken utgör en av huvudkällorna i detta kapitel. Materialet består av svarsblanketter från företagen.[2] Till och med 1961 utarbetades själva blanketten av Kommerskollegium och därefter av SCB. Sedan 1896 har sågverksägare varit skyldiga att fylla i och sända blanketterna till de lokala skattemyndigheterna, som vidarebefordrat dem till den centrala statistikinstansen i Stockholm, där uppgifterna granskats.

Vid oklarheter har kompletteringar och förtydliganden begärts från företagen. Därefter har uppgifterna bearbetats och sammanställts, först för varje delbransch och län och sedan för varje bransch och hela riket. Sammandragen har publicerats i den årligen utgivna volymen (på senare tid flera volymer) av Sveriges officiella statistik (SOS Industri).

---

[2]Materialet finns arkiverat på Riksarkivet (fram t.o.m. 1923 års uppgifter) och SCB:s arkiv.

De tryckta sammandragen lämnar i bästa fall uppgifter dels för länet som helhet och dels för tätorterna respektive övriga länet. Tyvärr har under senare år sågverk och hyvlerier slagits samman med andra delbranscher inom gruppen trävaruindustri. En kartläggning av sågverksindustrin på kommunnivå och i olika storleksklasser fordrar därför, att man ger sig i kast med primärmaterialet, samlar in uppgifterna från varje sågverk och bearbetar dem efter riktlinjer som bättre överensstämmer med undersökningens syfte.

Sekretessbestämmelserna gör att det krävs skriftligt tillstånd från länets samtliga sågverksföretag för att SCB, som central statistikenhet, skall lämna ut blanketter som gäller den senaste 20-årsperioden. Sådant tillstånd har inhämtats från de berörda företagen varför utvecklingen under 1960- och 1970-talen har kunnat följas upp på grund av samma material som för tidigare år.

Före 1896 betraktades sågverkshanteringen som en binäring till jordbruket, och räknades följaktligen inte till den egentliga industrin.

> Man höll noggrann ordning på en vadmalsstamp med en eller annan
> arbetare, men om någon kronofogde i överdrivet nit någon gång
> lämnade uppgifter jämväl på ett antal sågverk med 100-talet arbetare
> och mera vardera, uteslötos dessa uppgifter. (Wik, a.a., s.15)

Ett annat exempel på att sågverk inte räknades till industriella anläggningar vid denna tid finner vi i de olika adresskalendrar som gavs ut under 1800-talet. I dessa skrifter skymtar en osäkerhet fram hur sågverksanläggningarna skall rubriceras. För säkerhets skull skiljer man dock på "Sågverk, Landtegendomar och industriella anläggningar".[3] Man kunde inte riktigt bestämma sig för om sågverken var industriella anläggningar eller om de fortfarande bara var en binäring till jordbruket.

### Källmaterialets sågverk

Hur heltäckande är då primäruppgifterna till industristatistiken? Återfinns alla länets sågverk i denna källa? Det står utom tvivel att industristatistiken genom årens lopp inte har omfattat alla sågverk. Följande regler har gällt för uppgiftsinsamlandet.

---

[3]Gefle Stads och Läns Adress-Kalender 1877, s.351.

Fram till 1913 gällde att uppgifterna skulle samlas in från alla landets industriarbetsplatser.[4] Från och med detta år och till och med 1916 infordrades uppgifter från alla företag med minst tio arbetare i genomsnitt eller som hade ett produktionsvärde av minst 10 000 kr eller 3 000 kr i förädlingslön. På grund av inflationen höjdes 1917 produktionsvärdet till minst 20 000 kr och förädlingslönen till 4 000 kr. År 1926 sänktes produktionsvärdet till minst 15 000 kr medan förädlingslönen låg kvar på 4000 kr. År 1945 ändrades bestämmelserna till att antalet årsarbetare skulle vara minst fem för att företag skulle behöva redovisa sin verksamhet.[5]

Eftersom statistikinsamlarna knappast kan ha känt till vilka företag som hade minst tio anställda eller ett visst förädlingsvärde/förädlingslön före 1945 och minst fem årsarbetare därefter, förrän de samlat in blanketterna och gått igenom dessa, innehåller primärmaterialet helt naturligt många fler företag än de som slutligen medtagits i de tryckta industriberättelserna. Problemet vid en heltäckande studie är dock, att många småsågar över huvud taget undgått att registreras. I första hand är det husbehovssågar med som mest 200-300 m³ i årstillverkning, som saknas i materialet. Dessutom finns ett antal mindre avsalusågar vilka har varit stora nog för att uppfylla kriterierna för uppgiftsskyldighet, men som av en eller annan anledning har undgått registrering.[6]

Gränsdragningen 1913 bör rimligen ha medfört att primärmaterialet fullständigare täcker in sågverken före än efter detta år. Tjänstemännen kan förmodas ha rensat bort småsågverken ur adressförteckningen inför 1913 års utsändning av blanketter. Genom cirkelsågverkens framväxt under 1920- och 1930-talen blev det efterhand dessutom allt svårare att få grepp om samtliga anläggningar.[7] Norrlandskommittén kunde t.ex. konstatera i sitt betänkande 1947 att "ett betydande antal smärre sågverk"

---

[4] SOS Industri (1913 och 1926). Arbetsstället ("varje lokalt fristående enhet") utgör sedan 1913 industrienheten i industristatistiken. Ett större företag bedriver ofta verksamhet vid flera arbetsställen. I SOS 1970 del I, s.13, definieras arbetsstället som "en lokalt fristående produktionsenhet vid vilken man inom ramen för ett enda företag bedriver ett enda slag av verksamhet inom i regel en enda definierad bransch eller vissa kombinationer av skilda verksamheter ... vid fall av branschkombinationer ... fördelas den lokala enheten alltid på flera arbetsställen".
[5] Se inledningarna till SOS Industri för respektive år.
[6] Se om detta i t.ex. SOS Industri 1934, s.7 och SOS Skogsstatistisk årsbok 1953, s.56 samt Svensk skogsindustri i omvandling, s.16.
[7] Wik, a.a., s.263.

90

vilka bort ingå i industristatistiken fallit bort.[8] Hur många sågverk som undgått att registreras i Gävleborgs län är obekant. Det är dock troligt att flertalet av dessa småsågar kom att försvinna från slutet av 1950-talet.

## Småsågarna i källmaterialet

Ett ännu större problem, vid en heltäckande undersökning av sågverkshanteringen, är alla husbehovssågar och småsågar som förädlar annans timmer mot en viss betalning (legosågar). Fr.o.m. 1913 tycks man i regel ha bortsett från dessa sågar eftersom de ändock troligen var för små för att komma ifråga i den slutliga bearbetningen. Följaktligen har genom årens lopp många sågar aldrig kommit att lämna uppgifter till industristatistiken.[9]

År 1974 svarade sågverk med minst fem anställda för drygt 9/10 av landets totala sågvolym av barrvirke.[10] Statens bränslekommission kom i sin utredning 1948 fram till att de i industristatistiken upptagna sågverken i slutet av 40-talet svarade för mellan 75 och 80% av landets totala produktion av sågat virke[11] och övriga småsågar följaktligen mellan 20 och 25%. På 10- och 20-talen bör småsågarna ha svarat för en ännu större andel av landets produktion.

Småsågarna har traditionellt varit många i södra Sverige medan Kopparbergs län och de norrländska länen alltid har haft förhållandevis fler stora sågar. På förslag av Södra Sveriges Skogsindustriutredning[12] genomfördes en totalinventering av alla landets sågverk 1953. Denna följdes senare av inventeringar 1958, 1965, 1973 och 1979. Dessa inventeringar visade, att det fanns en stor mängd små sågverk i landet, som aldrig noterades i industristatistiken, men också att deras betydelse var marginell om vi ser till landets totalproduktion. Deras betydelse ligger på ett annat plan. Vid småsågarna produceras ohyvlat och hyvlat virke för ägarnas och den lokala marknadens behov.

---

[8]SOU 1947:32, s.7.
[9]En specialundersökning av Norrlands sågverksbestånd 1938-39 fann inte mindre än 1389 sågverk utöver de 321 som var upptagna i industristatistiken. SOU 1947:32, s.120f.
[10]SOS Skogsstatistisk årsbok 1975, s.70ff.
[11]Se SOS Skogsstatistisk årsbok 1951, s.47.
[12]SOU 1953:19.

År 1953 fanns drygt 4 000 enkla cirkelsågverk i landet. Vid mitten av 60-talet hade detta antal i det närmaste halverats.[13] I någon mån bromsades utslagningen av småsågar upp under 70-talet till följd av en ökad fritidsbebyggelse i fjäll-, kust- och andra rekreationsområden.

## Vilka sågar undersöks?

I detta kapitel koncentreras intresset till sågverk med en produktion av minst *1 000 m³ sågat virke per år.* Orsaken till denna gränsdragning är att källmaterialet endast vid några få tidpunkter lämnar uppgifter från samtliga småsågar. Under den period som intensivstuderats har verk med minst 1 000 m³ i produktion uppvisat den jämnaste sysselsättningen under årets månader. Småsågarna ställs dock inte helt åt sidan. I kapitel 7 tecknas, med hjälp av sågverksinventeringarna och annat material, en bild av de mindre sågarnas utbredning och verksamhet i länet vid några tillfällen under 1900-talet.

Det är förvisso förenat med vissa svårigheter att konstanthålla en och samma produktionsgräns över en 90-årsperiod. Driftens mekanisering och rationalisering har medfört att man idag producerar 1 000 m³ med en avsevärt mindre arbetsstyrka än i början av seklet. Ett sågverk med en årstillverkning av minst 1 000 m³ virke år 1900 var en förhållandevis stor arbetsplats (omkring 15 personer). I slutet på 70-talet var arbetskraftsbehovet begränsat till 5-7 personer under den tid driften pågick.

## Undersökningsår

Primärmaterialet från länets sågverk är ett omfattande källmaterial, som fordrar stora arbetsinsatser vid excerpering, bearbetning och analys. En begränsning har därför varit nödvändig. I stället för att basera undersökningen på uppgifter från varje år har *sju femårsperioder* valts ut. Detta för att utjämna extremvärden under hög- respektive lågkonjunkturår samt för att i någon mån kunna korrigera eventuella fel i företagens redovisning till industristatistiken under något enskilt år. Tanken har också varit att försöka blottlägga skiftningar i produktion, sysselsättning, pro-

---

[13]Svensk skogsindustri i omvandling I, s.19. I Gävleborgs län fanns 1953 104 enkla cirkelsågverk och 1965 61 d:o.

92

duktivitet etc. mot bakgrund av lokala, regionala, nationella och internationella händelser och förlopp.

Följande sju femårsperioder har utvalts:

1896-1900    1908-12    1922-26    1936-40

1950-54      1964-68    1975-79

Som framgår är intervallet mellan perioderna ca tio år. Periodvalet utgår från en granskning av produktionssiffrorna både för branschen som helhet och för länet.[14] Dessutom har genom detta förfarande normala, mycket bra samt dåliga produktionsår täckts in.[15] År med kriser, konflikter och krig har i görligaste mån inkluderats (t.ex. 1909, 1922, 1939-40, 1950-51 och 1975-76), men då har, som sagt, uppgifterna för dessa år vägts mot uppgifterna från mer normala år. Detta har gjorts för att extremvärden inte skall snedvrida jämförelser över tid. För varje femårsperiod inkluderas endast sågverk som varit *i drift minst tre av fem år.* Sågverk som startats eller lagts ned i slutet eller i början av en femårsperiod skall inte påverka periodens "typiska" bild.[16]

## Gruppering av sågverken

På basis av den årliga tillverkningen av *sågat virke* (produktionsdata) har jag grupperat sågverken i fyra storleksklasser, för att underlätta analysen, ge en bättre överblick och förenkla framställningen.

Följande gruppering har gjorts:

*[I. 1 000 m³ = småsågar]*

II.   1 000 -10 000 m³

III. 10 001 -25 000 m³

IV. 25 001 -75 000 m³

V.   > 75 000 m³

Metoden att gruppera sågverken efter kvantitet sågat virke har sina brister; t.ex. så utesluts därmed de fristående hyvlerierna. Inflationen och de stora variationerna i sågningssäsongens längd försvårar användningen av

---

[14]Hammarland, 1962, s.16-17 samt diagram 2. Se också Svenska sågverks- och trävaruexportföreningen 100 år, s.5.

[15]Jfr Wik, a.a., s.156.

[16]Så har t.ex. Korsnäs AB:s nya sågverk vid Kastet, som redovisar uppgifter till industristatistiken första gången år 1900, inte medtagits i normalbilden av den första femårsperioden.

produktionsvärdet (kräver en deflatering av priserna) i en historisk framställning.[17] Likaså undervärderas verksamheten vid sågverk med stor tillverkning av småvirke (list, läkt, stav, spjälved m.m.) när man utgår från tillverkningen av plankor, battens och bräder. Småvirket har dock en relativt liten ekonomisk betydelse, och dess roll minskar avsevärt från 20-talet från vilken tid avfallet från sågarna i allt större utsträckning huggs upp till massaflis. Genom att gruppera sågverken i breda storleksklasser och lägga tonvikten vid strukturella förändringar får man möjlighet att komma förbi källmaterialets brister när det gäller uppgifternas exakthet samtidigt som det blir möjligt att fånga huvuddragen i utvecklingen när det gäller antalet sågverk och deras produktionsvolym.

I anslutning till de olika undersökta perioderna görs en komponentanalys av sysselsättningsutvecklingen - *sysselsättningsdata* - inom branschen. De flesta studier som behandlat industrins regionala omfördelning bygger på studier av industrisysselsättningens nettoutveckling i olika områden och under olika tidsperioder. Bakom nettosiffrorna döljer sig dock en mängd, även motsatta, tendenser. Ett sätt att nå ytterligare kunskap om de bakomliggande processerna är att dela upp nettoförändringen i dess bruttokomponenter.[18]

Dessa komponenter utgörs av:
- in situ-företag, dvs. kvarvarande företag, de som "överlevt" sedan förra perioden
- nedläggningar
- nyetableringar
- (och eventuellt) flyttningar.

Huvuddelen av de komponentanalyser som utförts är av brittiskt ursprung och har i första hand applicerats på problemet med "inner city decline". Liknande undersökningar har också genomförts i flera av de nordiska länderna.[19] I Sverige har undersökningar av denna typ genomförts av bl.a. Erik Dahmén (1950), Gunnar Törnqvist (1963), Du Rietz (1975 och 1980), Olofsson m.fl. (1985) och Lundmark (1987).

Komponentanalysen har också mött kritik, bl.a. för att den anses vara alltför deskriptiv och sakna förklaringsvärde.[20] De olika bruttokompo-

---

[17]Jfr Wik, a.a., s.155ff. Wik väljer att utgå ifrån produktionsvärdet efter att ha korrigerat för förändringar i penningvärdet.
[18]Lundmark, 1987, s.7.
[19]Ibid.
[20]Se bl.a. Massey & Meegan, 1982 och 1985.

nenterna har inte i sig något förklaringsvärde och saknar teoretisk status, eftersom olika typer av förändring kan ha samma orsak och liknande förändringar olika orsaker.[21] Detta betyder inte att komponentuppdelningen saknar analytiskt värde, påpekar Mats Lundmark (1987), och han lämnar följande exempel på detta faktum:

Antag att vi har två regioner med ungefär samma positiva nettoutveckling vad gäller antalet industrisysselsatta. I det ena fallet är detta resultatet av ett mindre antal nyetableringar och ett fåtal in situ-växande företag. I den andra regionen däremot har andelen nyskapade jobb varit mycket hög samtidigt som förlustandelen varit närapå lika stor. En kännedom om dessa mycket skilda utvecklingsförlopp, vilka förblir dolda i nettosiffrorna, torde ge förutsättningar för en bättre grundad orsaksanalys. (Lundmark, 1987, s.8)

Komponentanalysen utgör därför också ett instrument för att avläsa skillnader i strukturomvandlingens intensitet i både tid och rum.

För att nå större kunskap om vilka komponenter som orsakat en tillväxt respektive en nedgång i sysselsättningen i de olika delområdena/ kommunerna/distrikten mellan de sju femårs-perioderna är det därför motiverat att via en komponentanalys söka tränga bakom nettoutfallet. Syftet med komponentanalysen kan enkelt formuleras på följande sätt: Vilka bruttokomponenter ligger bakom de sysselsättningsmässiga förändringarna i de olika undersökningsregionerna mellan de angivna tidsperioderna? Utgångspunkten för beräkningarna följer nedanstående schema:

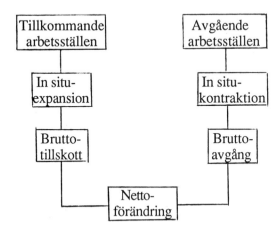

---

[21]a.a., s.8.

## Uppgifter i primärmaterialet

Antalet uppgifter i primärmaterialet varierar något från period till period, liksom den noggrannhet med vilken företagen besvarat frågorna på blanketterna. Jämförelser mellan perioderna försvåras därigenom. I stort sett lämnar primärmaterialet följande uppgifter för de valda femårsperioderna:

a) sågverkets läge (socken/kommun, by),

b) ägare (aktiebolag, handelsbolag, enskilda föreningar, byamän; ibland lämnas uppgifter om ägarbyten),

c) salutillverkningsvärde (för senare år även försäljningsvärdet och lagervärdet),

d) antalet sågdagar och arbetstimmar,

e) teknisk utrustning (antalet sågramar, sågklingor, kantverk, hyvelmaskiner, hästkrafter, torkhus samt typ av kraftkälla etc.),

f) antalet arbetare uppdelat på sågverk, hyvleri, brädgård, snickeri, etc. (denna specificering görs inte under den sista femårsperioden),

g) antalet tjänstemän (från början av 1910-talet), samt antalet kvinnor och ungdomar under 18 år (den sista uppgiften saknas för de två sista perioderna),

h) råvaruförbrukningen (från 1930-talet),

i) kostnaderna (från mitten av 1940-talet),

j) tillverkningen fördelad på olika varu- eller produktkategorier (plank, battens, bräder, scantlings, bräd- och plankstump, ribb, spjälved, list, läkt, stav, massaflis och bränsleflis, massaspån och bränslespån, träkol, snickeriprodukter etc.; det finns också en uppdelning mellan sågning av barr- och lövträ).

Det bör påpekas att uppgifterna om antalet anställda, som återfinns i den löpande texten, där inget annat sägs avser framräknade medelvärden för femårsperioderna. För att räkna fram antalet anställda arbetare inom industrin i Sverige har SCB använt sig av följande princip: För varje månad (dock ej juli eller december) utväljs ett visst avlöningstillfälle, exempelvis andra veckan i månaden. Antalet arbetare som erhållit lön summeras och denna summa divideras med antalet medtagna tillfällen, dvs. tio vid arbetsställe, där verksamheten pågått hela året. Denna princip har använts under hela undersökningsperioden. Antalet anställda eller sysselsatta - termerna används synonymt - avser alltså *medelantalet under verksamhetstiden sysselsatta arbetare.* Antalet tjänstemän avser däremot en enskild tidpunkt under året.

## Tillförlitlighet

Till sist skall frågan om källmaterialets tillförlitlighet beröras.[22] Kan man lita på att uppgifterna verkligen återger de faktiska förhållandena vid sågverken? Att källvärdet varierar från sågverk till sågverk och från år till år är uppenbart. I första hand är det uppgifterna från småsågarna som kan ifrågasättas. De större sågverken, med en mer ordnad bokföring och med särskilt avdelade tjänstemän med uppgift att sköta företagets ekonomi och organisation, har av allt att döma redovisat uppgifter med större tillförlitlighet. I materialet finns exempel på sågverk (det rör sig om två à tre) som så sent som på 20-talet returnerade icke ifyllda blanketter med hänvisning till att företagen saknade egen bokföring och därför inte kunde besvara frågorna. Om man ändock lämnat erforderliga uppgifter har man påpekat att dessa är mycket osäkra. I materialet finns dessutom exempel (ännu under 1970-talet) på företag som flera år i följd lämnat exakt samma uppgifter. I stort kan man dock påstå att de tjänstemän som granskat blanketterna genomgående har bemödat sig om att dessa skall vara så korrekt ifyllda som möjligt. Man har kontaktat företagen upprepade gånger och begärt förtydliganden och kompletteringar.

Flera faktorer kan ha bidragit till att företagen inte har besvarat frågorna så exakt som vore önskvärt:
a) man har saknat kompetent personal,
b) sortimentet har inte varit specificerat i företagets egen bokföring,
c) företaget har haft ett annat bokföringsår,
d) företagsledningen har värjt sig mot myndigheternas uppgifts-insamlande,
e) arbetskraften har arbetat med flera saker samtidigt och har inte kunnat specificeras under särskilda arbetsuppgifter,
f) företaget har använt andra produktionsmått än de som myndigheterna har efterfrågat,
g) företaget har saknat uppgifter om t.ex. maskinerna då de inköpts för länge sedan,

---

[22]Se Törnqvist, 1963. Se även Pettersson, 1980, s.24.

h) företaget har redovisat uttjänta maskiner som i den vidare bearbetningen har upptagits som fullvärdiga.

Genom att gruppera sågverken i breda storleksklasser och lägga tyngdpunkten vid strukturella förskjutningar är det troligt att man kommer förbi de grövsta felen i primärmaterialet. Det är heller knappast troligt att de eventuella felen på något avgörande sätt förvränger bilden av den strukturella utvecklingen eller kullkastar tolkningen av siffrorna.

## 5.3 Sekelskiftets "goda år"

Att det var goda år för sågverksindustrin i slutet av 1800-talet framgår bl.a. av antalet nya anläggningar och av produktionsökningen vid sågverken. Två av 1900-talets stora kustsågverk i Gävleborgs län togs i bruk vid denna tid. I juli 1899 startade driften vid ett av världens vid denna tid absolut största sågverk - Korsnäsbolagets nya såg vid Kastet utanför Gävle - efter en snabb överflyttning av en del av utrustningen (bl.a. 20 ramar) från Korsnäs utanför Falun.[23] Produktionen vid denna såg uppgick redan år 1900 till 159 000 m³, och drygt 500 arbetare var anställda - onekligen en ansenlig storlek på det nyuppförda sågverket, som detta år svarade för nära 17% av länets produktion av plankor, battens och bräder. Något längre upp efter kusten, i Norrsundet, hade Kopparbergs och Hofors Sågverks AB (sedermera Kopparfors AB) anlagt en ny såg strax efter mitten av 1890-talet. Det nya sågverket i Norrsundet var mycket modernt och utrustat med 10 ramar, elektrisk belysning och ett "högvärdigt" hyvleri.[24] Även i andra delar av länet uppfördes nya sågverk. Visserligen förekom också nedläggningar under dessa år, men sammantaget var nyetableringarna fler och kapacitetsutbyggnaden större varigenom tillverkningen ökade.

### Sågverksindustrin i Gävleborgs län 1896-1900

I primärmaterialet till industristatistiken ingår för perioden 1896-1900 uppgifter från totalt 159 sågverk i Gävleborgs län. Av dessa uppnådde 77

---

[23]Sandin, 1976. Se även Sundell, 1974, s.63.
[24]Hamrångeboken, s.302.

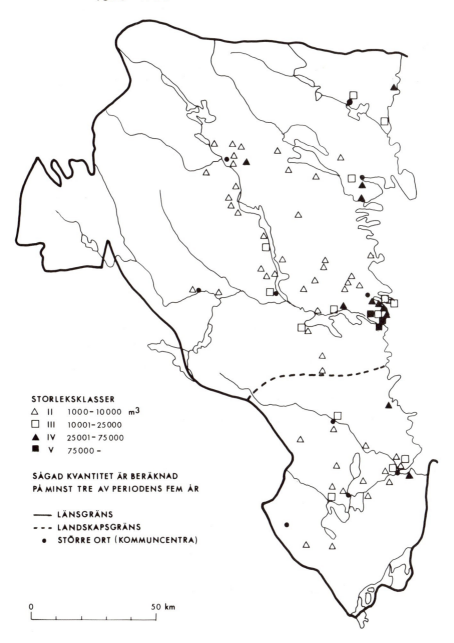

Figur 5.1  SÅGVERK I GÄVLEBORGS LÄN
1896 - 1900

STORLEKSKLASSER

△  II    1000 - 10 000  m³
□  III   10 001 - 25 000
▲  IV   25 001 - 75 000
■  V    75 000 -

SÅGAD KVANTITET ÄR BERÄKNAD
PÅ MINST TRE AV PERIODENS FEM ÅR

—— LÄNSGRÄNS
- - - LANDSKAPSGRÄNS
●  STÖRRE ORT (KOMMUNCENTRA)

0                    50 km

Geographisches Institut
der Universität Kiel
23 Kiel, Olshausenstraße

en produktion av minst 1 000 m³ i genomsnitt under minst tre år (figur 5.1). Även om det knappast saknades sågverk i någon enda av länets socknar vid sekelskiftet, var sågverksindustrins huvudområden Söderhamn och Hudiksvall. Också Gävledistriktet var betydande vilket medförde att kustområdet dominerade länets sågverksindustri. Inlandssågarna bestod emellertid inte enbart av mindre bondsågar. Flera förhållandevis stora sågar hade lokaliserats till inlandet i anslutning till järnväg. Störst av dem var Hybosågen i Ljusdal med knappt 50 000 m³ i årsproduktion. Sågen vid Hybosjön, som hade anlagts under 1880-talets sista år vid den nya järnvägen mellan Hudiksvall och Ljusdal, blev snabbt den största inlandssågen i länet.[25] Även andra sågverk i inlandet kunde mäta sig med kustsågarna vad gällde producerad kvantitet. I regel var dessa sågverk uppförda vid järnvägarna. De s.k. "järnvägssågverken" transporterade produkterna till exporthamnarna i länet eller direkt till mottagarna i utlandet.[26]

Det var dock kustsågarna som satte sin prägel på länets sågverksindustri. Av 15 sågverk med över 25 000 m³ i årsproduktion var det bara ett som inte låg i direkt anslutning till kusten eller inom relativt kort avstånd från en hamn.

Söderhamnsdistriktet var trävaruhanteringens tyngdpunkt i länet. Inom en radie av en dryg mil från Söderhamn låg 12 stora ångsågar, en stor vattensåg, två hyvlerier samt flera mindre vatten- och ångsågar. Störst av dem var Askesta sågverk med en årsproduktion om drygt 100 000 m³.Totalt sysselsatte dessa sågverk och hyvlerier mellan 2 500 och 3 000 personer strax före sekelskiftet, vilket innebar att ca 40% av länets sågverksarbetare och 20% av de sysselsatta inom industrin hade sina arbetsplatser i detta distrikt.

Genom flottning och skogsavverkning var i stort sett alla delar av länet indragna i trävaruhanteringen. Undantag utgjorde områden där järnhanteringen traditionellt hade haft en framträdande roll, som t.ex. i Bjuråkers socken i norra inlandsområdet. På andra håll inom undersökningsområdet levde å andra sidan järnverk och sågverk sida vid sida, som t.ex. i Iggesund, Ockelbo och Hofors. Järnhanteringen *i sig* var därför knappast ett hinder för sågverksindustrins utveckling vid denna tid. Både i Hofors och Iggesund var det järnverken som ansvarade för sågverksdrif-

---

[25]Nilsson, 1973, s.53ff.
[26]Se Wik, a.a., s.43.

ten. Här förenades järnhantering med stora skogsinnehav och sågverken var i viss mån ett komplement till järnhanteringen, främst genom träkolsframställningen. Dessa sågverk torde dock ha varit bundna till järnhanteringens behov av bränsle och företagens tillgång på skog och kunde troligtvis inte agera fritt utifrån efterfrågan på virke. I andra socknar där sågverksindustrin inte var etablerad vid sekelskiftet (t. ex. i Ovanåker, Alfta och Ilsbo), fördröjde både ett ogynnsamt transportläge och närheten till järnverk sågverkens etablering.

Vid sekelskiftet 1900 var sågverksindustrins lokaliseringsmönster i Gävleborgs län i stora drag identiskt med 1860/70-talets. Parallellt med de stora exportsågarna existerade fortfarande by- och bondesågar med rötter i en mycket gammal arbetsordning.[27] Vad som tillkommit var de så kallade "järnvägssågverken", lokaliserade i nära anslutning till länets järnvägslinjer. Sågverksindustrin var också vid seklets början fortfarande en utpräglad landsbygdsindustri - mönstret hade ej brutits och den protoindustriella kopplingen var fullt synlig.

## 5.4 Storstrejk och förkrigstid

Sågverksindustrins högkonjunktur i slutet av 1890-talet följdes av flera dåliga år efter sekelskiftet. Åren 1905, 1908 och särskilt 1909 låg produktionen långt under 1890-talets höga nivå. Exporten till den viktiga engelska marknaden gick kraftigt tillbaka och Ryssland bröt nu på allvar in på denna marknad och blev inom några år Englands främsta leverantör av trävaror.[28] I någon mån kompenserades tillbakagången av en ökning på andra marknader (däribland Tyskland), men på det hela taget minskade Sveriges trävaruexport under 1900-talets första årtionde. 1910 förbättrades situationen och under några år ökade återigen produktionen och exporten. Krigsutbrottet innebar inget omedelbart brott i den gynn-

---

[27]Hur arbetsordningen vid dessa sågar kunde vara upplagd belyses väl av följande citat: "Sågaren, kantaren och en del av de övriga arbetarna vid sågen hade mindre jordbruk. När det var tid för höstslåttern, stoppade de helt enkelt sågen och gick hem till skördearbetet vid den egna gården. En del av arbetarna som inte hade egna jordbruk, fick ofta skördearbete hos traktens bönder." (Ohlsson, 1983, s.97).
[28]Hammarland, a.a., diagram 2 och s.70ff samt Hallberg, a.a., s.220f.

samma utvecklingen, men det var bara en tidsfråga innan Sveriges trävaruexport skulle känna av kriget.[29]

Norrlands andel av Sveriges produktion av sågade trävaror minskade successivt efter sekelskiftet. Vid krigsutbrottet 1914 var andelen 60% mot 70% vid seklets början.[30] Även i Gävleborgs län gick produktionen tillbaka. Bottennivån nåddes 1909 - storstrejksåret - då produktionen var knappt hälften jämfört med år 1900. Tillbakagången var relativt sett större i Gävleborgs län än i riket som helhet under detta år. Förklaringen kan vara att den fackliga anslutningen och kampviljan var större vid storsågarna längs södra Norrlandskusten än vid småsågarna längre söderut i landet samt vid de större sågverken i norra Norrland. Till saken hör också att sågverksarbetarnas tidiga fackliga strävanden i mångt och mycket utgick ifrån Gävleborgs län och kanske framför allt ifrån Gävle, en tradition som bibehölls under lång tid. I Svenska sågverksindustriarbetareförbundets sista förbundsstyrelse 1948, kom nio av sjutton ledamöter från Gävleborgs län.[31] Året därefter gick man upp i Träindustriarbetareförbundet och Gävleborgs läns dominans kom därmed att minska. (För en mer utförlig redogörelse över sågverksarbetarnas fackliga organisering hänvisas till kapitel 6.)

## Produktionen

Tillverkningen vid de större sågarna i länet gick alltså kraftigt tillbaka under storstrejksåret. Vid Korsnäs producerades t.ex. endast 1/3 av 1908 års produktion. Även vid andra sågverk var produktionsnedgången betydande. I någon mån kompenserades bortfallet genom en betydande produktionsökning året efter.

De små och medelstora sågverken uppvisar en mer skiftande bild. Dessa verk kunde hålla tillverkningen uppe förvånansvärt bra. Många kunde t.o.m. öka produktionen. Detta gällde framför allt sågverken i norra inlandsområdet. I Alfta och Edsbyn ökade även förhållandevis stora sågverk produktionen, t.ex. Runemo såg. Det är möjligt att de mindre sågarna under storstrejksåret tog över en (mindre) del av storsågverkens

---

[29]Hallberg, a.a., s.220f.

[30]Hammarland, a.a., diagram 2.

[31]Olsson & Lindström, 1953, s.499.

produktion. Legosågningen förefaller också ha ökat och tillverknings-
uppgifter redovisas för sågverk som tidigare har saknats i källmaterialet.
Det är med andra ord inte helt osannolikt att företag, som var indragna i
konflikten, försökte lägga ut en del av sågningen vid små och medelstora
sågar där den fackliga aktiviteten var lägre.[32] Om detta vittnar inte minst
uppgifter från fem sågverk i Gävledistriktet som lämnade uppgifter 1909,
men inte året dessförinnan. Ett par av dessa svarade för en ganska ansen-
lig produktion under 1909.

### Sågverksindustrin i Gävleborgs län 1908-1912

Primärmaterialet redovisar 169 sågverk (inklusive kombinerade sågverk
och tegelbruk, sågverk och snickerier etc.) i länet för denna period. Av
dessa nådde 75 st. över den stipulerade produktionen om 1 000 m³ under
minst tre av fem år (figur 5.2). Även under denna period satte Söder-
hamnsdistriktet sin prägel på länets sågverksindustri. Av tio sågverk med
en produktion av minst 25 000 m³ per år, låg sex i Söderhamnsdistriktet
(Ala, Askesta, Marma, Långrör, Källskär och Mariehill/Grundvik). Öv-
riga fyra låg i Hudiksvallsdistriktet (Håstaholmen), Gävledistriktet
(Korsnäs och Norrsundet) och i Ljusdalsdistriktet (Hybo). Tillverkningen
i Söderhamnsdistriktet hade, trots dominansen, minskat sedan 1890-talet.
Flera sågverk hade tillfälligt eller definitivt lagts ned och vid andra hade
produktionen gått kraftigt tillbaka.

Överhuvudtaget minskade antalet storsågar under 1900-talets första år-
tionde. Tillbakagången under perioden var till största delen en tillbaka-
gång för kustsågarna och städernas sågverk. Expansionen för inlands-
distriktens små och medelstora sågverk är intressant, samtidigt som den
är svår att förklara. Det är möjligt att den lokala marknaden växte vid
denna tid. Bl.a. skedde en viss kolonisation i skogsbygderna under statligt
överinseende, och genom denna och egnahemsrörelsen kan småsågverken
ha gynnats. Storsågarna vid kusten låg på för långt avstånd och var i för-
sta hand inriktade på export. Man kan heller inte utesluta att det helt en-
kelt blev mer fördelaktigt ur kostnadssynpunkt att förlägga tillverkningen
på längre avstånd från kusten, där konkurrensen om arbetskraft var
större.

---

[32]För en fördjupad diskussion av detta, se kapitel 6.

Figur 5.2   SÅGVERK I GÄVLEBORGS LÄN
1908 - 12

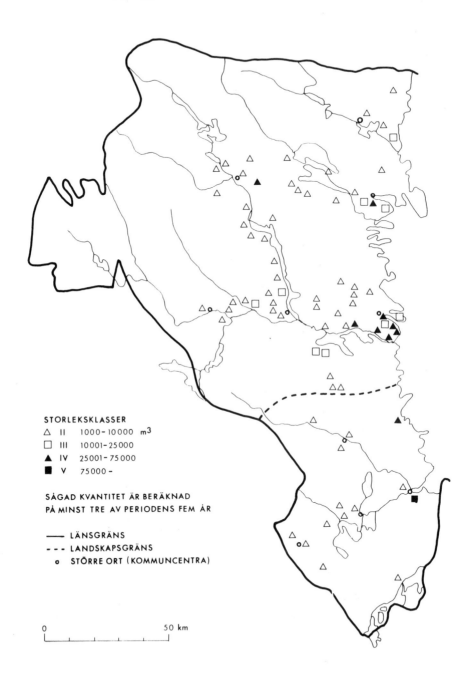

STORLEKSKLASSER

△ II   1000-10000 m³
□ III  10001-25000
▲ IV   25001-75000
■ V    75000 -

SÅGAD KVANTITET ÄR BERÄKNAD
PÅ MINST TRE AV PERIODENS FEM ÅR

——— LÄNSGRÄNS
- - - LANDSKAPSGRÄNS
 ○ STÖRRE ORT (KOMMUNCENTRA)

0 ⊢⊢⊢⊢⊢⊢⊣ 50 km

Nettotillskottet av nya jobb inom sågverksindustrin i länet var under denna period 691. Av detta antal utgjorde ökningen i in situ-företag 571, eller 85%. Nettoökningen var totalt sett kraftigast i norra inlandsområdet. En måttligare tillväxt uppvisar kustområdet, medan sysselsättningen i södra inlandsområdet var i det närmaste oförändrad.

Gävle har under denna period ett nettotillskott av 664 jobb. Merparten av nytillskottet förklaras av Korsnäs-Marmas etablering i Bomhus. Samtidigt visar in situ-balansen ett plus på 207 jobb.

I Söderhamn sker en liten tillväxt i in situ-företagen, vilket dock inte uppvägs av den kraftiga tillbakagången i balansen avgående/tillkommande företag. Totalt tillkommer fem arbetsställen i Söderhamn med 162 anställda under perioden. Samtidigt försvinner fyra relativt stora arbetsställen (Djupvik 2 st., Ljusne, Lervik och Storsjö sågverk) och med dem totalt 820 jobb.

Även i Hudiksvall sker ett nettotillskott av jobb. Av dessa är 63% nyskapade och totalt tillkommer sju nya sågverk medan fyra försvinner ur materialet. I Nordanstig sker en kraftig avtappning av antalet arbetstillfällen vilket framför allt hänger samman med nedläggningen av den stora sågen i Gnarp. Till detta kommer också en negativ balans i in situföretagen.

I södra inlandsområdet är utvecklingen under perioden tämligen stabil. Nettovinsten är marginell. I norra inlandsområdet sker en kraftig tillväxt av antalet jobb inom sågverksindustrin under perioden. Nettotillskottet för hela området är drygt 500 jobb, merparten tillskapade i tillkommande företag.Under perioden 1896/1900 arbetade 77% av länets sågverksarbetare vid sågverk i kustområdet (17% i norra inlandsområdet, 6% i södra inlandsområdet).Perioden 1908/12 var motsvarande andelar kustområdet 72%, norra inlandsområdet 23% och södra inlandsområdet 5%. Även produktionssiffrorna följde i stora drag denna fördelning. Totalt producerades ca 963 000 m$^3$ sågad vara i genomsnitt per år under perioden 1896/1900. Av denna produktion svarade kustområdet för 79%, norra inlandsområdet för 17% och södra inlandsområdet för 4%. Under perioden 1908/12 var årsproduktionen genomsnittligt lägre, 798 000 m$^3$. Av denna produktion svarade kustområdet för 73%, norra inlands-

*Tabell 5.1* Förändring av sysselsättningen inom sågverksindustrin i Gävleborgs län 1896/1900 - 1908/1912 fördelad på bruttokomponenter och olika kommuner/områden. Antal anställda.

| Kommun | Netto | Brutto | In situ Expansion Kontraktion | Tillk. Avgående |
|--------|-------|--------|------------------------------|-----------------|
| Gävle | +664 | +838<br>-174 | +244<br>-37 | +594<br>-137 |
| Söderhamn | -530 | +730<br>-1260 | +568<br>-440 | +162<br>-820 |
| Hudiksvall | +358 | +443<br>-85 | +166<br>-15 | +277<br>-70 |
| Nordanstig | -310 | +47<br>-357 | 0<br>-34 | +47<br>-323 |
| **Hela KO** | +182 | +2058<br>-1876 | +978<br>-526 | +1080<br>-1350 |
| Sandviken | -35 | +50<br>-85 | 0<br>-32 | +50<br>-53 |
| Ockelbo | +5 | +21<br>-16 | 1<br>-16 | +20<br>0 |
| Hofors | +33 | +60<br>-27 | +17<br>0 | +43<br>-27 |
| **Hela SI** | +3 | +131<br>-128 | +18<br>-48 | +113<br>-80 |
| Ljusdal | +198 | +246<br>-48 | +169<br>-10 | +77<br>-38 |
| Bollnäs | +164 | +277<br>-113 | +43<br>-59 | +234<br>-54 |
| Ovanåker | +144 | +144<br>0 | +6<br>0 | +138<br>0 |
| **Hela NI** | +506 | +667<br>-161 | +218<br>-69 | +449<br>-92 |
| **Hela UO** | +691 | +2856<br>-2165 | +1214<br>-643 | +1642<br>-1522 |

området för 22% och södra inlandsområdet för 5%. Som framgår av nedanstående tabell gjorde norra inlandsområdet kraftiga omfördelningsvinster vad gäller sysselsättningen mellan de två undersökningsperioderna.

I tabell 5.2 redovisas dels sysselsättningens förändring i absoluta tal, dels omfördelningstalen. Omfördelningstalen uttrycker skillnaden mellan den faktiska sysselsättningen inom sågverksindustrin i en kommun/ett undersökningsområde vid periodens slut och den sysselsättning som kommunen/undersökningsområdet skulle ha haft om sysselsättningen förändrats i takt med utvecklingen i länet som helhet under perioden.

*Tabell 5.2  Regional omfördelning av sågverksindustrins sysselsättning i Gävleborgs län 1896/1900 - 1908/1912.*

| Kommun | 1896/1900 | 1908/1912 | Absolut differens | Omför- deln.tal |
|---|---|---|---|---|
| Gävle | 540 | 1204 | +664 | +596 |
| Söderhamn | 2678 | 2148 | -530 | -873 |
| Hudiksvall | 403 | 761 | +358 | +306 |
| Nordanstig | 545 | 235 | -310 | -380 |
| **Hela KO** | 4166 | 4348 | +182 | -351 |
| | | | | |
| Sandviken | 138 | 103 | -35 | -53 |
| Ockelbo | 122 | 127 | +5 | -11 |
| Hofors | 70 | 103 | +33 | +24 |
| **Hela SI** | 330 | 333 | +3 | -40 |
| | | | | |
| Ljusdal | 414 | 612 | +198 | +145 |
| Bollnäs | 458 | 622 | +164 | +105 |
| Ovanåker | 27 | 171 | +144 | +141 |
| **Hela NI** | 899 | 1405 | +506 | +391 |
| | | | | |
| Totalt | 5395 | 6086 | +691 | 0 |

Beräkningen sker enligt följande formel:[33]

Omfördelningstal = $gt^2 - (gt^1 * (Gt^2/Gt^1))$

---

[33]Formeln hämtad ur Andersson & Malmberg (red.), 1988, s.30f.

där g=sysselsättningen inom sågverksindustrin i "regionen" (kommun, område)

G=den totala sysselsättningen inom sågverksindustrin i Gävleborgs län.

$t^1$=periodens början

$t^2$=periodens slut.

Totalt omfördelas 1 317 jobb inom sågverksindustrin i Gävleborgs län under perioden 1896/1900 - 1908/12, i första hand från kustområdet till norra inlandsområdet. Annorlunda uttryckt kan utvecklingen sägas ha inneburit en omfördelning från storsågar till små och medelstora sågverk. Norra inlandsområdet hade 391 jobb mer än det skulle ha haft om sysselsättningen inom sågverksindustrin där hade utvecklats som i länet som helhet. På motsvarande sätt kan man konstatera att utvecklingen i kustområdet inneburit att detta område hade 351 jobb färre inom sågverksindustrin än det skulle ha haft om sysselsättningen där hade utvecklats som länet som helhet. Därmed kan vi konstatera en relativt kraftig inomregional omfördelning av arbetstillfällena inom branschen under perioden.

Bland de enskilda kommunerna ser vi att Gävle, Hudiksvall, Ljusdal samt Ovanåker gör relativt kraftiga omfördelningsvinster, medan Söderhamn och Nordanstig uppvisar den motsatta utvecklingen under perioden.

## 5.5 Krig och kriser

Åren omedelbart efter storstrejken och fram till krigsutbrottet 1914 var gynnsamma för svensk sågverksindustri. Exporten ökade och trävarupriserna sköt i höjden. År 1913 kulminerade denna uppgång, men krigsutbrottet 1914 innebar ingen omedelbar omsvängning. Genom att exporten för två av Sveriges främsta konkurrenter, Ryssland och Finland, stängdes av kunde Sverige trots besvärliga och fördyrade havsfrakter hålla exporten uppe. År 1916 var exporten större än före krigsutbrottet. Men en omsvängning kom redan året efter då exporten föll med 40%. Året därpå låg leveranserna till utlandet på sin lägsta nivå sedan 1870-talet. Särskilt hårt drabbades de norrländska sågverken.[34]

Produktionen minskade åren 1917 och 1918 inte lika kraftigt som exporten. En uppgång i utrikesleveranserna kom redan 1919. Detta och

---

[34]Hammarland, a.a., s.78ff samt Hallberg, a.a., s.228 och 245ff.

nästföljande år återfördes den exporterade kvantiteten till förkrigsnivån. Trots exportsvårigheterna förbättrades företagens lönsamhet under dessa år. Priserna steg oavbrutet från 1913 till 1920, samtidigt som arbetslönerna och timmerpriserna sjönk under större delen av perioden.[35]

Under 1919 och 1920 försämrades dock situationen på nytt för sågverksföretagen. Arbetslönerna och råvarukostnaderna steg nu mycket snabbt, och då lagervärdena måste skrivas ned skedde ett kraftigt ras i lönsamheten. Utöver detta kom efterkrigsdepressionen 1921-22 som sågverken gick in i med stora osålda lager. Produktionen skars ned drastiskt med åtföljande stor arbetslöshet. Som mest var fyra av tio medlemmar i Sågverksindustriarbetareförbundet arbetslösa.[36]

Trävaruexporten nådde återigen en bottennivå under depressionen. I jämförelse med 1920 minskade exporten med 46% under 1921. Samtidigt halverades produktionen. Krisen accentuerade sågverksägarnas missnöje med vad arbetarna hade lyckats åstadkomma med hjälp av sina fackliga och politiska organisationer, i form av höjda arbetslöner och förkortad arbetsdag (8-timmarslagen). Vid löneförhandlingarna under lågkonjunkturen gick sågverksägarna och deras arbetsgivarorganisation (Sågverksförbundet) ut med krav på kraftiga lönereduktioner. Sågverksförbundet gick så långt att man i april 1922 valde att lockouta arbetarna för att tvinga fram lönesänkningar på mellan 30 och 50%. Efter fem veckor träffade parterna en överenskommelse som innebar en lönesänkning med drygt 30%.[37]

Krisen för sågverksindustrin blev kortvarig, liksom för övrig industri i början av 1920-talet. Återhämtningen började redan under 1922. Produktionen och exporten steg återigen, men trots att sågverksföretagen - tillfälligtvis skulle det visa sig - lyckades pressa lönerna samtidigt som råvarukostnaderna låg stilla, var företagens lönsamhet sämre än i slutet av 1910-talet. Orsaken var sjunkande försäljningspriser i förhållande till förkrigsåren samt högre arbets- och kapitalkostnader. Sågverken, liksom övrig industri, började nu rationalisera tillverkningen för att på detta sätt öka produktiviteten och lönsamheten.[38] Trots detta var sysselsättningen förhållandevis stabil under resterande delen av 1920-talet, och real-

[35]Hammarland, a.a., diagram 9 och 10 samt Hallberg, a.a., s.242.
[36]Gustafsson, 1962, s.160ff.
[37]Hildebrand, 1962, s.254 och 285 samt diagram 22, s.336f.
[38]Hammarland, a.a., s.82ff och Gustafsson, a.a., s.160ff.

lönerna steg återigen.[39] Med tanke på den relativt dåliga lönsamheten och trots lockouter både 1925 och 1928[40] var 1920-talet ändock en gynnsam period för svensk trävaruindustri. Produktionen och exporten ökade liksom produktiviteten.[41]

## Sågverksindustrin i Gävleborgs län 1922-1926

Sågverksindustrin i Gävleborgs län utvecklades i stort sett i enlighet med det allmänna mönstret för riket, även om det fanns vissa avvikelser. Nedgången 1917-18 var något mer markerad i länet liksom uppgången åren därefter.[42] I slutet av 1920-talet låg rikets totala tillverkning av bräder, plankor och battens på samma nivå som vid sekelskiftet. Länets sågverk nådde däremot inte ens under de bästa produktionsåren under 10- och 20-talen upp till mer än ca 2/3 av tillverkningen år 1900. I källmaterialet kan man notera en ökning av antalet sågverk i länet från 1908/12 till första hälften av 1920-talet då 182 sågverk inlämnade uppgifter till industristatistiken, varav 73 nådde den valda gränsen (figur 5.3).

Det är svårt att bestämt säga om ökningen av det totala antalet sågverk i primärmaterialet återger den faktiska utvecklingen. Uppgången kan ha berott på en förbättrad redovisning till industristatistiken. Om vi litar på källorna finner vi att 1910-talet och första hälften av 1920-talet i första hand innebar en ökning av antalet små sågverk. Detta skedde under en period då de stora exportsågarna åkte berg- och dalbana på konjunkturvågorna.

Antalet sågverk i länet med en tillverkning över 1 000 m³ i genomsnitt var alltså i stort sett oförändrat från föregående period. Bakom siffrorna döljer sig emellertid både nedläggningar och nyetableringar. Hudiksvalls Trävaru AB, under det nya namnet AB Iggesunds bruk, påskyndade under periodens senare del strukturomvandlingen i den norra delen av länet. På sikt skulle flera betydande sågverk avvecklas i denna del av länet, däribland den stora ångsågen i Bergsjö och sågen i Hybo, när Iggesund ytterligare koncentrerade tillverkningen till Håstaholmen i Hudiks-

---

[39] Gustafsson, a.a., s.174f och 182.

[40] Hildebrand, a.a., s.288ff.

[41] Hammarland, a.a., diagram 2 och s.82f.

[42] SOS Industri.

Figur 5.3   SÅGVERK I GÄVLEBORGS LÄN
1922-26

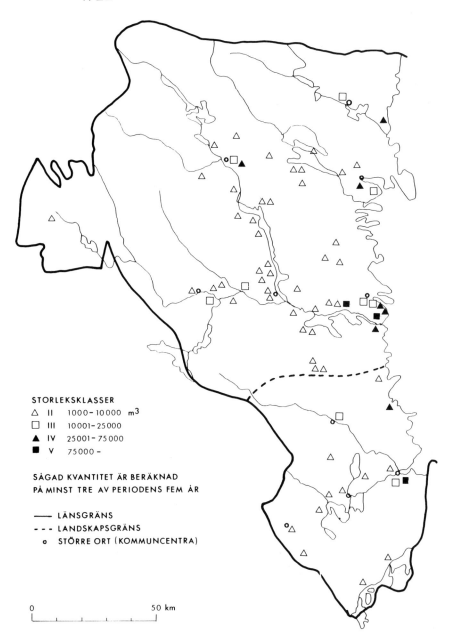

STORLEKSKLASSER

△  II    1000-10000  m³
□  III   10001-25000
▲  IV   25001-75000
■  V    75000 -

SÅGAD KVANTITET ÄR BERÄKNAD
PÅ MINST TRE AV PERIODENS FEM ÅR

——— LÄNSGRÄNS
- - - LANDSKAPSGRÄNS
o  STÖRRE ORT (KOMMUNCENTRA)

0                    50 km

vall. Också på andra håll i länet genomförde de stora bolagen omfattande omstruktureringar.

Trots stora strukturförändringar och en alltmer koncentrerad drift i Söderhamnsdistriktet var detta område fortfarande hjärtat i länets sågverksindustri. En viss återhämtning från tillbakagången i början av seklet kan t. o. m. noteras. Denna återhämtning är intressant mot bakgrund av exportsvårigheterna under kriget och den djupa krisen i början av 1920-talet. Storsågverken i denna länsdel klarade uppenbarligen konjunktursvängningarna förhållandevis bra. Man skönjer dock början till en mer omfattande strukturomvandling, med nedläggningar av mindre lönsamma enheter och en ytterligare koncentration av driften till färre arbetsställen.

Ser man till antalet sågverk hade kustområdet sedan 1908/12 gått något tillbaka i förhållande till inlandet. Detta uppvägdes i någon mån av att kustsågarna hade ökat tillverkningen. Sågverksindustrin i norra inlandsområdet växte och Ljusdalsdistriktet hade under denna period nästan lika många sågverksarbetare som Hudiksvallsdistriktet.

På det hela taget innebar perioden 1912-26 inga större förskjutningar mellan länets regioner, även om kustsågarna gick något tillbaka i förhållande till inlandssågarna. Sammanfattningsvis kan man säga att perioden kännetecknas av: en viss återhämtning inom traditionella sågverksdistrikt, en viss ytterligare expansion för medelstora sågar i inlandet samt en fortsatt dominans för kusten och Hälsingland.

*Komponentanalys - 1908 / 1912 - 1922 / 1926*

Under ovanstående period minskar antalet jobb med drygt 600 i undersökningsområdet. Den negativa balansen är något större bland in situ-företagen än för tillkommande/avgående företag. Den kraftigaste tillbakagången sker i kustområdet, framför allt i Gävle och Söderhamn. I Gävle sker kraftiga neddragningar i in situ-företagen medan minskningen i Söderhamn är jämt fördelad mellan in situ- och tillkommande/avgående företag. Även under denna period sker blott marginella förändringar i södra inlandsområdet. En liten ökning av antalet jobb kan dock noteras. I norra inlandsområdet sker en nettoökning av antal arbetstillfällen, framför allt i Ovanåker. Ökningen sker här i första hand i in situ-företagen. I

112

*Tabell 5.3*  *Förändring av sysselsättningen inom sågverksindustrin i*
*Gävleborgs län 1908/1912 - 1922/26 fördelad på*
*bruttokomponenter och olika kommuner/områden. Antal*
*anställda.*

| Kommun | Netto | Brutto | In situ Expansion Kontraktion | Tillk. Avgående |
|--------|-------|--------|-------------------------------|------------------|
| | | +136 | 0 | +136 |
| Gävle | -298 | -434 | -399 | -35 |
| | | + 699 | +334 | +365 |
| Söderhamn | -354 | -1053 | -509 | -544 |
| | | +125 | +82 | +43 |
| Hudiksvall | -91 | -216 | -51 | -165 |
| | | +72 | +72 | 0 |
| Nordanstig | +25 | -47 | 0 | -47 |
| | | +1032 | +488 | +544 |
| **Hela KO** | -718 | -1750 | -959 | -791 |
| | | +64 | +33 | +31 |
| Sandviken | +42 | -22 | 0 | -22 |
| | | +22 | +22 | 0 |
| Ockelbo | -33 | -55 | 0 | -55 |
| | | +52 | +37 | +15 |
| Hofors | +22 | -30 | -30 | 0 |
| | | +138 | +92 | +46 |
| **Hela SI** | +31 | -107 | -30 | -77 |
| | | +142 | +83 | +59 |
| Ljusdal | +44 | -98 | -52 | -46 |
| | | +106 | +25 | +81 |
| Bollnäs | -115 | -221 | -153 | -68 |
| | | +168 | +118 | +50 |
| Ovanåker | +145 | -23 | 0 | -23 |
| | | +416 | +226 | +190 |
| **Hela NI** | +74 | -342 | -205 | -137 |
| | | +1586 | +806 | +780 |
| **Hela UO** | -613 | -2199 | -1194 | -1005 |

*Tabell 5.4  Regional omfördelning av sågverksindustrins sysselsättning i*
*Gävleborgs län 1908/1912 - 1922/1926.*

| Kommun | 1908/1912 | 1922/1926 | Absolut differens | Omför-deln.tal |
|---|---|---|---|---|
| Gävle | 1204 | 906 | -298 | -176 |
| Söderhamn | 2148 | 1794 | -354 | -138 |
| Hudiksvall | 761 | 670 | -91 | -14 |
| Nordanstig | 235 | 260 | +25 | +49 |
| **Hela KO** | 4348 | 3630 | -718 | -280 |
| | | | | |
| Sandviken | 103 | 145 | +42 | +52 |
| Ockelbo | 127 | 94 | -33 | -20 |
| Hofors | 103 | 125 | +22 | +32 |
| **Hela SI** | 333 | 364 | +31 | +65 |
| | | | | |
| Ljusdal | 612 | 656 | +44 | +106 |
| Bollnäs | 622 | 507 | -115 | -52 |
| Ovanåker | 171 | 316 | +145 | +161 |
| **Hela NI** | 1405 | 1479 | +74 | +215 |
| | | | | |
| **Totalt** | **6086** | **5473** | **-613** | **0** |

Bollnäs sker dock en nettominskning, framför allt i in situ-företagen. I Ljusdal sker en liten tillväxt i båda kategorierna.

Den tendens till omfördelning av jobb inom sågverksindustrin från kustområdet till inlandsområdet som noterades mellan de två första undersökningsperioderna stod sig även fram till den tredje undersökningsperioden i mitten av 20-talet. Både norra inlandsområdet och södra inlandsområdet gör omfördelningsvinster medan kustområdet uppvisar en omfördelningsförlust. Särskilt kraftig är omfördelningsförlusten för Gävle och Söderhamn medan Ljusdal och Ovanåker även under denna period gör relativt kraftiga omfördelningsvinster.

Före ingången till 1930-talet innehar, trots delvis kraftiga omfördelningsförluster, kustområdet tätpositionen i länets sågverksindustri. Den gamla industrins lokalisering ligger fortfarande fast, men det har också skett förändringar. Sågverksindustrins tillväxt i områden utan industriell tradition, i första hand Ovanåker, är intressant att notera.

Vid sekelskiftet dominerade tre distrikt länets sågverksindustri; Söderhamn, Gävle och Hudiksvall. Tillsammans sysselsatte sågverken i dessa tre distrikt drygt 70% av länets sågverksarbetare. I Gävledistriktet svarade två storsågar - Norrsundet och Korsnäs - för 60% av sysselsättningen inom sågverksindustrin. Storsågverken i Söderhamnsdistriktet svarade för 80% av sysselsättningen inom branschen.

## 5.6 30-talet och sågverksdöden

Den världsomspännande krisen vid övergången till 30-talet slog hårt mot den svenska industrin. Exporten och lönsamheten minskade och många företag permitterade sina anställda. Världsexporten av trävaror gick kraftigt tillbaka fr.o.m. 1930. Bottennivån nåddes 1932, då den internationella trävaruhandeln låg 40% under toppåren i slutet av 1920-talet. Många länder införde också tullar och vidtog andra åtgärder som på det hela taget försvårade handelsutbytet. Världshandeln med trävaror låg under hela 30-talet långt under 20-talets nivå.

Sverige fick som betydande trävaruexportör givetvis känning av konjunkturnedgången och protektionismen. Därtill kom att Sovjetunionen ytterligare ökade sin export av trävaror och Sverige trängdes därmed tillbaka på vissa marknader. Den export som ägde rum skedde till kraftigt reducerade priser. Försäljningen på den inhemska marknaden gick visserligen inte tillbaka under krisåren men företagen drabbades ändå av överproduktion och prisfall. Samtidigt började det bli ont om råvara och när tillverkningskostnaderna ökade kunde sågverksföretagen inte hålla produktionen uppe på den tidigare höga nivån. Medan vissa sågverk minskade tillverkningen och permitterade arbetarna tvingades andra lägga ned tillverkningen helt och hållet. En omfattande "sågverksdöd" blev följden. Särskilt hårt drabbades företag som saknade egna skogar.[43] Produktionsvolymen föll med drygt 30% från 1929 till 1933.

*Hemmamarknadsexpansion*

Vid mitten av 30-talet hade sågverksindustrin mer än väl återhämtat sig från nedgången, men krisen fick stora konsekvenser. Dels gick exporten

---

[43] Sandin, 1951, s.303ff och Hammarland, a.a., s.89ff.

tillbaka medan försäljningen på hemmamarknaden ökade och dels minskade sysselsättningen. Ca 46 000 arbetare var i slutet av 20-talet sysselsatta inom sågverksindustrin i landet.[44] Tio år senare var siffran knappt 30 000. Det innebar att endast 5% av landets industrisysselsatta arbetade inom sågverksindustrin, mot 10% i slutet av 20-talet. Sysselsättningsminskningen var en effekt både av nedläggningar och av rationaliseringar i de kvarvarande verken.[45] Dessutom drabbades den norrländska sågverksindustrin betydligt hårdare än sågverksindustrin i mellersta och södra Sverige. Produktionen i Norrland minskade med 20% och arbetarantalet med drygt 30%. Hela skogsnäringen i Norrland omdanades. Dels ökade storbolagens dominans och dels gick massa- och pappersindustrin framåt. Under 30-talet tillväxte också snickeriindustrin kraftigt.[46]

Etableringen av cirkelsågar under 30-talet kunde inte helt uppväga den produktionsminskning som orsakades av ramsågverkens "avsomnande". Det var bolag med eget kapital och egna skogar som bäst klarade krisen. Skogsbolagen var f. ö. inte längre lika beroende av sågverksrörelsen som tidigare, efter de stora satsningar som gjorts inom massaindustrin. Därigenom kunde också sågavfallet tillvaratas på ett mer rationellt sätt i andra av bolagen bedrivna verksamheter. Den gamla arbetskrävande småvirkeshanteringen ersattes av flisning till cellulosa- och boardindustrin. Produktionen vidgades också till att omfatta trähusfabrikation och snickeriindustri, och man spred på detta vis riskerna på flera olika marknader. De stora bolagen var finansiellt tillräckligt starka för att kunna genomdriva de moderniseringar av sågverken som behövdes för att öka avsättningen och lönsamheten.[47]

Produktionen per arbetstimme steg från början av 30-talet och företagens arbetskostnader i procent av trävarupriserna minskade efter 1930.[48] Vid de sågverk som överlevde krisen ökade produktionen och lönsamheten.[49] Mycket tyder på att det främst var de medelstora sågarna,

---

[44]Hammarland, a.a., diagr. 2 och s.90.

[45]Dahmén, 1950, s.169. Se också Gustafsson, a.a., s.160ff.

[46]Hammarland, a.a., s.91 och Dahmén, a.a., s. 308 och 250ff.

[47]Dahmén, a.a., s.310. Hammarland, a.a., s.92ff och Sandin, 1951, s.319.

[48]Hammarland, a.a., diagram 7, 9 och 11 samt s.66 och 93.

[49]a.a., s.93 samt Dahmén, a.a., s.310.

utan eller med obetydligt skogsinnehav, som slogs ut i början av 30-talet.[50]

*Arbetslöshet*

Efter sågverksdöden i början av årtiondet växte det successivt fram en ny sågverksindustri i landet. För sågverksarbetarna var detta emellertid en svår period med stor arbetslöshet och till en början sänkta reallöner.[51] Totalt under perioden 1930-36 miste drygt 5 000 sågverksarbetare sina arbeten.[52] Under krisåren i början av 30-talet var 40% av Sågverks-industriarbetareförbundets medlemmar arbetslösa. År 1933 var siffran 30%, vilket var betydligt högre än inom andra fackförbund.[53]

Den växande hemmamarknaden och produktionsökningen förbättrade dock läget framemot mitten av årtiondet. Ändock var antalet arbetslösa inom fackförbundet fortfarande på hösten 1938 drygt 30%. Man bör då komma ihåg att säsongarbetslösheten ännu på 30-talet var av stor omfattning inom sågverksindustrin. Först under andra världskriget försvann den stora arbetslösheten inom branschen.[54]

## Sågverksindustrin i Gävleborgs län 1936-1940

Produktionen inom sågverksindustrin i Gävleborgs län sjönk med 30% från 1929 till 1931/32. Men redan 1935 låg produktionen på en nivå som kan jämföras med sekelskiftets första år. Återhämtningen gick alltså mycket snabbt om man endast ser till produktionssiffrorna. För de anställda innebar 30-talet emellertid både att arbetstillfällena inom branschen blev färre och att arbetet - genom mekaniseringar och rationaliseringar - förändrades. Sågverken var helt enkelt inte längre samma typ av arbetsplats. Borta var exempelvis kolningen och småvirkeshan-

---

[50]Hammarland, a.a., s.92.

[51]Gustafsson, a.a., diagram 17-18 och s.182.

[52]a.a., s.167ff.

[53]a.a., s.174.

[54]a.a., s.173-174. Enligt en undersökning 1936 inom Sågverksförbundet var 1/3 av arbetsstyrkan vid sågverken i Norrland säsongarbetare. Se också a.a., s.179.

teringen. Själva sågningsarbetet, liksom andra arbeten i sågverk och hyvlerier, förändrades och arbetskraft inbesparades.[55]

Konsekvenserna av sågverkskrisen och den efterföljande moderniseringen av driften, blev att drygt 50 sågverk försvann i Gävleborgs län mellan perioderna 1922/26 och 1936/40 (i antal en minskning från 189 till 137). Under 30-talet började dock små, ofta ambulerande cirkelsågar att växa fram.[56] Dessa sågar etablerades av handlande, bönder och arbetare m. fl. Härtill bidrog bl.a. lastbilstrafikens genombrott liksom en förbättrad sågningsteknik som höjde virkeskvaliteten i nivå med den vid ramsågverken. Det var också förhållandevis låga kostnader förenade med att driva en cirkelsåg och arbetskraftsbehovet var begränsat även vid en komplett cirkelsåg med klyvsåg och kantverk.[57]

Den livliga byggnadsverksamheten under 30-talet gjorde det möjligt för cirkelsågarna att tränga in på hemmamarknaden, i första hand lokalt. Koncentrationen av driften till stora ramsågverk vid kusten, som främst var inriktade på exportmarknaden, gav ett vidgat utrymme för dessa mindre sågar, särskilt i inlandsregionerna.[58]

52 sågverk uppnådde under perioden 1936/40 den valda gränsen, vilket var 21 färre än under perioden 1922/26 (figur 5.4). Trots avtappningen av antalet sågverk och en reducering av arbetarantalet med 40% sedan mitten av 20-talet var totalproduktionen 30% större i slutet av 30-talet än vid mitten av 20-talet. Av detta insågs lätt att det måste ha skett en avsevärd produktivitetsökning i de kvarvarande stora och medelstora sågverken.

"Sågverksdöden" gick hårdast fram i Söderhamnsdistriktet. Sågverksindustrins andel av distriktets industrisysselsatta minskade från 60% till 30% under en tioårsperiod.[59] Inom loppet av några år, vid övergången mellan 20- och 30-talen, försvann över 1 000 arbetstillfällen i området. I de kvarvarande storsågarna i distriktet - Ala, Ljusne och Marma - skedde samtidigt moderniseringar som bidrog till sysselsättningsminskningen. Reduktionen i Söderhamn svarade för drygt 50% av tillbakagången på arbetskraftssidan i länet.

---

[55]a.a., s.164f och Dahmén, a.a., s.170.

[56]Se bl a Wik, a.a., s.309-314 samt Käller, 1979.

[57]Dahmén, a.a., s.305f. Om olika sågningsteknik se Svensk skogsindustri i omvandling, s.134f. Se alternativt Thunell, 1959.

[58]Dahmén, a.a., s.30.

[59]Sommestad, 1982, s.30.

Figur 5.4  SÅGVERK I GÄVLEBORGS LÄN
1936-40

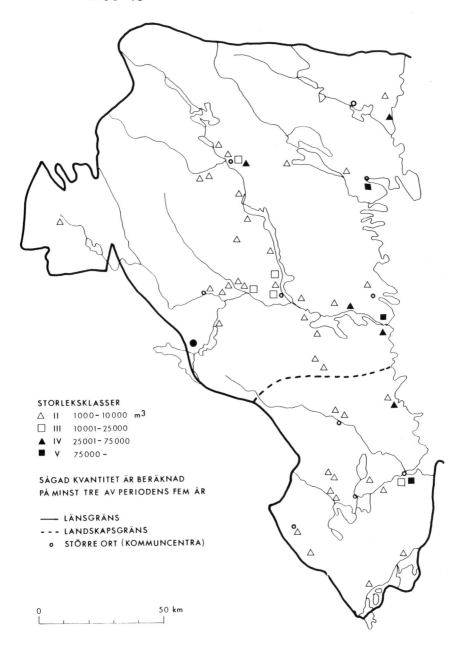

STORLEKSKLASSER
△  II    1000-10000  m³
☐  III   10001-25000
▲  IV   25001-75000
■  V    75000-

SÅGAD KVANTITET ÄR BERÄKNAD
PÅ MINST TRE AV PERIODENS FEM ÅR

——— LÄNSGRÄNS
- - - LANDSKAPSGRÄNS
  o  STÖRRE ORT (KOMMUNCENTRA)

0          50 km

Främst var det medelstora och stora sågar som slogs ut. Kustsågarna drabbades dessutom hårdare än inlandssågarna. Det fanns säkerligen utrymme för och goda skäl till att i första hand lägga ned gamla enheter här. Det är därför troligt att kustområdet i slutet av 30-talet hade en modernare sågverksindustri än inlandsregionerna. Trots en tillbakagång även i inlandsdistrikten ökade dessa sin andel av länets sågverksarbetare.

## Komponentanalys - 1922/1926 - 1936/1940

Perioden 1922/26 - 1936/40 karakteriseras av kraftiga sysselsättningsminskningar inom sågverksindustrin i hela undersökningsområdet. Totalt försvinner drygt 2 200 jobb inom branschen under perioden. Drygt 63% av minskningen härrör från en negativ balans mellan tillkommande/ avgående företag. Söderhamn svarar ensamt för 52% av tillbakagången, framför allt på grund av nedläggningar. Även i Hudiksvall sker tillbakagången främst genom nedläggningar av sågverk medan minskningen i Gävle främst sker inom in situ-företagen. I Nordanstig, som enda distrikt i undersökningsområdet, ökar antalet jobb.

Även i norra inlandsområdet minskar antalet jobb relativt kraftigt, närmare bestämt med 463 arbetstillfällen. Tillbakagången är kraftigast i Ljusdal (in situ-företagen) och i Bollnäs (avgående företagen). I Ovanåker är tillbakagången tämligen måttlig.

Även under denna period, som i mycket karakteriseras av en kraftig omstrukturering inom sågverksindustrin med driftsinskränkningar och "sågverksdöd" som följd, bibehålls den tendens som gjort sig gällande även under tidigare undersökta perioder, nämligen en omfördelning av jobb inom sågverksindustrin från kustområdet till inlandsområdena, särskilt norra inlandsområdet. Ser vi till de enskilda kommunerna är omfördelningsförlusterna ganska måttliga i tre av fyra "förlustkommuner" medan Söderhamn även under denna period vidkänns en kraftig omfördelningsförlust. Största omfördelningsvinsterna gör kommunerna Nordanstig, Gävle, Bollnäs och Ovanåker.

*Tabell 5.5*  *Förändring av sysselsättningen inom sågverksindustrin i*
*Gävleborgs län 1922/26 - 1936/40 fördelad på*
*bruttokomponenter och olika kommuner/områden.*
*Antal anställda.*

| Kommun | Netto | Brutto | In situ Expansion Kontraktion | Tillk. Avgående |
|--------|-------|--------|-------------------------------|-----------------|
| Gävle | -260 | +110 -370 | +53 -249 | +57 -121 |
| Söderhamn | -1149 | +17 -1166 | +17 -409 | 0 -757 |
| Hudiksvall | -226 | +18 -244 | +6 -11 | +12 -233 |
| Nordanstig | +19 | +91 -72 | +76 0 | +15 -72 |
| **Hela KO** | -1616 | +236 -1852 | +152 -669 | +84 -1183 |
| Sandviken | -63 | +46 -109 | +4 -36 | +42 -73 |
| Ockelbo | -14 | +15 -29 | 0 -9 | +15 -20 |
| Hofors | -64 | 0 . -64 | 0 -49 | 0 -15 |
| **Hela SI** | -141 | +61 -202 | +4 -94 | +57 -108 |
| Ljusdal | -281 | +19 -300 | +5 -227 | +14 -73 |
| Bollnäs | -128 | +166 -294 | +81 -10 | +85 -284 |
| Ovanåker | -54 | +58 -112 | +9 -8 | +49 -104 |
| **Hela NI** | -463 | +243 -706 | +95 -245 | +148 -461 |
| **Hela UO** | -2220 | +540 -2760 | +251 -1008 | +289 -1752 |

*Tabell 5.6*   *Regional omfördelning av sågverksindustrins sysselsättning i*
            *Gävleborgs län 1922/1926 - 1936/1940.*

| Kommun | 1922/1926 | 1936/1940 | Absolut differens | Omför- deln.tal |
|---|---|---|---|---|
| Gävle | 906 | 646 | -260 | +107 |
| Söderhamn | 1794 | 645 | -1149 | -421 |
| Hudiksvall | 670 | 444 | -226 | +46 |
| Nordanstig | 260 | 279 | +19 | +124 |
| **Hela KO** | 3630 | 2014 | -1616 | -144 |
| | | | | |
| Sandviken | 145 | 82 | -63 | -4 |
| Ockelbo | 94 | 80 | -14 | +24 |
| Hofors | 125 | 61 | -64 | -13 |
| **Hela SI** | 364 | 223 | -141 | +7 |
| | | | | |
| Ljusdal | 656 | 375 | -281 | -15 |
| Bollnäs | 507 | 379 | -128 | +78 |
| Ovanåker | 316 | 262 | -54 | +74 |
| **Hela NI** | 1479 | 1016 | -463 | +137 |
| | | | | |
| **Totalt** | **5473** | **3253** | **-2220** | **0** |

## Ett nytt lokaliseringsmönster?

Järnvägs- och landsvägsnätets utbyggnad, sågnings- och brädgårds-
teknikens förbättring, elektricitetens definitiva genombrott, arbetar-
rörelsens starka position, en minskad råvarutillgång samt bankernas och
storbolagens ökade inflytande över landets näringsliv gjorde det allt
svårare att driva sågverksindustrin med ett lokaliseringsmönster med
rötter i 1800-talets början. Driften koncentrerades nu till några få stora
enheter, vilka moderniserades och kombinerades med snickeri-, massa-
och/eller boardfabriker. Därigenom blev det möjligt att på ett bättre sätt
tillvarata råvaran och avfallet. Samtidigt kunde företagen lättare lösa
finansieringsfrågan vid driftens mekanisering, vid förvärv av ny skogs-
mark, köp av fartyg och vid utbyggnaden av hamnar. Sågverksnäringen
behövde, för att kunna hävda sig på den internationella marknaden, kasta
ut gamla produktionsmetoder, tekniker och företagskonstellationer som

hängt med sedan 1800-talet. På lång sikt var detta nödvändigt. Om strukturomvandlingen hade genomförts successivt under en längre period hade konsekvenserna kunnat mildras. Nu skedde allt detta inom loppet av ett årtionde, varvid människor och orter drabbades mycket hårt.

I områden där sågverksindustrin etablerats under 1900-talet skördade 30-talet inte lika många offer. I exempelvis Ovanåker i norra inlandsområdet blev sågverkskrisens verkningar tämligen måttliga. Delvis berodde detta på att sågverken kombinerades med en omfattande snickeriindustri.[60] Överhuvudtaget innebar 20- och 30-talen ett uppsving för snickeriindustrin i länet. I Ljusdal fanns exempelvis 1939 hela tio snickerifabriker och i Ovanåker (Edsbyn) hade antalet anställda i snickeriindustrin ökat från ett 90-tal i mitten av 20-talet till ca 330 i slutet av 30-talet, i Ovansjö fanns sex fabriker med 100 anställda osv. Uppenbarligen blev denna industri räddningen för många orter och kanske hela bygder när sågverksindustrin delvis kapsejsade. Snickerierna, som oftast var enskilt ägda familjeföretag, kunde tillfredsställa hemmamarknadens ökade efterfrågan på byggnadsmaterial och inredningsdetaljer.

Snickeriindustrin, som helhet betraktad, hör till de snabbast expanderande industribranscherna under mellankrigstiden. Arbetarantalet liksom produktionen steg i alla delbranscher. Inom byggnadssnickeriindustrin lanserades många nya produkter. Monteringsfärdiga hus var visserligen ingen direkt nyhet, men de typer som började tillverkas under 20-talet var av ett annat slag. Den avgörande nyheten låg kanske snarast på distributionssidan.[61]

Även i Söderhamnsdistriktet skapades nya arbetstillfällen vid 20-talets början (t.ex. Ljusne plywoodfabrik och Ljusne wallboardfabrik) samtidigt som massaindustrin gick framåt. Sågverksindustrins tillbakagång var dock av sådan omfattning att den inte kunde uppvägas av tillkomsten av nya industrier eller en utvidgning av de gamla. Längs kusten, i de traditionella bolagsområdena, ökade i stället koncentrationen.

Den modernisering som många av de kvarvarande sågverken genomgick under 30-talet berörde alla tillverkningsled. Barkningen effektiviserades och sågarna automatiserades. Sorteringsverken förbättrades i hög grad och brokranar och andra transportanordningar vid timrets intagning

---

[60]Om snickeriindustrins utveckling i Sverige under mellankrigstiden se Dahmén, a.a., s.250ff.
[61]a.a., s.137.

i sågverken och i brädgårdarna infördes. Den svenska trävaruindustrin kunde tack vare nya innovationer hävda sig tämligen väl på världsmarknaden under 30-talet, trots att träet under perioden i hög grad kom att ersättas med andra material (produkter som t.ex. gruvstolpar till de engelska kolgruvorna gick tillbaka på grund av en övergång till betongstolpar osv.). Som helhet betraktad var dock sågverksindustrin vid mellankrigstidens början, liksom vid dess slut, präglad av outnyttjad kapacitet.[62]

Överhuvudtaget skedde under mellankrigstiden en spridning av industrin, då framför allt landsbygd och mindre tätorter i södra delen av Sverige visade en snabbare relativ tillväxt än tidigare starkt industrialiserade orter. Snickeriindustrins expansion i t.ex. norra inlandsområdet var en del i detta mönster. Såväl nybildning som nedläggning kom att gynna landsbygd och orter med mindre än 10 000 invånare. Industrisysselsättningens utveckling vid denna tid följer i storstäderna befolkningsutvecklingen medan den starkt överstiger densamma i landsbygdsområdena.[63]

Innebar då 30-talets kraftiga strukturförändringar inom sågverksindustrin i Gävleborgs län att branschen definitivt bröt sig ur det gamla industrilokaliseringsmönster som redogjorts för tidigare? Både ja och nej. Ja, därför att det skedde relativt kraftiga omfördelningar mellan de traditionella sågverksdistrikten och de relativt nyetablerade, där tillbakagången i Söderhamnsdistriktet är särskilt iögonenfallande. Nej, därför att sågverksindustrins viktigaste produktionsområden fortfarande utgjordes av just de traditionella områdena. Expansionen i de nya områdena efter sekelskiftet och den kraftiga nedgången i de äldre, innebär dock inte att vi kan påstå att ett äldre lokaliseringsmönster har brutits upp. Vi skall också komma ihåg att det, trots omfattande nedläggningar, fortfarande många små sågar fanns kvar. Många av dessa verk drevs i enlighet med en äldre arbetsordning - säsongbunden drift i kombination med jordbruk.

## 5.7 Andra världskriget och efterkrigskonjunkturerna

Under 30-talet hade sågverkens försäljning på den inhemska marknaden ökat samtidigt som exporten gått tillbaka. Växlingarna i exporten var

---

[62]a.a., s.169f.

[63]Andersson, m.fl., 1983, efter Dahmén, a.a., s.351 tabell 22 a-b samt s.346 tabell 21.

också betydande i slutet av 30-talet. Produktionen höll sig under dessa år trots detta på en hög nivå. Den inhemska marknaden ökade sin andel från 20-30% i slutet av 20-talet till omkring 50% ett årtionde senare.[64] Kriget förstärkte denna tendens då Sverige avstängdes från viktiga exportmarknader. I någon mån kompenserades bortfallet på de traditionella marknaderna (däribland Storbritannien) av en ökad export till Tyskland, en ökad inhemsk konsumtion samt en omfattande lageruppbyggnad i slutet av kriget.[65] Produktionsvolymen minskade dock, särskilt under de första krigsåren. Lageruppbyggnaden i slutet av kriget innebar att Sverige omedelbart efter det att fredsfördraget hade slutits kunde öka exporten. Efter ett par besvärliga år därefter nådde exporten förkrigsnivån i början av 50-talet.[66]

Krigsslutet följdes av flera år med höga försäljningspriser, samtidigt som timmerpriset inte steg i samma takt och arbetslönerna släpade efter. Följden blev att sågverkens lönsamhet förbättrades. Den inhemska konsumtionen stagnerade i början av 50-talet och svarade för 40% av totalproduktionen mot 65% bara några år tidigare.[67] Därmed fick många små och medelstora verk med Sverige som marknad svårigheter att klara sig.

## Regional omstrukturering

Vid 50-talets början svarade liksom tidigare en mindre del av sågverken för merparten av landets produktion av sågat virke. Småsågarna, som främst hade vuxit fram i södra Sverige, hade dock ökat sin andel av totalproduktionen, vilket resulterade i att Norrland gick tillbaka som trävaruproducent. Att södra Sverige vunnit andelar på Norrlands bekostnad berodde såväl på en tillväxt i södra Sverige som på att flera storsågar hade lagts ned i Norrland. I början av 50-talet svarade de norrländska sågverken för knappt 40% av tillverkningen mot 55-60% i början av 30-talet och 65-70% vid sekelskiftet[68]. Parallellt med att sågverksindustrin i södra Sverige gick framåt ökade inlandssågverkens betydelse. Sågverk i in-

---

[64]Svensk skogsindustri i omvandling, s.14-15 och Sandin, 1951, s.348.
[65]Sandin, 1951, s.344ff och Hammarland, a.a., s.95.
[66]Thunell, 1959, s.77 och Hammarland, a.a., diagram 2 och s.95ff.
[67]Svensk skogsindustri i omvandling, s.14 samt Hammarland, a.a., s.99.
[68]Hammarland, a.a., diagram 2 och s.48ff.

landsläge svarade 1950 för mer än 75% av tillverkningen. Kustsågarna tappade sålunda marknadsandelar de år då hemmamarknaden utvidgades.[69]

## Sågverksindustrin i Gävleborgs län 1950-1954

Sysselsättningen inom hela industrin i Sverige ökade under 40-talet med över 18%. Ökningen kom alla län till del, även om tillväxten i Blekinge (7,5%) och på Gotland (8,5%) var tämligen måttlig i jämförelse med Norrbotten och Västmanland, där ökningen låg mellan 25 och 30%. I Gävleborgs län ökade industrisysselsättningen med ca 19% under perioden.[70] Sysselsättningsökningen dominerades av den mycket kraftiga expansionen inom metallindustrin (drygt 50% av tillväxten i industrin skedde inom denna bransch). Träindustrin[71] var en av totalt två branscher som under perioden uppvisade såväl en absolut som en relativ sysselsättningsminskning.

Nedgången inom träindustrin totalt sett i riket gav också utslag i Gävleborgs län. En minskad tillverkning vid de större sågverken parad med en fortsatt modernisering och mekanisering av driften gjorde att nedgången i sysselsättningen blev mycket kraftig på vissa håll. I t.ex. Söderhamn, i det närmaste halverades antalet sågverksarbetare inom en 10-årsperiod. I början av 50-talet var ca 10% av de förvärvsarbetande i Gävleborgs län anställda inom skogsindustrin[72].[73]

Flera tekniska nyheter introducerades inom sågverksindustrin under 40-talet. En av dessa var trucken. Den började användas både för att frakta ut virket och att stapla upp det i både brädgård och lager. En förbättring av den utrustning som användes vid sortering samt ett förenklat lastningsförfarande vid kaj var andra viktiga tekniska nyheter. Men ännu på 50-talet var det inte ovanligt att det slutjusterade virket vid kustsågarna lades tillrätta i takade pråmar för bogsering ut till väntande fartyg, där

---

[69]Svensk skogsindustri i omvandling, s.22.
[70]Kungl Arbetsmarknadsstyrelsen, 1958, s.40ff.
[71]Dvs. snickeriindustrin samt sågverk och hyvlerier.
[72]Dvs. sågverk och hyvlerier, snickeriindustri, massaindustri, pappers- och pappbruk samt pappers- och pappförädlingsindustri.
[73]Kungl. Arbetsmarknadsstyrelsen a.a.

virket vinschades ombord i knippor, halades ner i lastrummen och staplades planka för planka.[74]

Den sågverksinventering som genomfördes 1953 registrerade 285 sågar i Gävleborgs län, varav 242 var i drift. Trots "sågverksdöden" under 30-talet förefaller det som om antalet sågar ökat sedan mitten av 20-talet. 30-talets hemmamarknadsexpansion följdes uppenbarligen av en period då många småsågar anlades. I industristatistiken finns 89 sågverk registrerade för perioden 1950-54. Industristatistiken har således uppgifter endast från 1/3 av länets sågverk i början av 50-talet. 54 av 89 sågverk uppnådde en tillverkningsvolym om 1 000 m³/år.

Efter nedläggningarna omkring 1930 förändrades sågverksindustrins struktur och spridningsmönster endast marginellt fram till början av 50-talet. Den traditionella uppdelningen av länets sågverksindustri, dels i ett kustområde med relativt få men mycket stora sågverk - oftast inriktade mot exportmarknaden - och dels i två inlandsregioner med många små och medelstora sågverk, blev dock än tydligare under 40-talet.

De medelstora sågarna i inlandet var ungefär lika många till antalet på 30-talet som i början av 50-talet. Denna grupp av sågverk saknades nästan helt i kustområdet. Även om de stora exportsågarna dominerade kustområdet fanns här dessutom ett antal mycket små sågverk. Man kan tolka detta som att det helt enkelt inte fanns utrymme för den mellangrupp av sågverk som dominerade inlandsområdena. Denna polarisering av sågverksindustrin fanns redan i slutet av 1800-talet, men mönstret renodlades under 30-talet och förstärktes under 40-talet.

## Marknaden

Endast de större sågverken kunde hantera exportnedgången under kriget och den åtföljande expansionen på utlandsmarknaden efter kriget. Hemmamarknadens tillväxt gav samtidigt en trygghet för inlandssågarna. Kopplingen till snickeriindustrin (byggnads- och möbeltillverkning) samt den växande efterfrågan på fritids- och friluftsprodukter (t.ex. skidor och bandyklubbor) gav sågverksindustrin i inlandet en växande lokal och regional marknad.

Framväxten av snickerier, framför allt i södra och norra inlandsområdet, var stark. År 1951 fanns i t.ex. Bollnäs sju snickerifabriker (med

---

[74]Hammarland, a.a., s.63.

Figur 5.5 SÅGVERK I GÄVLEBORGS LÄN
1950-54

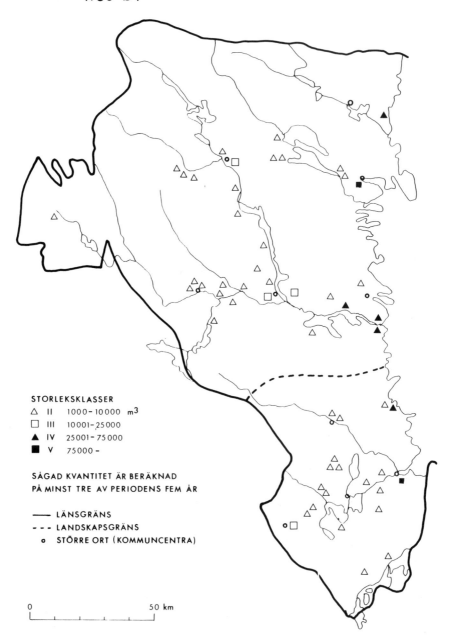

STORLEKSKLASSER

△ II 1000-10000 m³
□ III 10001-25000
▲ IV 25001-75000
■ V 75000 -

SÅGAD KVANTITET ÄR BERÄKNAD
PÅ MINST TRE AV PERIODENS FEM ÅR

——— LÄNSGRÄNS
- - - LANDSKAPSGRÄNS
o STÖRRE ORT (KOMMUNCENTRA)

0                    50 km

minst fem anställda), i Ljusdal tio, i Edsbyn fem och i Hedesunda (Gästrikland) sju. Dessutom fanns stora snickerifabriker i Lingbo, Åshammar, Hassela och Gnarp. Efterkrigstidens och 30-talets bostadsbyggande gav ett utrymme för denna expansion av byggnads- och möbelindustrin. En del av dessa snickerier innehade egna sågverk, med tillhörande skog. På detta sätt hade man också kontroll över råvaruförsörjningen, vilket var särskilt viktigt när det gällde specialprodukter som t.ex. skidor och möbler. Inlandsdistriktens snickeriindustri möttes dock något årtionde senare av stora problem. Av de många snickerierna återstod snart endast några få stora, rationellt drivna fabriker, där en stor del av tillverkningen gick på export.

Kustsågarna avsatte under denna period en större del av sin produktion inom landet än vad som varit fallet tidigare. Merparten gick dock som tidigare på export.[75] Några år in på 50-talet ökade åter exportandelen samtidigt som den inhemska marknaden stagnerade.[76] Det bör tillfogas att även inlandssågarna, åtminstone de större, sålde delar av sin produktion på exportmarknaden. Exporten och priserna på den yttre marknaden var alltså av betydelse även för dessa sågverk.

*Inomregional differentiering*

Från slutet av 30-talet till början av 50-talet ökade antalet sågverk i Gästrikland (>1000 m$^3$) från 15 till 20 medan en minskning noteras för Hälsingland från 37 till 34 (figur 5.5). Ökningen i Gästrikland berodde nästan uteslutande på en tillväxt av antalet sågverk med en produktion mellan 1 000-10 000 m$^3$ per år, medan tillbakagången i Hälsingland gällde samtliga storleksgrupper.

Antalet sågverk i Gästrikland hade minskat under det första decenniet av 1900-talet. En viss återhämtning skedde under 1910-talet, men följdes av en ny nedgång fram till slutet av 30-talet. Under 40-talet tillväxte sågverksindustrin för att i början av 50-talet vara på samma nivå som vid sekelskiftet. I Hälsingland minskade antalet sågverk kontinuerligt från början av 1910-talet. Tillbakagången var här dock inte lika stor under 40-talet som under de tre första decennierna.

---

[75]Sandin, 1951, s.353.
[76]Hammarland, a.a., s.99.

129

Sågverksindustrins spridning i Gästrikland under 40-talet är förvånande. Flera nya sågverk startades och äldre sågar ökade tillverkningen. Helt klart fanns det, främst i inlandet, förutsättningar för en "decentraliserad" sågverksindustri under 40- och början av 50-talet. Det ligger nära till hands att också i detta fall hänvisa till snickeriindustrins uppsving. Härtill kan läggas tillfälliga omständigheter som t.ex. en stormfällning i januari 1954. Efter denna anlades en rad cirkelsågar i Gästrikland. Enbart i Hedesunda socken var ca 20 cirkelsågverk i drift 1954-55.[77]

*Komponentanalys - 1936 / 1940 - 1950 / 1954*

I jämförelse med den kraftiga omstrukturering som skedde mellan de två föregående perioderna kan utvecklingen från mitten av 30-talet till mitten av 50-talet karakteriseras som en relativt stabil period. I kustområdet sker små nettoförändringar, även om ökningen i Gävle och i Hudiksvall är intressant att notera. I båda distrikten sker sysselsättningsökningar i de kvarvarande verken. I norra inlandsområdet är dock minskningen av antalet jobb inom branschen relativt stor. Norra inlandsområdet svarar för hela 95% av nettominskningen i hela undersökningsområdet. Större delen av minskningen kan hänföras till nedläggningar av sågverk.

Sysselsättningsminskningen inom branschen bromsas upp under innevarande period. Minskningen i absoluta tal är måttlig. Trots detta är den regionala omfördelningen av jobb inom branschen i länet relativt stor. Under denna period bryts den positiva trenden för norra inlandsområdet som gör en omfördelningsförlust till förmån för i första hand kustområdet. De största omfördelningsvinsterna bland de enskilda kommunerna noteras för Hudiksvall och Gävle medan Bollnäs gör den kraftigaste omfördelningsförlusten. Värd att notera är också den i jämförelse med tidigare perioder relativt måttliga omfördelningsförlusten för Söderhamn.

---

[77]Käller, 1974.

130

Tabell 5.7   Förändring av sysselsättningen inom sågverksindustrin i
Gävleborgs län 1936/40 - 1950/54 fördelad på
bruttokomponenter och olika kommuner/områden.
Antal anställda.

| Kommun | Netto | Brutto | In situ Expansion Kontraktion | Tillk. Avgående |
|--------|-------|--------|-------------------------------|-----------------|
|        |       | +238   | +220                          | +18             |
| Gävle  | +32   | -206   | -195                          | -11             |
|        |       | +86    | +68                           | +18             |
| Söderhamn | -114 | -200  | -108                          | -92             |
|        |       | +144   | +128                          | +16             |
| Hudiksvall | +125 | -19  | -19                           | 0               |
|        |       | 0      | 0                             | 0               |
| Nordanstig | -75 | -75   | -60                           | -15             |
|        |       | +468   | +416                          | +52             |
| **Hela KO** | -32 | -500 | -382                         | -118            |
|        |       | +49    | +11                           | +38             |
| Sandviken | +13 | -36    | -6                            | -30             |
|        |       | 0      | 0                             | 0               |
| Ockelbo | -7   | -7     | -7                            | 0               |
|        |       | +17    | +2                            | +15             |
| Hofors | -4    | -21    | 0                             | -21             |
|        |       | +66    | +13                           | +53             |
| **Hela SI** | +2 | -64    | -13                           | -51             |
|        |       | +72    | +23                           | +49             |
| Ljusdal | -86  | -158   | -9                            | -149            |
|        |       | 0      | 0                             | 0               |
| Bollnäs | -199 | -199   | -85                           | -114            |
|        |       | +90    | +16                           | +74             |
| Ovanåker | -63 | -153   | -17                           | -136            |
|        |       | +162   | +39                           | +123            |
| **Hela NI** | -348 | -510 | -111                         | -399            |
|        |       | +696   | +468                          | +228            |
| **Hela UO** | -378 | -1074 | -506                         | -568            |

131

*Tabell 5.8 Regional omfördelning av sågverksindustrins sysselsättning i Gävleborgs län 1936/1940 - 1950/1954.*

| Kommun | 1936/1940 | 1950/1954 | Absolut differens | Omför- deln.tal |
|---|---|---|---|---|
| Gävle | 646 | 678 | +32 | +107 |
| Söderhamn | 645 | 531 | -114 | -39 |
| Hudiksvall | 444 | 569 | +125 | +177 |
| Nordanstig | 279 | 204 | -75 | -43 |
| **Hela KO** | 2014 | 1982 | -32 | +202 |
| | | | | |
| Sandviken | 82 | 95 | +13 | +23 |
| Ockelbo | 80 | 73 | -7 | +2 |
| Hofors | 61 | 57 | -4 | +3 |
| **Hela SI** | 223 | 225 | +2 | +28 |
| | | | | |
| Ljusdal | 375 | 289 | -86 | -42 |
| Bollnäs | 379 | 180 | -199 | -155 |
| Ovanåker | 262 | 199 | -63 | -33 |
| **Hela NI** | 1016 | 668 | -348 | -230 |
| | | | | |
| **Totalt** | **3253** | **2875** | **-378** | **0** |

# 5.8 Sågverksindustrin efter mitten av 1950-talet

Efter en nedgång i början av 50-talet ökade Sveriges export av sågade trävaror kraftigt fram till mitten av decenniet. Ett visst bakslag under andra hälften av 50-talet följdes av en ny expansionsfas i början av 60-talet. Bortsett från en svacka i mitten av 60-talet pågick expansionen fram till 1974.[78] I början av 50-talet stagnerade efterfrågan på hemmamarknaden, samtidigt som exporten steg. Trots stagnationen var den svenska marknaden under hela perioden fram till mitten av 60-talet sågverksindustrins största enskilda marknad.

---

[78]Hammarland, a.a., diagram 2. Svenska sågverks- och trävaruexportföreningen, s.6f och Thunell, 1959, s.77.

Av sågverksinventeringarna 1953, 1958 och 1965 framgår att antalet sågar i landet fortsatte att minska efter början av 50-talet; särskilt kraftig var nedgången under perioden 1958-65.[79] Mer än 2 000 sågverk (dvs 1/3 av antalet sågar i landet) - i första hand husbehovssågar - försvann under denna period. Sedan början av 50-talet hade tillverkningen koncentrerats - antalet sågverk med en årstillverkning över 5 000 m³ ökade markant, samtidigt som småsågarna gick tillbaka.

Den norrländska sågverksindustrin, som under 1800-talet och 1900-talets första hälft hade dominerat branschen, passerades under 50-talet av Götaland där tillverkningen sammantaget ökade två och en halv gång under 50- och 60-talen.[80] Skogsindustrins fortsatta omlokalisering mot söder innebar också att Norrlands andel av de sysselsatta inom hela denna sektor minskade från 28% till 26% mellan 1952 och 1960 (1978 var andelen 20%). Den regionala omfördelningen av industrins tillverkningsvärde följde i stort sett samma mönster.[81]

Sågverken i södra Sverige var i allmänhet mindre än sågverken i Norrland och Svealand. Av 33 sågar med över 46 000 m³ i årsproduktion vid 1965 års sågverksinventering låg endast ett i Götaland medan 21 var lokaliserade till Norrland.[82] Sågverken i Götaland och Svealand var också i högre utsträckning lokaliserade till inlandet. 1965 svarade sågverk i "inlandsläge eller kustort utan handelshamn" för 80% av landets tillverkning mot knappt hälften 1930. Denna omstrukturering ägde till största delen rum före 1950.[83]

## Sågverksindustrin i Gävleborgs län 1964-1968

Under perioden 1953 till 1965 lades 40% av sågverken i Gävleborgs län ned. Den stora nedläggningsvågen kom efter 1958. I första hand var det mindre cirkelsågar i inlandsregionerna som försvann. Trots avvecklingar av sågverk behöll Gävleborgs län ställningen som landets främsta sågverksområde (producerad kvantitet), vilket delvis kan förklaras av att ut-

---

[79] 1965 års inventering. Sågverk 1965. SCB, Statistiska meddelanden I, 1966:57
[80] Svenska sågverks- och trävaruexportföreningen, 1975, s.11.
[81] Söderberg & Lundgren, 1982, s.43.
[82] Virkesbehov och virkestillgång. DsJo 1975:1, s.20.
[83] Svensk skogsindustri i omvandling, s.22.

slagningen var ännu hårdare på andra håll i landet, till exempel i Norrbottens län.[84]

Sågverksinventeringen 1965 redovisar 145 sågverk i drift i Gävleborgs län. Majoriteten (70%) av dessa var som tidigare små cirkelsågverk. Småsågverken svarade dock endast för 10% av produktionen i länet.[85] I Gävleborgs län fanns dessutom de flesta storsågarna (>25 000 m³ i årsproduktion) i landet och där hade också kustsågarna sitt starkaste fäste.

I primärmaterialet till industristatistiken redovisas uppgifter från totalt 60 sågverk under perioden 1964-68, vilket är en minskning med 1/3 sedan 50-talets början. 45 sågverk uppnådde en tillverkningen om 1 000 m³/år; en minskning med nio anläggningar sedan förra perioden (figur 5.6).

Sågverksindustrin i länet kännetecknas under perioden 1950/54 - 1964/68 av en produktionsökning och samtidigt en tillbakagång vad avser antalet anställda och arbetsställen. I stort sett samtliga sågverk som försvann ur primärmaterialet under perioden hade i början av 50-talet en relativt liten produktion (<3 000 m³/år), samtidigt som inget sågverk med en produktion av >10 000 m³/år 1950-54 lades ned fram till mitten av 60-talet. I stället ökade dessa sågverk överlag produktionen.

Den markerade skillnaden mellan kust- och inlandssågverk började till en del att brytas upp under denna period, främst genom att sågverk i inlandsläge hade ökat produktionen väsentligt sedan 50-talets början. Ändå kvarstod en stor skillnad i produktionskapacitet mellan de största kustsågverken (t.ex. Håstaholmen 134 000 m³, Korsnäs 131 000 m³, Norrsundet 90 000 m³) och de största inlandssågarna (20-30 000 m³ i genomsnittlig årsproduktion).

Gästrikland, där nya anläggningar hade vuxit fram efter krigsslutet, drabbades under senare delen av 50-talet och början av 60-talet av en ny "sågverksdöd". Medan antalet sågverk i Hälsingland var oförändrat (34 st.) sedan föregående undersökningsperiod, i det närmaste halverades antalet i Gästrikland (från 20 till 11). I Hedesunda, där sågverksrörelsen hade blomstrat tio år tidigare, utraderades sågverksindustrin helt fram till 1964. Nu döljer visserligen totalsiffrorna det faktum att det också lades ned flera sågverk i Hälsingland; parallellt skedde nämligen flera ny

---

[84]SOS Industri.

[85]Att de små sågverken spelade en större roll lokalt är självklart. Småsågarnas betydelse för den lokala arbetsmarknaden etc, utvecklas vidare i kapitel 7.

Figur 5.6   SÅGVERK I GÄVLEBORGS LÄN
1964-68

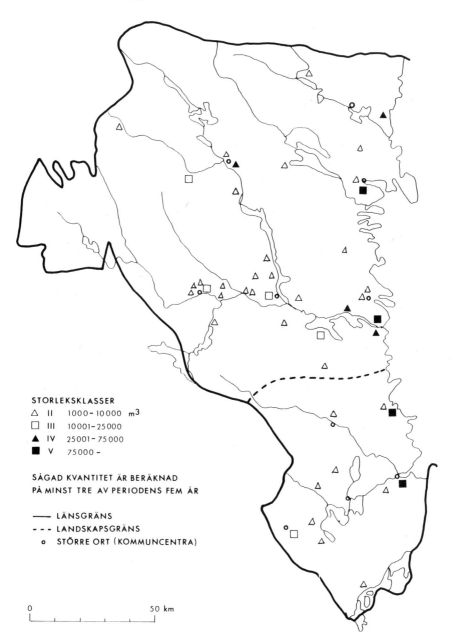

STORLEKSKLASSER
△ II   1000-10000 m³
☐ III   10001-25000
▲ IV   25001-75000
■ V   75000 -

SÅGAD KVANTITET ÄR BERÄKNAD
PÅ MINST TRE AV PERIODENS FEM ÅR

———   LÄNSGRÄNS
- - -   LANDSKAPSGRÄNS
o   STÖRRE ORT (KOMMUNCENTRA)

0                    50 km

etableringar, varför antalet sågverk var oförändrat från 1950/54 till 1964/68.

*Komponentanalys - 1950 / 1954 - 1964 / 1968*

Under ifrågavarande period försvinner drygt 600 jobb inom sågverksindustrin i länet. Den kraftigaste tillbakagången i absoluta tal sker i kustområdet. Reduceringarna i kustområdet sker i stort sett uteslutande inom in situ-företagen. I södra inlandsområdet däremot sker minskningen uteslutande genom avveckling av arbetsställen. Här sker också en i relativa tal kraftig minskning av sågverksarbetarkåren, -44%. Tillbakagången i norra inlandsområdet är i relativa tal ungefär lika stor som i kustområdet. Tillbakagången här sker främst genom avveckling av företag.

Parallellt med personalinskränkningarna inom branschen sker en i stort sett oavbruten produktionsökning av sågade produkter. För perioden som helhet är ökningen ca 20% i undersökningsområdet.

Trots en relativt kraftig neddragning av antalet anställda inom branschen under perioden är omfördelningen av jobb mycket blygsam såväl mellan kommunerna som mellan de tre distrikten. Både kustområdet och norra inlandsområdet gör små omfördelningsvinster på bekostnad av södra inlandsområdet. Bland kommunerna gör Hudiksvall och Ovanåker de största omfördelningsvinsterna medan Gävle och Ljusdal gör de största förlusterna.

Minskningen av antalet anställda inom sågverksindustrin fortsatte även under 50- och 60-talen. Den var dock långt ifrån lika stor som under 30-talet. Det är viktigt att i detta sammanhang påpeka att sågverken vid mitten av 60-talet i regel drevs året runt. Det tidigare säsongarbetet, som i hög grad utmärkt sågverksindustrin, hade ersatts av en fastare sysselsättning under årets månader. Den uttalade landsbygdslokaliseringen, som varit kännetecknande för sågverksindustrin sedan mycket lång tid, bestod också under 1960-talet.

*Tabell 5.9*  *Förändring av sysselsättningen inom sågverksindustrin i Gävleborgs län 1950/54 - 1964/68 fördelad på bruttokomponenter och olika kommuner/områden. Antal anställda.*

| Kommun | Netto | Brutto | In situ Expansion Kontraktion | Tillk. Avgående |
|---|---|---|---|---|
| Gävle | -216 | +35 -251 | +35 -221 | 0 -30 |
| Söderhamn | -119 | +21 -140 | 0 -111 | +21 -29 |
| Hudiksvall | -43 | +41 -84 | +19 -74 | +22 -10 |
| Nordanstig | -22 | +17 -39 | 0 -39 | +17 0 |
| **Hela KO** | -400 | +114 -514 | +54 -445 | +60 -69 |
| Sandviken | -46 | +14 -60 | +3 -2 | +11 -58 |
| Ockelbo | -56 | +4 -60 | +4 0 | 0 -60 |
| Hofors | +4 | +9 -5 | 0 -5 | +9 0 |
| **Hela SI** | -98 | +27 -125 | +7 -7 | +20 -118 |
| Ljusdal | -98 | +52 -150 | +40 -61 | +12 -89 |
| Bollnäs | -20 | +38 -58 | +28 -31 | +10 -27 |
| Ovanåker | -7 | +50 -57 | +29 -17 | +21 -40 |
| **Hela NI** | -125 | +140 -265 | +97 -109 | +43 -156 |
| **Hela UO** | -623 | +281 -904 | +158 -561 | +123 -343 |

*Tabell 5.10  Regional omfördelning av sågverksindustrins sysselsättning i*
*Gävleborgs län 1950/1954 - 1964/1968.*

| Kommun | 1950/1954 | 1964/1968 | Absolut differens | Omför-deln.tal |
|--------|-----------|-----------|---------|---------|
| Gävle | 678 | 462 | -216 | -69 |
| Söderhamn | 531 | 412 | -119 | -4 |
| Hudiksvall | 569 | 526 | -43 | +80 |
| Nordanstig | 204 | 182 | -22 | +22 |
| **Hela KO** | 1982 | 1582 | -400 | +29 |
| | | | | |
| Sandviken | 95 | 49 | -46 | -25 |
| Ockelbo | 73 | 17 | -56 | -40 |
| Hofors | 57 | 61 | +4 | +16 |
| **Hela SI** | 225 | 127 | -98 | -49 |
| | | | | |
| Ljusdal | 289 | 191 | -98 | -35 |
| Bollnäs | 180 | 160 | -20 | +19 |
| Ovanåker | 199 | 192 | -7 | +36 |
| **Hela NI** | 668 | 543 | -125 | +20 |
| | | | | |
| **Totalt** | **2875** | **2252** | **-623** | **0** |

# 5.9  "Process-industrialisering"

För svensk sågverksindustri var 60- och 70-talen förnyelsens decennier.
Gamla produktionsmetoder och olönsamma sågverk lades ned och er-
sattes av färre, tekniskt mer avancerade storsågverk. Den tekniska ut-
vecklingen gick snabbt. Alla tillverkningsled sågs över och tekniken
trängde in och ersatte människan vid många tidigare manuella arbetsmo-
ment. Sågverken fick allt mer karaktären av processindustri, där timret
utan avbrott, och utan att virket kom i direkt beröring med människohän-
der, löpte från timmerlagret till slutförvaringen.

Automatiska landsorteringsverk ersatte den manuella "tumningen" vid
timrets dimensionssortering. Tack vare bättre sorteringsmöjligheter och
lagerhantering kunde sågningen ske i längre serier. Barkningen överför-
des slutgiltigt till sågverken där arbetet övertogs av barkmaskinerna. Ge-

nom konstruktionsförbättringar av cirkel- och ramsågarna liksom av sågbladen gick det allt snabbare att sönderdela timmerstockarna och genom elektronikens och datateknikens insteg förbättrades möjligheterna att i förväg bestämma det maximala uttaget ur varje stock. Med planreducer- och blockreducermaskiner samt rothyfsare, som formar stocken före sågningen, ökade produktionskapaciteten betydligt. Kantverken försågs med automatisk inmatning samt styrning och genom fliskantverk höggs spillet direkt till flis. Dimensionssorteringen automatiserades, och i stället för det mänskliga ögat avläste en fotocell virkets tjocklek och bredd varefter det sorterade virket automatiskt kunde falla ned i rätt fack. Under 1970-talet ersatte sträläggningsmaskinerna den manuella strö- läggningen av det sågade virket. Torkningen flyttades definitivt inomhus i stora torkhus där virkets fuktighetshalt på en knapp arbetsvecka (mot en månad utomhus under sommaren) artificiellt reducerades från 50% till 12-16%; elektroniskt styrda justerverk ersatte den manuella slutsor- teringen, längdkapningen och märkningen av det sågade och torkade virket.[86]

Till dessa tekniska nyheter kan läggas en rad andra såsom längd- sorteringsverk, maskinell paketering av virket och virkets transpor- terande i sågverken med hjälp av truckar och rullbanor.


## Arbetets förändring

Samtidigt med att den tekniska utvecklingen effektiviserades, centrali- serades arbetets styrning, kontroll och planering. Andelen tjänstemän ökade betydligt i denna tidigare så "tjänstemannafattiga" bransch. Meka- niseringen och rationaliseringen av sågverksarbetet förändrade, under loppet av några årtionden, radikalt arbetsmiljön och själva arbetet i såg- verken. Graden av förnyelse samt tempot i omvandlingen varierade givetvis från sågverk till sågverk. Överlag försvann dock många slit- samma och farliga arbetsmoment samtidigt som yrkeskraven förändrades och antalet arbetstillfällen minskade.

---

[86]Denna redogörelse bygger på information som inhämtats vid studiebesök samt från Svensk skogsindustri i omvandling, s.58ff och Svenska sågverks- och trävaruexport- föreningen 100 år, s.42ff. För en beskrivning av den äldre tekniken se Thunell, 1959 och Hellström, 1925.

## Kostnadsutvecklingen

Den stora mekaniserings- och rationaliseringsvågen inleddes under en period då efterfrågan på sågade trävaror ökade, samtidigt som priserna låg på en stabil nivå. Arbetslönerna steg medan råvarupriserna fluktuerade.[87] Eftersom råvarukostnaderna utgjorde - och utgör - ca 2/3 av sågverksindustrins totala tillverkningskostnader hade timmerpriset givetvis stor betydelse för lönsamhetsutvecklingen. Efter en längre period med stabila priser steg timmerpriserna mycket kraftigt 1973–74 - i stort sett en fördubbling under en säsong. Efter en ytterligare ökning 1975-76 justerades priserna nedåt under de sista åren av 70-talet.[88]

Timmerprisernas stegring uppvägdes till en början dock mer än väl av en mycket snabb ökning av försäljningspriserna. Efter något år föll emellertid exportpriserna varvid många företag, efter flera år med mycket goda ekonomiska resultat, hamnade i ekonomiska svårigheter.[89] Kapaciteten var nu för stor och tillverkningen gick tillbaka efter 1974.[90]

## Driftskoncentration

Sågverken bytte i olika hög grad ut sin produktionsutrustning under "de goda åren" på 60-talet och i början av 70-talet. Den tekniska utvecklingen gick inte lika snabbt i alla sågverk, naturligt nog. Kapitalkostnaderna var stora och endast företag med god ekonomi och goda lånemöjligheter kunde ta steget fullt ut. Ägarna till många mindre och medelstora verk nöjde sig med vissa förbättringar, som gav stort ekonomiskt utbyte (torkhus, ny sågutrustning, barkmaskiner och sorteringsverk).

När efterfrågan sjönk var dessa företags kapacitet för stor i förhållande till vad man kunde sälja. 60- och 70-talen utmärks därför inte bara av en teknisk utveckling i sågverken, utan också av en utslagning av företag som inte orkade bära de kostnader som moderniseringen krävde. En del sågverk köptes upp av större, kapitalstarkare företag och fick därigenom möjligheter att genomföra de nödvändiga förbättringarna. Andra drevs till nedläggning.

---

[87]Svensk skogsindustri i omvandling, s.42f och Ekstrand, 1979, s.68.
[88]Ekstrand, a.a., s.68f.
[89]a.a., s.68f och 73.
[90]a.a, s.70 samt Svenska sågverks- och trävaruexportföreningen, s.5.

Vid sågverksinventeringen 1965 var 4 465 sågverk i drift i landet. Åtta år senare, vid nästa inventering, hade antalet minskat med nära 1 000. Samtidigt hade dock medelproduktionen per sågverk stigit. Sågverksinventeringen från 1979 visar att minskningen fortsatte under 70-talet. Totalt var 2 487 sågverk i drift 1979, vilket innebär en minskning med 30% sedan 1973. Från 1953 till 1979 reducerades antalet sågverk med 75% i landet.

Driftskoncentrationen innebar att sågverk med minst 25 000 m$^3$ i årsproduktion hade flyttat fram sina positioner. År 1965 svarade dessa sågverk för knappt 40% av tillverkningen mot 57% 1973 och 61% 1979.[91] Driftskoncentrationen tycks sålunda ha varit kraftigast från mitten av 60-talet fram till början av 70-talet. Det var då storsågverken moderniserade driften och lade under sig andra sågverk. Driftskoncentrationen var med andra ord starkare under högkonjunkturen från mitten av 60-talet än under lågkonjunkturen efter boomen några år in på 70-talet. Företag som hade investerat och utvecklats under högkonjunkturen klarade sig förhållandevis bra under nedgången i mitten av 70-talet. Sågverk med dålig lönsamhet och gammal produktionsutrustning hade då redan slagits ut.

Nedläggningarna av sågverk och införandet av arbetsbesparande metoder uppvägdes till en början av att sågverk som ökade tillverkningen också nyanställde personal. Från mitten av 70-talet skedde emellertid en successiv avtappning av antalet anställda.

Sågverksindustrin och den övriga skogsindustrin i Norrland gjorde även under 60- och 70-talen andelsförluster i förhållande till södra Sverige. Vid slutet av 70-talet svarade sågverken i Götaland för ca hälften av produktionen av sågat virke i landet. Den regionala förskjutningen har också inneburit att mer än hälften av det totala antalet sågverk idag är lokaliserade till Götaland.

## Sågverksindustrin i Gävleborgs län 1975-1979

Enligt sågverksinventeringarna fanns 1953 242 och 1979 94 sågar i drift i Gävleborgs län. Nedläggningarna var som intensivast under 50-talet och

---

[91]Svensk skogsindustri i omvandling, s.31. Virkesbehov och virkestillgång, DsJo 1975:1, bil 3, s.8 samt Englund & Nylinder, 1980, s.4f.

början av 60-talet. Drygt 1/3 av sågverken i länet, 33 st, uppnådde perioden 1975/79 en tillverkningen om 1 000 m³/år (figur 5.7).

Sedan förra undersökningsperioden hade 12 anläggningar lagts ned. Samtidigt steg totalproduktionen i länet. Avvecklingen av sågverk drabbade denna period kustområdet hårdare än inlandsregionerna och Hälsingland i högre grad än Gästrikland. I den senare provinsen fanns inte många sågverk kvar efter den våldsamma nedläggningsvågen i slutet av 1950- och början av 1960-talet. I Hälsingland, däremot, drevs i början av 70-talet ännu många små anläggningar. Flera av dessa slogs nu ut. Minskningen av antalet sågar föll helt på den grupp som hade en årsproduktion mellan 1 000 och 10 000 m³. Inte vid något annat undersökningstillfälle fanns så få sågverk i denna grupp som vid slutet av 70-talet; samtidigt hade det heller inte funnits lika många sågverk med mer än 75 000 m³ i årsproduktion som i slutet av 70-talet. Storsågverken hade ökat produktionskapaciteten avsevärt sedan slutet av 60-talet. Ala, ett av Europas största sågverk, hade i slutet av 70-talet en årlig kapacitet på 250 000 m³.

Snickeriindustrin, i första hand koncentrerad till inlandet, fortsatte att gå tillbaka under perioden. Kopplingen mellan sågverk och snickeriindustri blev dessutom mindre tydlig. Koncentrationen inom snickeriindustrin tilltog, samtidigt som byggnadsverksamheten minskade och nya material trängde ut träet. Hela trävaruhandeln förändrades i så måtto att de stora snickerifabrikerna, utan egna sågar, allt oftare tvingades köpa direkt från storsågverken eller från grossister och detaljister. Utrymmet för de mindre sågverken minskade härigenom.

*Komponentanalys - 1964 / 1968 - 1975 / 1979*

Minskningen av antalet jobb är under den sista redovisade perioden tämligen måttlig. Totalt försvinner 205 jobb inom branschen i undersökningsområdet. Större delen av minskningen kan hänföras till nedläggningar av sågverk. Bland kommunerna i kustområdet sker små nettoökningar i Gävle och Nordanstig medan Söderhamn och framför allt Hudiksvall noteras för relativt kraftiga neddragningar. I den senare kommunen är det främst strukturförändringar inom de kvarvarande verken som orsakar en nettoförlust av jobb. I södra inlandsområdet sker en fortsatt minskning av antalet jobb under perioden. I norra inlandsområdet tar in situ-ökningen ut tillbakagången orsakad av nedläggningar av

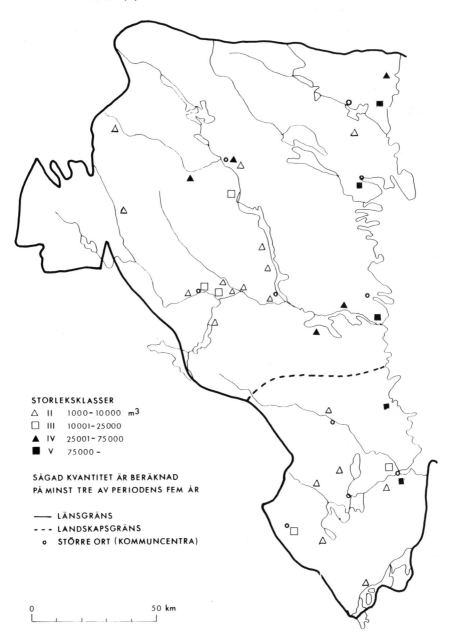

Figur 5.7    SÅGVERK I GÄVLEBORGS LÄN
             1975-79

STORLEKSKLASSER
△  II    1000-10000  m³
☐  III   10001-25000
▲  IV    25001-75000
■  V     75000 -

SÅGAD KVANTITET ÄR BERÄKNAD
PÅ MINST TRE AV PERIODENS FEM ÅR

——  LÄNSGRÄNS
- - -  LANDSKAPSGRÄNS
 o   STÖRRE ORT (KOMMUNCENTRA)

0                    50 km

*Tabell 5.11* Förändring av sysselsättningen inom sågverksindustrin i
Gävleborgs län 1964/68 - 1975/79 fördelad på
bruttokomponenter och olika kommuner/områden.
Antal anställda.

| Kommun | Netto | Brutto | In situ Expansion Kontraktion | Tillk. Avgående |
|--------|-------|--------|-------------------------------|-----------------|
| Gävle | +28 | +120 -92 | +85 -69 | +35 -23 |
| Söderhamn | -63 | +39 -102 | +39 -4 | 0 -98 |
| Hudiksvall | -208 | 0 -208 | 0 -144 | 0 -64 |
| Nordanstig | +68 | +78 -10 | +5 -4 | +73 -6 |
| **Hela KO** | -175 | +237 -412 | +129 -221 | +108 -191 |
| Sandviken | -19 | 0 -19 | 0 -19 | 0 0 |
| Ockelbo | +2 | +2 0 | +2 0 | 0 0 |
| Hofors | -8 | +15 -23 | +15 -13 | 0 -10 |
| **Hela SI** | -25 | +17 -42 | +17 -32 | 0 -10 |
| Ljusdal | +59 | +96 -37 | +62 -15 | +34 -22 |
| Bollnäs | -48 | +11 -59 | +11 -40 | 0 -19 |
| Ovanåker | -16 | +36 -52 | +36 -16 | 0 -36 |
| **Hela NI** | -5 | +143 -148 | +109 -71 | +34 -77 |
| **Hela UO** | -205 | +397 -602 | +255 -324 | +142 -278 |

144

*Tabell 5.12  Regional omfördelning av sågverksindustrins sysselsättning i Gävleborgs län 1964/1968 - 1975/1979.*

| Kommun | 1964/1968 | 1975/1979 | Absolut differens | Omför-deln.tal |
|---|---|---|---|---|
| Gävle | 462 | 490 | +28 | +70 |
| Söderhamn | 412 | 349 | -63 | -25 |
| Hudiksvall | 526 | 318 | -208 | -160 |
| Nordanstig | 182 | 250 | +68 | +84 |
| **Hela KO** | 1582 | 1407 | -175 | -31 |
| | | | | |
| Sandviken | 49 | 30 | -19 | -15 |
| Ockelbo | 17 | 19 | +2 | +4 |
| Hofors | 61 | 53 | -8 | -2 |
| **Hela SI** | 127 | 102 | -25 | -13 |
| | | | | |
| Ljusdal | 191 | 250 | +59 | +76 |
| Bollnäs | 160 | 112 | -48 | -33 |
| Ovanåker | 192 | 176 | -16 | +1 |
| **Hela NI** | 543 | 538 | -5 | +44 |
| | | | | |
| **Totalt** | **2252** | **2047** | **-205** | **0** |

arbetsställen så att antalet jobb inom branschen i princip är oförändrat mellan de både undersökningstillfällena. Intressant att notera är att utvecklingen i Ljusdal är positiv vad gäller såväl in situ-företagen som nettobalansen mellan avgående och tillkommande företag.

Små förändringar totalt sett på personalsidan mellan 1964/68 och 1975/79 (-10%) kontrasterar mot en produktionsökning på 25% under motsvarande tid.

I absoluta tal försvann drygt 200 jobb inom sågverksindustrin i länet under perioden. Återigen innebar detta en omfördelningsvinst för norra inlandsområdet och en omfördelningsförlust för kustområdet. Bland de enskilda kommunerna gjorde Nordanstig, Ljusdal och Gävle de största omfördelningsvinsterna medan Hudiksvall uppvisar den kraftigaste omfördelningsförlusten.

Den sedan lång tid strikta uppdelningen mellan kust och inland bröts delvis upp under 70-talet. Fortfarande var de största sågverken lokaliserade till kustregionen men flera sågar i inlandet hade under 70-talet kommit upp i en årsproduktion över 50 000 m³. Fortfarande gällde dock att de små och medelstora sågarna nästan uteslutande låg i inlandsområdet.

Tidigare konstaterades att sågverksindustrin vid mitten av 60-talet fortfarande var en utpräglad landsbygdsindustri. Detta förhållande gällde också vid ingången till 80-talet. Av 33 sågverk återfanns 30 på landsbygden eller i mindre tätorter. 1970-talet innebar också en fortsatt omfördelning av industrisysselsättningen överhuvudtaget, från storstadslänen till övriga landet. Skogslänens ökning 1970 till 1975 måste till en del tillskrivas "råvaruboomen" 1974/75. Då ökade industrisysselsättningen i hela riket, men alldeles särskilt kraftigt inom råvaruproducerande företag, något som främst kom att beröra skogslänen.

*Tabell 5.13    Antal sysselsatta inom sågverksindustrin i Gävleborgs län 1896-1979. Medelvärden av 5 år.*

| Kommun | 1896/1900 | 1908/12 | 1922/26 | 1936/40 | 1950/54 | 1964/68 | 1975/79 |
|--------|-----------|---------|---------|---------|---------|---------|---------|
| Gävle | 540 | 1204 | 906 | 646 | 678 | 462 | 490 |
| Söderhamn | 2678 | 2148 | 1794 | 645 | 531 | 412 | 349 |
| Hudiksvall | 403 | 761 | 670 | 444 | 569 | 526 | 318 |
| Nordanstig | 545 | 235 | 260 | 279 | 204 | 182 | 250 |
| **KO** | **4166** | **4348** | **3630** | **2014** | **1982** | **1582** | **1407** |
| | | | | | | | |
| Sandviken | 138 | 103 | 145 | 82 | 95 | 49 | 30 |
| Hofors | 70 | 103 | 125 | 61 | 57 | 61 | 53 |
| Ockelbo | 122 | 127 | 94 | 80 | 73 | 17 | 19 |
| **SI** | **330** | **333** | **364** | **223** | **225** | **127** | **102** |
| | | | | | | | |
| Ljusdal | 414 | 612 | 656 | 375 | 289 | 191 | 250 |
| Bollnäs | 458 | 622 | 507 | 379 | 180 | 160 | 112 |
| Ovanåker | 27 | 171 | 316 | 262 | 199 | 192 | 176 |
| **NI** | **899** | **1405** | **1479** | **1016** | **668** | **543** | **538** |
| | | | | | | | |
| **Totalt** | **5395** | **6086** | **5473** | **3253** | **2875** | **2252** | **2047** |

Figur 5.8 Produktion av sågat virke, hyvlat och ohyvlat, vid sågverken i
Gävleborgs län 1896-1979. 1 000 m³.

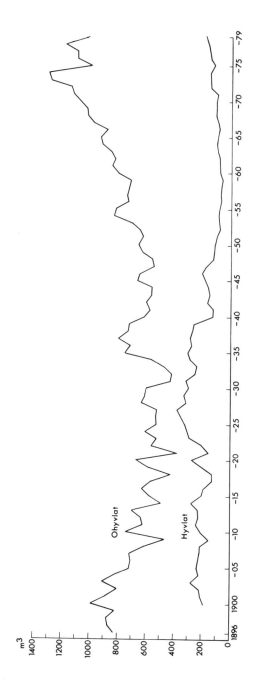

# 5.10 Sammanfattning

Vid mitten av 1800-talet övergick den gamla sågverkshanteringen i modern fabriksindustri, även om övergången hade pågått under lång tid och de "moderna" sågverken i åtskilliga fall var uppbyggda enligt gamla principer, både vad gällde teknik och arbetsorganisation. Dessa sågverk förlades också, som tidigare visats, i stor utsträckning till gamla sågverksbygder.

Sågverksindustrin blomstrade på många håll i Gävleborgs län vid sekelskiftet, och flera stora sågverk anlades. Genom flottning och avverkning var i princip alla delar av länet indragna i trävaruhanteringen. Högkonjunkturen följdes emellertid av av flera dåliga år efter sekelskiftet. Storstrejksåret 1909 var tillverkningen knappt hälften i jämförelse med år 1900. När storsågarna, som var indragna i konflikten, minskade produktionen ökade denna samtidigt vid många små och medelstora sågar. Det är därför troligt att de större konfliktdrabbade sågverksbolagen lade ut viss sågning vid dessa mindre sågverk där den fackliga aktiviteten förmodligen var lägre. Ägarna till små och medelstora sågverk kan också ha tagit tillfället i akt att öka tillverkningen under konfliktperioden.

Åren fram till 1:a världskrigets utbrott var dock gynnsamma för svensk sågverksindustri. Efterkrigsdepressionens snabba konjunktursvängningar innebar dock stora påfrestningar för sågverkens arbetskraft och stora delar av sågverksarbetarkåren stod utan arbete under dessa år.

Åren före den världsomspännande 30-talskrisen var relativt gynnsamma men vid decennieskiftet drabbades sågverksindustrin i Gävleborgs län, och i övriga landet, av depressionen. Antalet sågverk och produktionen minskade drastiskt. Den livliga byggnadsverksamheten under 30-talet skapade dock en marknad för en annan typ av sågverk - cirkelsågarna. Cirkelsågar uppfördes i alla delar av undersökningsområdet av bönder, arbetare, handlande m.fl.

Totalproduktionen vid länets sågverk var 1936/40 nära 30% större i jämförelse med 1922/26 samtidigt som arbetareantalet under samma tid reducerats med nästan 40%. Av detta inses lätt att det måste ha skett en avsevärd produktivitetsökning i länets kvarstående sågverk, samt att de nytillkomna hade en högre produktivitet än de äldre.

Från början av 50-talet till slutet av 70-talet minskade antalet sågverk i länet med nära 70%. Gävleborgs län hade vid mitten av 60-talet det minsta antalet sågverk av norrlandslänen men samtidigt den största produktionen. Under 60- och 70-talen ersattes i hög grad gamla produktionsmetoder och olönsamma enheter av färre, tekniskt mer avancerade storsågverk. Resultatet av dessa omstruktureringar på produktionssidan blev att man vid övergången till 1970-talet producerade mer sågade trävaror vid länets sågar per år än någonsin tidigare.

Vid sekelskiftet arbetade mer än 40% av länets sågverksarbetare vid sågverk i Söderhamnsdistriktet. Söderhamn gjorde omfattande andelsförluster under 20- och 30-talen som ledde till en halvering av den totala sysselsättningsandelen. I slutet av 70-talet var andelen 17%. Gävledistriktet uppvisar en omvänd utveckling. Även om antalet sysselsatta i absoluta tal givetvis har minskat har distriktet gjort andelsvinster. Detsamma gäller för Hudiksvallsdistriktet.

Tabell 5.14    Kustområdets (KO) andel av sågverksarbetarna i Gävleborgs
              län 1896-1979. I procent.

| | |
|---|---|
| 1896/1900 | 81 |
| 1908/12 | 73 |
| 1922/26 | 67 |
| 1936/40 | 63 |
| 1950/54 | 69 |
| 1964/68 | 70 |
| 1975/79 | 69 |

Sågverksindustrin under 1900-talet har utvecklats olika i skilda delar av undersökningsområdet. Redan tidigt var de stora exportsågverken lokaliserade till kustområdet medan inlandets sågverk ofta var mindre och inriktade på hemmamarknaden. Även om stora förskjutningar har ägt rum mellan kustområdet och inlandsområdena under 1900-talet, var fortfarande länets sågverksindustri i slutet av 1970-talet starkt präglad av den struktur som grundlades under tidigt 1800-tal.

Ser vi till omfördelningen av jobben mellan de olika kommunerna och områdena under hela undersökningsperioden (1896/1900 - 1975/1979) kan vi notera flera intressanta utfall. Om vi börjar med kustområdet ser vi att tre av fyra kommuner har gjort omfördelningsvinster under 1900-

talet. Omfördelningsförlusterna för kustområdet faller helt på Söderhamn som hade 667 jobb färre inom sågverksindustrin i slutet av undersökningsperioden än vad som skulle varit fallet om sysselsättningen hade utvecklats i enlighet med länet som helhet. Den kraftiga avtappningen

*Tabell 5.15*    *Regional omfördelning av sågverksindustrins sysselsättning i Gävleborgs län 1896/1900 - 1975/1979.*

| Kommun | 1896/1900 | 1975/1979 | Absolut differens | Omför- deln.tal |
|--------|-----------|-----------|---------|---------|
| Gävle | 540 | 490 | -50 | +285 |
| Söderhamn | 2678 | 349 | -2329 | -667 |
| Hudiksvall | 403 | 318 | -85 | +65 |
| Nordanstig | 545 | 250 | -295 | +43 |
| **Hela KO** | 4166 | 1407 | -2759 | -174 |
| | | | | |
| Sandviken | 138 | 30 | -108 | -22 |
| Ockelbo | 122 | 19 | -103 | -27 |
| Hofors | 70 | 53 | -17 | +26 |
| **Hela SI** | 330 | 102 | -228 | -23 |
| | | | | |
| Ljusdal | 414 | 250 | -164 | +93 |
| Bollnäs | 458 | 112 | -346 | -62 |
| Ovanåker | 27 | 176 | +149 | +166 |
| **Hela NI** | 899 | 538 | -361 | +197 |
| | | | | |
| **Totalt** | **5395** | **2047** | **-3348** | **0** |

i Söderhamn har vi kunnat följa mellan de olika perioderna under 1900-talet. Intressant att notera är också den positiva utvecklingen i Gävle som i absoluta tal endast hade 50 jobb färre inom sågverksindustrin i slutet av 1970-talet jämfört med vid sekelskiftet. En stark positiv utveckling vad gäller omfördelningstalet visar också Hudiksvall.

Södra inlandsområdet gör som helhet en omfördelningsförlust under 1900-talet även om Hofors uppvisar en omfördelningsvinst. Minskningen av antalet jobb inom branschen i relativa tal är dock tämligen kraftig.

150

Av de tre delområdena är det endast norra inlandsområdet som gjort omfördelningsvinster. Norra inlandsområdet hade vid 1970-talets slut nära 200 jobb fler inom sågverksindustrin än om området hade utvecklats i enlighet med länet som helhet under 1900-talet. Den mest positiva utvecklingen uppvisar Ovanåkers kommun.

*Tabell 5.16*   *Regional omfördelning av sågverksindustrins sysselsättning*
*i Gävleborgs län 1896-1979. Uppdelad på*
*undersökningsperioder och delområden.*

|        | 1     | 2    | 3    | 4    | 5   | 6   | Σ    |
|--------|-------|------|------|------|-----|-----|------|
| **KO** | -351  | -279 | -144 | +202 | +29 | -31 | -174 |
| **SI** | -40   | +64  | +7   | +28  | -49 | -13 | -23  |
| **NI** | +391  | +215 | +137 | -230 | +20 | +44 | +197 |

1=1896/1900-1908/12, 2=1908/12-1922/26, 3=1922/26-1936/40, 4=1936/40-1950/54, 5=1950/54-1964/68, 6=1964/68-1975/79, Σ=1896/1900-1975/79.

När det gäller andelen anställda så arbetade 77% av sågverksarbetarna i Gävleborgs län vid sågverk i kustområdet vid sekelskiftet. Motsvarande andel var för norra inlandsområdet 17%. Vid slutet av 1970-talet var andelen för kustområdet 69% och för norra inlandsområdet 26%. Vi kan alltså sammanfattningsvis konstatera att en "överströmning" av arbetskraft sker inom sågverksindustrin från det traditionellt starka kustområdet till de mer perifera områdena i länet. Detta är en process som pågår i stort sett oavbrutet under hela 1900-talet.

Under perioden 1975/1979 producerades ca 1.073.000 m³ sågad vara vid sågverken i Gävleborgs län. 72% av denna produktion producerades vid sågar i kustområdet, 25% i norra inlandsområdet och 3% i södra inlandsområdet. Sedan sekelskiftet innebär detta en ökning med åtta procentenheter för norra inlandsområdet och en nedgång med sju procentenheter för kustområdet. Intressant att notera är dock att trots den kraftiga nedskärning som har skett inom sågverksindustrin i Söderhamn under hela 1900-talet hade detta distrikt fortfarande vid 70-talets slut den största produktionen av samtliga tio distrikt som ingår i denna undersökning.[92]

---

[92] I rapporten Gävleborg 2000 (1989) görs ett försök att bedöma framtidsutsikterna för sågverksindustrin i länet. De tekniska möjligheterna kommer om drygt 10 år att vara

## Sågverksindustrins bidrag till
## den totala industrisysselsättningen

Vid sekelskiftet var sågverksindustrin den klart största enskilda industribranschen i Gävleborgs län. Hela 45% av de som i statistiken benämns "arbetare i fabriker" var anställda i sågverk. I Söderhamnsdistriktet var andelen 50%, i Gävle 37%.

Sågverksindustrin dominerade inte enbart vad gällde sysselsättningen; branschen svarade också för en ansenlig del av länets totala tillverkningsvärde. I Söderhamnsdistriktet svarade sågverken för 60% av tillverkningsvärdet och i Gävledistriktet för över 35%. Även utanför de större orterna stod sågverksindustrin stark gentemot övrig industri. På landsbygden svarade sågverken för drygt 40% av sysselsättningen inom industrin och lika stor andel av tillverkningsvärdet.

Sågverksindustrins andel av den totala industrisysselsättningen har emellertid stadigt sjunkit. Under 20-talet var andelen sysselsatta i sågverk 8%. Denna andel bestod ända in på 60-talet. I slutet av 70-talet arbetade endast 5% av länets industrisysselsatta i sågverk. De inomregionala skillnaderna i länet är dock stora. I vissa regioner är sågverksindustrins bidrag till industrisysselsättningen fortfarande stort (Nordanstig 19%, Ljusdal 17%) medan sågverksindustrin i andra områden är helt utraderad.

---

ännu större och de större sågverken kommer då troligen att ha höjt sin tekniknivå. Antalet sågverk minskar och de som är i drift vid sekelskiftet torde bli mer specialiserade än dagens. Exportsågverken sågar färre men mer kundanpassade kombinationer av dimension och kvalité. Antalet arbetstimmar per $m^3$ minskar därmed. De något mindre sågverken koncentrerar sig på hemmamarknaden, ofta med inriktning mot någon specifik användargrupp och kommer i högre utsträckning än nu att prefabricera åt snickeriindustrin. Sågverksekonomi, säger man avslutningsvis, är främst en fråga om inköps- och säljförmåga, logistik och driftsledning. Sågverkens position år 2000 blir därför beroende av i hur grad sådant kunnande attraherar sågverken. s.102ff. På annan plats i rapporten diskuteras "Regional specialisering - nödvändig för överlevnad" (s.217). Man menar att det är viktigt för kommunerna i länet att vidareutveckla sina "profileringar"; inom en begränsad region bör inte samma specialisering etableras på flera håll. "Mot år 2000 har redan vissa signaler pekat på följande arbetsfördelning i regionen: Gävle-samhällsbyggande; Sandviken-teknik, nya organisationsformer (frikommun), rehabilitering, materialteknik; Ockelbo-skog och trädgårdsnäring; Hofors-energiteknik; Bollnäs-småföretagarverksamhet; Ljusdal-träindustri; Söderhamn-träteknik och allmän innovationsverksamhet; Hudiksvall-informationsteknologi, länsdelscentrum; Nordanstig-småföretagarverksamhet; Ovanåker-träbearbetning." Det är intressant att notera att träindustrin, även in på 2000-talet, bedöms vara en viktig kugge i den regionala arbetsdelningen.

Även om antalet arbetsställen och antalet sysselsatta, som visats, minskat kraftigt under 1900-talet, är det viktigt att ha i minnet att produktionen vid sågverken i länet i slutet av 70-talet var större än vid något annat tillfälle under 1900-talet. Man får heller inte glömma att sågverken på många, ofta mycket små, orter utgör de enda större industriarbetsplatserna.

# Kapitel 6

# Kvinnor, tjänstemän och minderåriga

Bakom sifferuppgifterna över sysselsättningen i det föregående kapitlet, döljer sig tusentals livsöden i sågverk och sågverksorter. Varje siffra är en följd av mänskligt arbete; systematiserade och analyserade har de fått ligga till grund för en beskrivning av strukturförändringarna inom sågverksindustrin. Men uppgifterna i mitt källmaterial ger också möjlighet till att studera arbetet och vissa personalkategoriers ställning inom sågverksindustrin i Gävleborgs län under 1900-talet lite närmare. Jag har valt att undersöka sysselsättningsmönstrets förändring för tre grupper av anställda: kvinnorna, tjänstemännen och de minderåriga. Denna undersökning motiveras inte minst av det faktum att få undersökningar är gjorda om dessa grupper vad avser 1900-talet. När det gäller 1800-talet är barnarbetet och kvinnornas arbete i sågverken relativt väl belyst. Tjänstemannagruppens utveckling inom sågverksindustrin är däremot ett i stort sett obearbetat område, både vad gäller 1800- som 1900-talen.

Avsnittet inleds med en kort beskrivning av arbetet och arbetsprocessen i ett sågverk. I ett särskilt avsnitt diskuteras det under lång tid utbredda säsongarbetet inom branschen. Därefter följer en genomgång av personalkategorierna. Kapitlet avslutas med en kort beskrivning av sågverksarbetarnas fackliga organisering.

Sågverksindustrin är ganska ensam om att bland industribranscher idag i princip ha samma råvara, arbetsmoment och slutprodukt som vid mitten av 1800-talet[1]; samma arbetsprocess - men ändå så totalt annorlunda - sett över sekler.

Sågverksarbete...att framställa bräder och plank ur timmer, alltid detsamma sedan urminnes tider, plankor och bräder av olika bredd grovlek och längd allt efter behov, ur gran- eller furutimmer. Först hugga ner skogen, sedan frakta timret till sågen, sedan såga det itu på längden, därefter sortera de olika dimensionerna av virket för sig,

---

[1]Johansson, 1985, s.14.

sedan torka det, därefter justera längden på de torkade plankorna och bräderna och till sist lägga ihop det allt efter köparens order och skicka iväg det. Så har det alltid varit. (Johansson, 1985, s.14)

Tidigare bestod sågverkens produktion ej endast av plank och bräder. Raden av biprodukter, förädlade produkter etc., var lång; battens, bjälk, sparrar, lådämnen, syllar, stump, spjäl(=tak- eller reveteringsstickor [laths]); spjälved (lathwood) eller taksticksämnen, läkt (slatingsbattens), list(=ribbor), kvastkäppämnen, lister o. dyl., stav(=ofta silltunnestav ibland lagg- och bottenstäver), ved, småvirke, pitprops, trätugg, sågspån, takspån m. m. Alla dessa olika produkter framställdes vid många större sågverk; vissa produkter finns kvar, men det mesta är borta ur sortimentet.

De centrala arbetsuppgifterna vid ett sågverk hade, och har, en utpräglad flödeskaraktär: mätning - sortering - instickning - sönderdelning - kantning - sortering - torkning - nertagning - justering - utlastning.

Till sågverken hörde också en rad andra arbetsplatser, utanför och kring själva sönderdelningen. Vid många sågverk var det faktiskt en minoritet av arbetarna som sysselsattes med själva sågningsarbetet. Se tabell 6.1.

Arbetet vid sågverken gav också upphov till en mängd yrkesbeteckningar, såsom kantsågare, förkantare, ramsågare, försågare, hjälpsågare, plankdragare, plankstaplare, hjälpstaplare, utdragare, vagnslastare, bakdragare, ribbdragare, ribbdragarhjälp, knubbdragare, veddragare, sågtimmerkörare, sågtimmerpåläggare, timmersorterare, timmersorterarhjälp, bomkarl, bomhjälp, kättingsdragare, sågspånsdragare, smörjpojke, eldare, tummare m.fl.

Fram till 1950-talet skedde det efterhand olika tekniska förändringar och likaså förändrades arbetsförhållandena successivt, men organisationen i stort, yrkena och arbetsuppgifternas uppdelning mellan de anställda, var desamma. Enligt Johansson (1985) har vi vid denna tid helt tydligt att göra med ett brott i utvecklingen med få motsvarigheter i annan industri. Varför började man efter 1950-talet investera och i ett allt snabbare tempo ersätta olika arbetarkategorier med maskiner och automatiska transporter?[2]

---

[2]a.a., s.19.

156

*Tabell 6.1 Arbetsmomenten vid Sunds sågverk (Sundsvallsdistriktet) år 1869.*

| Arbetsmoment | Antal arbetade timmar i % |
|---|---|
| Timmerbom o. bjälkgrop | 6,4 |
| Sågning och kantning | 12,4 |
| Plankhantering | 18,8 |
| Brädgårdsarbete | 24,2 |
| Brädtillverkning | 3,7 |
| Vedhuggning och kolning | 2,6 |
| Hus- och hamnbyggnad | 5,4 |
| Ångsågens ombyggnad | 15,5 |
| Trädgården och hemmanet | 3,4 |
| Övrigt | 8,1 |

Källa: Cornell, 1982, s.75.

Ytterst, menar Johansson, är konjunkturen efter kriget en tung och avgörande faktor. Men "ekonomiska faktorer" bildar endast ramen, och kan inte alls utgöra hela förklaringen. Andra faktorer bör vägas in. Vilken betydelse kunde ett system av säsongmässigt arbete ha haft för hur arbetet organiserades och bedrevs på arbetsplatsen? Vad betydde yrkesskickligheten? Hur lärdes de nya upp? Hur var det med disciplinen, vanorna och attityderna inför att hålla tider och anpassa sig till arbetskamraterna?[3]

Kunde sådana frågor på något sätt ha bidragit till att man mekaniserade, när man fick råd på 50- och 60-talen - utifrån en önskan om att få en mer homogen och lojal arbetarstam? Den viktiga principen i sammanhanget låg kanske inte i användandet av maskiner utan i tendensen att uppdela, förenkla och specialisera arbetsuppgifterna. Ytterligare en viktig aspekt var inflytande och medbestämmande under arbetets gång, avslutar Johansson.[4]

Antalet anställda inom sågverksindustrin har minskat under i stort sett hela 1900-talet. Den tekniska omvandlingen har givetvis varit en viktig

---

[3]a.a., s.20ff.
[4]a.a., s.23.

bakomliggande faktor. Åtskilliga sågverksyrken har gått i graven, men nya har också uppstått. Traditionella sågverksyrken finns fortfarande kvar, men de har till stora delar ändrat karaktär. Om sågverken sysselsatte ett större antal människor tidigare, så arbetade man å andra sidan endast en begränsad tid av året. Det utbredda säsongarbetet tillsammans med bristen på uppgifter från de i äldre tid många små husbehovs- och avsalu-sågarna, gör det också svårt att fastställa sågverksrörelsens absoluta omfattning och betydelse för människor och lokalsamhällen vid skilda tidpunkter. Sågverken gav, förutom arbetet vid såganläggningarna, också upphov till en rad andra arbetstillfällen, t.ex. skogs- och flottningsarbete samt underhållsarbeten av skiftande slag.

## 6.1 Säsongarbete och bisysselsättningar

Med hänsyn till de svåra utkomstmöjligheter som rådde för befolkningen i Norrland under senare delen av 1800- och början av 1900-talet var det naturligt att sågverken kom att spela en väsentlig roll som försörjningsbas för en stor del av befolkningen. Att arbetet var säsongbetonat med tyngdpunkten förlagd till sommarhalvåret spelade mindre roll då i regel få andra utkomstmöjligheter fanns att tillgå.[5] En grupp tillfälligt anställda sågverksarbetare var vandringsarbetarna, åtminstone fram till sekelskiftet, då denna kategori tenderade att minska. Vandringsarbetarna anlände till säsongstarten och for sedan i regel hem efter arbetets slut om senhösten.[6] Efter hand utvecklades en fast sysselsatt arbetarstam, åtminstone vid de större sågverken, vilket bland annat hängde samman med att sågningstiden förlängdes. Driften vid sågverken var dock fortfarande, långt in på 1900-talet, till stora delar säsongbunden. Överhuvudtaget följde hela trävaruhanteringen en bestämd årsrytm. På vintern avverkades timmer i skogarna och på våren flottades detta timmer från avverkningsplatserna i inlandet ut till kusten på älvarna och deras biflöden. Efter uppsågning skeppades plank och bräder ut om sommaren och hösten.[7]

---

[5]Säsongarbetet behandlas mer utförligt i t.ex. SOU 1947:32 samt i Rondahl, 1972 och Johansson, 1988. Se också kapitel 1 och 3.
[6]SOU 1947:32, s.23.
[7]Cornell, 1982, s.175.

I och med att en fast arbetarstam knöts till sågverken blev det också vanligt att söner till sågverksarbetare vid unga år började hjälpa till i sågverken med enklare arbeten, som exempelvis ribbskjutare, märkpojkar etc.

Säsongvariationerna i driften hade flera orsaker. Vattensågarna krävde ett jämnt och kraftigt vattenflöde, vilket gjorde att sågningen inte kunde börja förrän vid vårflodens ankomst. Det var också viktigt att utskeppningen av virket kunde ske utan besvärliga isförhållanden. Till detta kan också läggas vikten av att så tidigt som möjligt efter vinteravverkningarna kunna flotta och såga upp timret för att undvika skadeangrepp, samt att efterfrågan på den inhemska marknaden alltid var störst under sommar- och höstmånaderna, då byggnadsverksamheten var som livligast. Inte minst viktig var också anpassningen till sysselsättningen inom jordbruket.[8]

Att sågverken stod stilla vintertid innebar att andra sysselsättningar var nödvändiga. Många sökte sig exempelvis till olika arbeten i skogen. Säsongvariationerna var, som nämndes ovan, i regel inte lika stora vid exportsågarna som vid de mindre sågverken. Men även vid storsågarna förekom starka svängningar i produktionen från en tid till annan. Vid en undersökning[9] i slutet av 1930-talet fann man att i ett medelstort sågverk arbetade endast 1/3 av den totala arbetsstyrkan vid lågsäsong jämfört med under högsäsong.

Sysselsättningen varierade inte bara under ett och samma år utan kunde också skifta starkt från år till år. Utredningar och kommittéer tillsattes för att försöka råda bot på eller åtminstone lindra verkningarna av dessa fluktuationer. Från och med mitten av 30-talet tenderade säsongvariationerna att utjämnas. Orsakerna till detta var flera. När överskottet på arbetskraft som helhet minskade eller försvann inom industrin, ökade företagens benägenhet att ordna en jämnare sysselsättning för de anställda. Särskilt viktigt var det att behålla de yrkesskickliga arbetarna när knappheten på arbetskraft blev påtaglig och rörligheten på arbetsmarknaden ökade. Också den successiva övergången till högre förädling av virket bidrog till att sysselsättningen blev mer spridd över året i och med att industrins produkter efterfrågades mer kontinuerligt. Men den viktigaste

---

[8]SOU 1947:32, s.25 samt SOS Industri och Bergshantering, Sågverksdriften i Sverige år 1953, s.62ff.
[9]SOU 1947:32.

orsaken till en utjämning av sågverkens produktion under året var trots allt att 30-talskrisen frammanade en driftskoncentration och att de nya investeringarna i maskiner och byggnader tvingade fram ett mer kontinuerligt utnyttjande av anläggningarna.[10]

Det är viktigt att betrakta denna förnyelse inom sågverksindustrin i ljuset av vad som hände inom den övriga industrin, framför allt inom övriga delar av skogsindustrin. Rationaliseringarna inom skogskoncernerna, framför allt på massasidan, kom också sågverken till del. Därtill kom en medveten politik från statsmakternas sida som syftade till en jämnare sysselsättning över året för sågverksarbetarna. Detta krav hade också drivits av de fackliga organisationerna.

## 6.2 Personalkategorier vid sågverken

### Kvinnorna

Kvinnorna har aldrig utgjort någon stor arbetargrupp inom sågverksindustrin. Vid slutet av 1800-talet utgjorde den kvinnliga arbetskraften endast 1,5% av Norrlands sågverksarbetare. Andelen minskade till ca 0,3% under 1910-talet. Förmodligen var det den ekonomiska tillbakagången, avsättningssvårigheterna, den tilltagande mekaniseringen och levnadsstandardens förändringar, som tillsammans skapade en situation där den kvinnliga arbetskraften ansågs mindre nödvändig eller önskvärd. Också ett motstånd från männen mot anställning av kvinnor i sågverken bidrog troligtvis till minskningen åren efter sekelskiftet. Exempel finns där fackföreningar lokalt drev igenom förbud mot anställning av kvinnor i sågverk[11]. Redan tidigt uttalade männen ekonomiska farhågor för kvinnoarbetet i sågverken, som man menade pressade ned lönerna för vissa traditionellt manliga arbeten (dessa farhågor gällde i viss mån också barnarbetet). Man befarade att den ökade mekaniseringen kunde leda till att barn och kvinnor i allt större utsträckning skulle överta de prestigefyllda och kvalificerade arbetsmomenten inom sågverksindustrin. Förbudet mot kvinnoarbete i sågverken kan möjligen också tolkas som en

---

[10]Jfr Johansson, 1985 och 1988.
[11]Se Gaunt (red.), 1982, s.21.

humanitär insats eftersom sågverksmiljön var starkt olycksdrabbad. Denna senare ståndpunkt var emellertid inte den avgörande.[12] Alf Johansson konstaterar att bilden av kvinnornas arbete vid Stocka sågverk under perioden 1860-1890 är otydlig och splittrad.[13] Det förklaras främst av att kvinnornas anställningar och arbeten vid sågverket faktiskt *var* splittrade, på korttidsarbeten och troligen efter de mycket speciella försörjningsbehov som uppstod i olika familjer under olika skeden av familjens livscykel.[14] Såsom fast anställd löntagare i den egentliga sågverksproduktionen var kvinnan under 1800-talet ett undantag.[15]

Kvinnorna utförde delvis samma typ av arbetsuppgifter som den minderåriga arbetskraften: ströläggning, ribbkapning, knubbplockning och rengöring i brädgårdarna, samt spån- och flisdragning i såghusen.[16] Kvinnornas arbete kunde också omfatta resning av kolmilor samt lastning och lossning av splitved och barlast på fartygen. Stuveriet var en typisk säsongnäring beroende på vintrarnas ishinder, och några kvinnliga hamn- eller magasinarbetare - s.k. splitvedjäntor - fastanställdes troligen aldrig. Att de inte anställdes innebar också ofta att de inte registrerades i olika statistikinstanser. Sågverken anlitade ofta särskilda lastar- eller sjåarbasar för dessa arbeten. Dessa "firmor" anställde den arbetskraft som behövdes för vissa arbeten och därför finns sällan splitvedjäntorna medtagna i statistiken över antalet anställda kvinnor vid sågverken. De lastsökande fartygen kom i regel vår och höst och i genomsnitt hade kvinnorna sällan full sysselsättning mer än en till två månader per år.[17] De kvinnliga stuveriarbetarlagen tycks ha vuxit fram helt oberoende av varandra vid flera lastageplatser. "Lagen" var dock relativt fasta, samma kvinnor återkom år efter år med små variationer.[18]

Redan 1902 hade antalet kvinnor på sågen börjat minska, men tidigare hade det funnits 12 stycken på varje skift. Det var 2 renhållare under sågen, 1 mottagare i bakkap och 2 i stavklyv, 2 mottagare i ribbklyver, 4 spinlastare och 1 stavkapare ... En del var husmöd-

---

[12]Ibid. Se också Rundlöf, 1982.
[13]Johansson, 1988, s.339.
[14]Ibid.
[15]Ibid.
[16]Gustafsson, a.a., s.116.
[17]Björklund, 1977, s.39.
[18]a.a., s.43.

rar, gifta med sågverksarbetare, en del helt unga flickor och en del medelålders ogifta finskor. (Sågverksminnen, 1948, s.43)

Vid ingången till 30-talet minskade antalet kvinnor drastiskt i sågverken, främst på grund av produktionsomläggningar och rationaliseringar. De typiska kvinnosysslorna vid sågverken rationaliserades helt enkelt bort. Under de senaste decennierna har dock antalet kvinnor åter ökat.

### Kvinnoarbetet vid sågverken i Gävleborgs län 1896-1979

Arbetets art och andelen kvinnliga arbetare varierade något mellan olika sågverk. Kvinnlig arbetskraft förekom dessutom huvudsakligen vid sågverken i Gävleborgs och Västernorrlands län.[19] Under i stort sett hela undersökningsperioden har kvinnorna ändå utgjort en mycket liten andel av sågverksarbetarna i undersökningsområdet. Andelen har pendlat mellan 1 och 7%. Vid sekelskiftet var andelen ca 2%, och vid 30-talets slut endast 1/3%. Efter 30-talskrisen ökade åter antalet kvinnor i länets sågverk och i slutet av 70-talet var andelen 7%. I absoluta tal rör det sig om ca 200 kvinnor vid sekelskiftet mot drygt 150 vid 70-talets slut. Under efterkrigstiden var ökningen främst koncentrerad till kontors- och administrativa yrken men också till produktionssidan (figur 6.1 och 6.2).

Den kvinnliga arbetskraftens status varierade mellan sågverken. Vissa sågverk avviker markant från genomsnittet. Vid till exempel Mariehills sågverk (Söderhamnsdistriktet) utgjorde den kvinnliga arbetsstyrkan nära 10%, medan många andra storsågar helt saknade kvinnlig arbetskraft. Det var vid kustsågarna, som det stora flertalet kvinnor arbetade under de första decennierna av 1900-talet. Vid inlandssågarna var det mycket ovanligt med kvinnlig arbetskraft ända fram till 50-talet. På 1970-talet ökade emellertid andelen kvinnor vid, framför allt de stora kustsågarna. Vid Stocka sågverk (Nordanstig) t.ex., var andelen kvinnor nära 20% i slutet av 70-talet.

---

[19]Gustafsson, a.a., s.116f.

# Barn och ungdomar

En mycket viktig arbetargrupp inom den tidiga sågverksindustrin var barn och ungdomar (fortsättningsvis används termen minderåriga, dvs. ungdomar under 18 år[20]). Enligt industristatistiken utgjorde minderåriga drygt 15% av den totala arbetsstyrkan vid de norrländska sågverken vid sekelskiftet. Den absoluta merparten (80-90%) av de i Jämtlands, Västernorrlands, Västerbottens och Norrbottens län registrerade minderåriga (i industristatistiken) var anställda i sågverk. Åldersgruppen 13-18 år var naturligt nog i klar övervikt[21] eftersom lagstiftningen förbjöd sågverksägarna att anställa yngre arbetare. Med säkerhet kringgicks dock denna paragraf - i vilken utsträckning är naturligtvis omöjligt att säga. Detta faktum bidrar dock till att göra siffrorna osäkra. Att antalet minderåriga inom sågverksindustrin är underskattat är snarare regel än undantag.

Sågverken var sedan 1883 undantagna från den, mer eller mindre allvarligt syftande, förordning om minderårig arbetskraft, som tillkom 1881. Den nya förordningen från 1901 ägde emellertid tillämpning även på dem. Enligt de statliga utredningarna - 1875 års barnarbetskommitté och 1891 års dito - minskade de minderårigas arbete i sågverksindustrin från 1875 till 1884-85. Därefter ökade det i omfattning fram till 1891, i motsats till vad som var fallet inom andra industrigrenar.[22] Dessa båda utredningar kom för övrigt till den slutsatsen att av minderåriga utfört arbete var vanligast inom tändsticks-, glas- och tobaksindustrin. Inom ytterligare ett par branscher - järnhantering, textil- och sågverksindustri - var ett stort antal barn och ungdomar anställda.[23] Utredningarna hade emellertid sin svagaste punkt i behandlingen av sågverksindustrin. Det finns många indicier på att de minderårigas arbete inom sågverksindustrin var mycket omfattande även före 1880.[24]

Andelen minderåriga tenderade att minska från 1910-talet. Fram till 1940 hade andelen sjunkit till 25% av sekelskiftets nivå, men ända fram till och med mitten av 50-talet var det inte ovanligt med minderårig arbetskraft i sågverken.

---

[20]Ungdomar under 18 år särredovisas ej med avseende på kön.
[21]Gustafsson, a.a., s.117f.
[22]Cornell, a.a., s.129.
[23]Efter Cornell, a.a., s.122.
[24]a.a., s.123.

Då kvinnoarbetet inom sågverksindustrin inte var särskilt utbrett, kan man på goda grunder förmoda att de allra flesta minderåriga sågverksarbetarna var pojkar. De unga pojkarna, ofta söner till sågverksarbetare, började tidigt att hjälpa till med enklare sysslor. I regel arbetade man efter skolans slut för dagen eller under ferier. Gårdlund har påpekat, att de minderåriga inom sågverksindustrin, till skillnad från situationen inom andra industrigrenar, inte var sysselsatta i den direkta produktionskedjan.[25] Detta är nog riktigt, men det bör samtidigt framhållas att de uppgifter, som regelmässigt utfördes av minderåriga, var helt nödvändiga för att sågproduktionen skulle flyta.[26]

## Minderårigas arbete vid sågverken i Gävleborgs län

Vid sågverken i Gävleborgs län var barn- och ungdomsarbetet mycket utbrett. Andelen minderåriga uppgick under de tre första decennierna av 1900-talet till 16-17% av det totala antalet sågverksarbetare i länet. Under 30-talet minskade antalet med hälften och fram till 50-talet skedde en ytterligare avtappning. Precis som fallet var med den kvinnliga arbetskraften, var det främst de stora kustsågarna som anställde minderåriga i någon större omfattning. Vid inlandssågarna var andelen minderåriga lägre - ca10-12% av den totala arbetsstyrkan. Av en sammanställning över antal anställda arbetare vid åtta sågverk i Hälsingland år 1884-1885 framgår att minderåriga pojkar utgjorde ca 7% av arbetsstyrkan.[27] Anledningen till den låga siffran kan vara att några av verken var inlandssågar; troligare är dock att källan, "Uppgifter från företagen på tryckta formulär, 1884 års arbetarförsäkringskommitté", kraftigt undervärderar barnarbetet vid dessa sågverk vid denna tid.

Vissa enskilda sågverk hade en särskilt stor andel minderåriga. Dessa låg samtliga i Söderhamnsdistriktet. Vid Ljusne, Långrör, Mariehill, Utvik och Källskärs sågverk utgjorde de minderåriga vissa perioder mer än 20% av arbetsstyrkan (figur 6.1 och 6.2).

---

[25]Gårdlund, 1942, s.321.
[26]Cornell, a.a., s.125.
[27]Utterström, 1985, s.160.

Figur 6.1   Sysselsättnings- och produktionsutveckling inom
sågverksindustrin i Gävleborgs län 1896-1979.

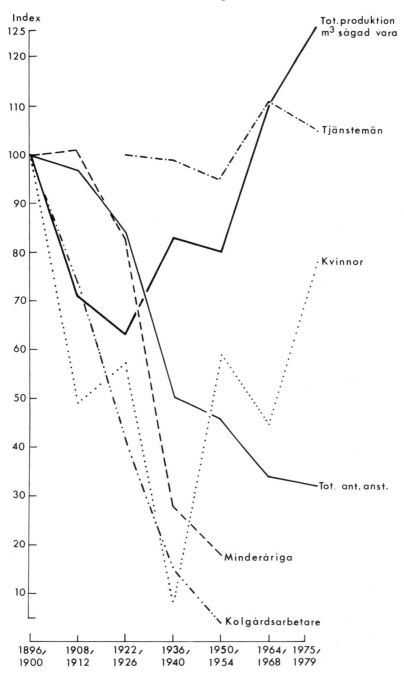

Index, 1896/1900=100 för personalkategorierna kvinnor, minderåriga,
kolgårdsarbetare och totala antalet sysselsatta samt för total produktion.
Index, 1922/1926=100 för tjänstemannakategorin.

165

# Tjänstemännen

Tjänstemannakategorin inom sågverksindustrin har inte på långt när rönt samma uppmärksamhet som andra anställda grupper inom branschen. Forskningen har främst varit intresserad av arbetargruppen och de minderårigas arbete. En av orsakerna kan vara att tjänstemännen under lång tid utgjorde en så pass liten del av arbetsstyrkan vid sågverken. Detta gällde främst de mindre och medelstora sågarna. En annan orsak är brister i källmaterialet. Sågverken blev inte skyldiga att redovisa antalet tjänstemän till industristatistiken förrän på 20-talet. Därefter är emellertid materialet mer fullständigt.

Att studera tjänstemannakategorins utveckling från sekelskiftet är därför ingen enkel uppgift. På aggregerad nivå, i detta fall länsnivå, blir emellertid fallgroparna färre. På företags- eller koncernnivå blir det genast besvärligare att använda industristatistiken som källa. Detta hänger samman med att många företag eller koncerner samlade sin tjänstemannastab till *ett* arbetsställe inom ägargruppen, vilket gör att man i källmaterialet kan iaktta en stark tillväxt av tjänstemannakategorin vid ett enskilt arbetsställe inom en koncern, medan den kraftigt reduceras vid andra arbetsställen. Till saken hör också att delar av tjänstemannakåren inte utförde rent administrativa uppgifter utan fungerade som verkschefer i den direkta produktionen.

## Tjänstemannakategorin vid sågverken i Gävleborgs län

Vid mitten av 20-talet, dvs. det första tillfället då uppgifter finns tillgängliga, utgjorde tjänstemännen inte mer än ca 4% av totala antalet anställda inom länets sågverksindustri. Andelen ökade sedan fram till 30-talet med två procentenheter, och ytterligare något fram till början av 50-talet. Det är först efter mitten av 50-talet, i samband med driftens modernisering, som tjänstemannakategorin ökar i någon större omfattning. I slutet av 60-talet var 10% av de anställda inom sågverksindustrin tjänstemän. Det är värt att notera att det vid samma tid skedde en kraftig minskning av arbetarkategorin. Det var framför allt de ökade administrativa rutinerna som låg bakom tillväxten fram till andra världskriget. Efter mitten av 50-talet låg främst den ökade mekaniseringen och så småningom datoriseringen

*Tabell 6.2    Antal sysselsatta inom olika personalkategorier vid sågverken*
*i Gävleborgs län 1896-1979.*

| Period | Kvinnor | Minderåriga | Tjänstemän | Kolgårdsarbetare |
|---|---|---|---|---|
| 1896/1900 | 197 | 1278 | * | 708 |
| 1908/12 | 97 | 288 | * | 525 |
| 1922/26 | 113 | 1063 | 284 | 294 |
| 1936/40 | 15 | 363 | 281 | 108 |
| 1950/54 | 117 | 227 | 271 | 27 |
| 1964/68 | 89 | * | 314 | * |
| 1975/79 | 153 | * | 299 | * |

*)Uppgift saknas.

bakom behovet av en större andel tjänstemän. Ökningen fortsatte också under 70-talet, om än inte lika kraftigt som decenniet dessförinnan.

Ökningen i relativa tal motsvaras inte av en ökning i absoluta tal. Antalet tjänstemän i länets sågverksindustri har från 20-talet fram till 80-talet legat runt 300 (280 i mitten av 20-talet och ca 300 i slutet av 70-talet). Man kan belysa tjänstemannasidans tillväxt genom att, med Söderhamnsdistriktet som utgångspunkt, sätta antalet arbetare i relation till antalet tjänstemän vid några tidpunkter. Under 20-talet var relationen tjänstemän/arbetare 1 till 19, vid slutet av 30-talet 1 till 12, i början av 50-talet 1 till 11 samt vid mitten av 60- och slutet av 70-talet 1 till 7 (figur 6.1 och 6.2).

Det var ovanligt med kvinnor i tjänstemannaställning ända fram till 60- och 70-talen. På 20-talet var andelen kvinnor i tjänstemannakategorin ca 1%, endast tre kvinnliga tjänstemän finns upptagna i källmaterialet. Andelen ökade emellertid till 10% i slutet av 60-talet. En verklig ökning kom till stånd under 70-talet då kvinnornas andel ökade med ytterligare tio procentenheter.

Figur 6.2    Antalet sysselsatta kvinnor, minderåriga, tjänstemän samt
kolgårdsarbetare vid sågverken i Gävleborgs län 1896-1979.

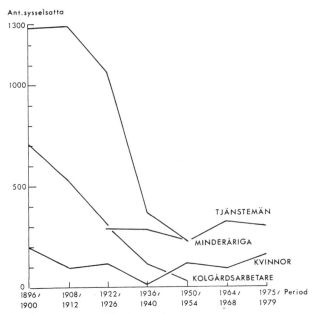

## Andra personalkategorier

Förutom arbetet i såghus, brädgård, hyvleri etc. var arbetet i sågverkens
kolgårdar viktigt vid många sågverk. Vid mitten av 1800-talet var så kal-
lad platskolning vanlig, dvs. kolning ägde rum vid särskilt iordningställda
kolningsplatser, ofta vid sågverk. Då en mycket stor del av sågverkens
restprodukter bestod av ribb, föll det sig naturligt att förädla avfallet ge-
nom kolning och försälja detta till de mellansvenska bruken. Det var med
andra ord vanligt att åtminstone de större sågverken i länet använde delar
av avfallet till träkolsframställning. Gävleborgs län var för övrigt ett av
de större kolningsdistrikten i landet. Att sågverkskolning var en om-
fattande verksamhet förstår man av att nära 10% av de anställda i länets
sågverk vid sekelskiftet var kolgårdsarbetare. Denna andel sjönk emeller-
tid oavbrutet under 1900-talet. I början av 50-talet utgjorde kolgårds-
arbetarna endast 1% av sågverkens anställda. Vid de medelstora inlands-
sågverken var platskolning mycket vanlig. Vid vissa av dessa sågverk ut-
gjorde kolgårdsarbetarna nära 20% av arbetsstyrkan under vissa perioder
(figur 6.1 och 6.2).

168

## 6.3 Sågverksarbetarnas fackliga organisering

Den senast föregångna månaden är bland annat märkvärdig där-
igenom att under densamma uppstod en, som vi skulle vilja tro, den
första arbetsinställelse efter engelskt mönster, där de strejkande ut-
göra väldiga massor och där arbetet är nedlagt för relativt längre tid.
Det har varit brädgårdsarbetarna i Gävle förbehållet att till vårt land,
som dess bättre hittills varit förskonat från dessa, icke endast för de
närmast intresserade, utan jämväl för hela det övriga samhället så
ytterst skadliga brytningar mellan arbetare och arbetsgivare, överföra
den i främmande länder i system satta oseden, att med handgripligt
våld söka använda de naturliga konsekvenserna av det fria avtalet
och det fria utbytet. (Svensk Handels- och Industritidning 11/6
1875. I: Olsson & Lindström, 1953, s.41)

Sågverksindustrin var den första näringsgrenen i Sverige som antog mo-
derna företagsformer. Sågverksmiljön var också en plats där klassmot-
sättningarna omedelbart trädde i dagen. Det är därför knappast förvå-
nande att de första stora sammandrabbningarna mellan arbete och kapital i
landet skedde just inom sågverksindustrin. Några av de bittraste sociala
konflikterna utspelades på dess mark.

År 1896 utgjorde trävaruexporten 42% av den totala svenska exporten.
Tidigare hade annan tillverkning svarat för säkert ännu högre andel av
exporten, exempelvis kopparexporten under 1600-talet och järnexporten
under 1700-talet. Men när det gällde sågverkens produktion var kvanti-
teten så mycket större. Den betydde långt mer för folkförsörjningen.[28]
Sverige hade genom sågverksindustrins expansion blivit mer inter-
nationellt beroende. Därigenom hade också konjunkturväxlingarna fått
ökad betydelse, och härav följer att de sociala konflikterna blev djupare.
Det är viktigt att se dessa sammanhang om man skall förstå varför just
sågverksindustrin blev Sveriges första "sociala slagfält".[29]

Denna period i svensk arbetarhistoria har sågverksarbetaren Ernst
Olsson träffande beskrivit på följande sätt:

---

[28]Gruvberger, 1968, s.125.
[29]Ibid.

Det var en tid full av dramatiska fragment, full av spänning och äventyr, full av räddhåga och kryperi, men också full av rediga svenska tag. (...) Det var några av dem som hade det sämst ställt som ställde sig i pionjärernas led. Men att stå i det ledet betydde att lida. Motståndet var stort, inte blott från arbetsgivarhåll utan även från de egna leden. Om inte annat så stred man om taktiken. (I: Gaunt, a.a., s.72)

Läget vid de svenska sågverken i slutet av 1870-talet var att de goda konjunkturerna förbytts i lågkonjunktur. Priserna på trävaror sjönk, vinsterna minskade och lönerna sänktes. Landshövding Curry Treffenbergs uppmaning; "Fallen, I, arbetare, till föga inför sågverksegarne!"[30], blev knappast hörsammad.

Vid mitten av 1880-talet gjordes de första försöken att fackligt organisera sågverksarbetarna. I Gävle bildades 1886 den första lokala fackföreningen i landet, vilken senare (1891) tog initiativet till bildandet av Svenska sågverks- och brädgårdsarbetareförbundet.[31] Gävlearbetarnas program var ett övervägande fackligt program. Detta program skilde sig ganska mycket i uppläggningen från de huvudsakligen politiska program, som de mer kortlivade föreningarna i Sundsvallsdistriktet hade haft.[32]

Det tog emellertid lång tid att organisera sågverksarbetarna. Från 1875 till 1880 förekom strejker av "oorganiserade" mot ett "allenahärskande arbetsgivarvälde" under en starkt vikande konjunktur; åren 1880 till 1885 kännetecknas av en sakta återhämtning och stiltje på strejkfronten; åren 1886-1891 blev konjunkturerna åter sämre, livsmedelspriserna steg och en mängd försök gjordes att upprätta fackföreningar och en våg av mestadels oorganiserade strejker vällde fram. Åren 1891-1897 var det åter bättre tider, strejkerna var få, samtidigt som ett fackförbund för sågverks- och brädgårdsarbetarna - efter skiftande försök - växte fram.[33] År 1899 var den stora föreningsrättsstridens och Åkarpslagens år. Sundsvallsstrejken 1899 gjorde att arbetarnas organisationer tillfälligt bröt

---

[30]Kjellberg, (1879) 1974.
[31]Avdelningen i Gävle fick nr 1, och de flesta låga nummer tillhörde avdelningar i Gävledistriktet: nr 2 Skutskär, nr 3 Harnäs, nr 5 Bomhus. Längre norrut fick Söderhamn nr 7 och Hudiksvall nr 8. Tidningen Sågverks- och brädgårdsarbetaren utgavs sedan 1899 regelbundet från Gävle. De flesta tidiga förbundskongresser ägde rum i samma stad.(Gaunt, a.a., s.13).
[32]Olsson & Lindström, 1953, s.101ff.
[33]a.a., s.165.

samman. Förbundet fortsatte sin verksamhet, men antalet medlemmar inom Sågverksindustriarbetareförbundet minskade kraftigt under år 1899. Avtappningen fortsatte till 1906, då kurvan vände snabbt. Detta år var medlemsantalet över 9 000 mot ca 1 600 året innan.[34]

Vid nästa stora kraftmätning på svensk arbetsmarknad, storstrejken 1909, var medlemsantalet ca 11 000. Olsson & Lindström menar, att sågverksarbetarnas fackliga organisationer inte hade nått den inre styrka och mognad som var nödvändig för att möta den situation arbetarna ställdes inför 1909.[35]

De större sågverkens produktion gick kraftigt tillbaka under storstrejksåret, framför allt i Gävleborgs län. Detta har jag tolkat som att den fackliga aktiviteten var större vid storsågarna längs södra Norrlandskusten än vid småsågarna i inlandet och längre söderut, samt vid de större sågverken i norra och mellersta Norrland.

Depressionen 1908 och den därmed följande arbetslösheten medförde ca 5 000 färre medlemmar i sågverksarbetarförbundets avdelningar i landet. Storstrejken för sågverksarbetarnas vidkommande inleddes egentligen med en lockout från SAF:s sida (5 juli 1909) mot pappersindustrins arbetare, som var organiserade både i Sågverksindustriarbetareförbundet och i Grov- och fabriksarbetareförbundet, varigenom 1 800 av "sågs" medlemmar drogs in i konflikt. Den 26 juli utvidgades lockouten till att även omfatta sågverksindustrin och den 4 augusti svarade LO med generalstrejk. Totalt var drygt 23 000 sågverksarbetare indragna i konflikten, varav nära 50% var oorganiserade.

Sågverksindustriarbetareförbundet blev illa åtgånget genom striden. Ett flertal avdelningar i Gävleborgs län upplöstes, andra fortsatte arbetet med en kraftigt reducerad medlemskader.[36] Året efter hade förbundet endast ca 4 000 medlemmar. Det skulle dröja till 1917 innan 1908 års medlemssiffror uppnåddes igen (ca 11-12 000 medlemmar). Nu som tidigare var det en liten kärntrupp som började det långsamma och sega återuppbyggnadsarbetet.[37]

---

[34]Ibid.
[35]a.a., s.383.
[36]Avdelning 5 i Bomhus utanför Gävle fortsatte dock strejken ända till december 1910. Man hade då strejkat i 16 månader. (Gaunt, a.a., s.20).
[37]Olsson & Lindström, a.a., s.401.

Tabell 6.3    Medlemsutvecklingen i Sågverks- och
               brädgårdsarbetareförbundet 1897-1915.

| År | Antal vid årets slut | Nytillkomna | Utgått | +/- |
|---|---|---|---|---|
| 1897 | 1183 | 845 | 168 | +677 |
| 1898 | 4426 | 5190 | 1947 | +3243 |
| 1899 | 1782 | 1827 | 471 | -2644 |
| 1900 | 1512 | 863 | 1133 | -270 |
| 1901 | 1290 | 756 | 978 | -222 |
| 1902 | 1709 | 736 | 317 | +419 |
| 1903 | 1550 | 271 | 430 | -159 |
| 1904 | 1826 | 1250 | 974 | +276 |
| 1905 | 1665 | 1582 | 1743 | -161 |
| 1906 | 9295 | 7748 | 118 | +7636* |
| 1907 | 15081 | 10889 | 5103 | +5786 |
| 1908 | 10998 | 5953 | 10036 | -4083 |
| 1909 | 3732 | 5612 | 12878 | -7878* |
| 1910 | 4108 | 1365 | 989 | +376 |
| 1911 | 3652 | 1185 | 1641 | -456 |
| 1912 | 4789 | 2397 | 915 | +1482 |
| 1913 | 5959 | 3218 | 2081 | +1137 |
| 1914 | 6438 | 2738 | 2259 | +479 |
| 1915 | 7473 | 2844 | 1809 | +1035 |

*) Uppgifterna är fel uträknade i den använda källan. Uppgiften för 1906 skall vara
+ 7630 och för 1909 - 7266.
Källa: Minnesskrift utgiven av Svenska Sågverksindustriarbetareförbundet Gefle 1922
vid 25-årsjubiléet. I: Gaunt, a.a., s.13.

Man inriktade sig i första hand på att konsolidera ställningen på de platser
där avdelningar överlevt konflikten, samt att söka återupprätta nedlagda
avdelningar. Marken var hårdarbetad i sågverksdistrikten och i ännu hög-
re grad i skogsbygderna. Agitationen i skogsbygderna såg man som en ren
försvarsåtgärd mot arbetsgivarnas strejkbrytarvärvare, som vid varje
större konflikt utnyttjade "de oupplysta arbetarelementen i skogsbyg-
derna.[38]

---

[38]a.a., s.403.

172

1920-talet innebar, trots konflikter och inre slitningar, att sågverksarbe-
tarnas fackföreningar konsoliderade sin ställning, både inåt och utåt.
Medlemsantalet nära nog fördubblades fram till 1930.

30-talsdepressionen och "sågverksdöden" innebar stor arbetslöshet.
Medlemsantalet sjönk åter i förbundet, från nära 40 000 till 24 000
(1940). Sågverksindustrin var kanske den industribransch som drabbades
hårdast av 30-talskrisen. I Gävleborgs län var totalt drygt 52 000 personer
registrerade som arbetslösa 1933[39], därav en stor del sågverksarbetare.

På Sågverksindustriarbetareförbundets kongress 1944 behandlades två
stora frågor: dels inrättande av en arbetslöshetskassa, dels frågan om en
sammanslagning med Träindustriarbetareförbundet. A-kassan konstitue-
rades redan samma år och sammanslagningen av de två förbunden kom till
stånd 1948.

Under 30- och 40-talen blev de flesta svenska fackförbunden fast etable-
rade och erkända. Sågverksindustriarbetareförbundets brokiga historia är
på intet sätt unik. Svensk fackföreningsrörelse brottades länge med både
interna och externa problem som var av avgörande betydelse för dess
existens.

---

[39]a.a., s.467.

# Kapitel 7

# Industri för husbehov

I kapitel 5 behandlades främst de medelstora och stora sågverken i undersökningsområdet. Parallellt med dessa sågverk har det under hela 1900-talet dock funnits ett stort antal mindre sågverk i drift i Gävleborgs län - sågverk som alltså inte kommit upp till den produktionsgräns om 1 000 m³/år som sattes i kapitel 5. Dessa sågverk är för små för att i statistisk mening anses tillhöra den egentliga sågverksindustrin. Trots detta anser jag att det finns anledning att närmare undersöka denna *industri för husbehov*. Produktionen är ofta inriktad både för avsalu och husbehov - och detta gäller under hela undersökningsperioden, dvs. från 1896 till 1979.

Syftet med detta kapitel är dels att beskriva sysselsättningens omfattning, produktionsvolym, teknik och utrustning vid de små sågarna, dels att belysa dessa anläggningars lokaliseringsmönster, regionala fördelning och betydelse i den lokala ekonomin under 1900-talet.

Vad avses då med småsågar? I kapitel 5 diskuterades gränsdragningar mellan sågverk av olika storlek. En undre gräns sattes då för de sågverk som skulle ingå i studien, nämligen 1 000 m³ sågat virke i genomsnitt per år under en femårsperiod. De sågverk som inte nådde detta produktionstal var i regel små avsalusågar, husbehovssågar eller legosågar. I fortsättningen benämns alla dessa typer av sågverk för *småsågar*. Sågverksinventeringen 1979 fann att ca 2 600 sågar var i drift i Sverige detta år. Nära 2 000 av dessa hade en produktion understigande 1 000 m³ per år, dvs. var att betrakta som småsågar.[1]

## 7.1 Småsågarna under 1900-talet

För att få en uppfattning om förändringen över tiden har jag valt fyra undersökningsperioder. Den första perioden omfattar tiden 1896/1900. Källmaterialet utgörs här av primärmaterialet till industristatistiken.

---

[1]Englund, 1981, s.7.

175

Andra perioden omfattar tiden 1922/26 (samma källa som ovan). Det tredje undersökningstillfället är 1953 då den första rikstäckande sågverksinventeringen genomfördes. Det fjärde undersökningstillfället är 1979 och där utgörs källmaterialet av detta års sågverksinventering.

Tyvärr är jämförbarheten mellan de olika undersökningsperiodernas källmaterial inte helt tillfredsställande. Detta beror bl.a. på olika insamlingsmetoder och redovisningssätt. Jag anser det dock vara rimligt att utnyttja sågverksinventeringarna för ifrågavarande år då deras syfte just har varit att kartlägga *alla* sågverk i landet. (Se i övrigt diskussion av källmaterialet i kapitel 5.)

**Regional fördelning**

I materialet för perioden 1896/1900 finner vi 84 småsågar. Många av dessa bedrev inte sågning under samtliga av periodens fem år. Orsakerna till detta var flera, bl.a. den skiftande vattenföringen i älvar och åar, tillgång på råvara och möjligheterna att avyttra produkterna. Den viktigaste orsaken var dock förmodligen att de allra flesta småsågar producerade virke för husbehov, det vill säga sågade när ägaren/ägarna behövde material för nybyggnation och liknande. Sågverken drevs i många fall "byavis" eller som sågföreningar med flera delägare. Småsågarna var relativt väl spridda över länet; de fanns i de flesta av länets socknar. Småsågarna var dock talrikare i inlandet än vid kusten; närmare 80% var lokaliserade till inlandssocknar.

Vid mitten av 1920-talet var lokaliseringsmönstret i stort sett detsamma. Däremot hade antalet verk ökat till 135 anläggningar. Det skulle alltså innebära en kraftig ökning av antalet småsågar på 25-30 år, något som knappast är sannolikt. Till detta skall också läggas en underskattning av 1922/26 års siffror. Felet ligger med all sannolikhet i 1896/1900 års siffror, som troligtvis är alldeles för låga.

Den bild av lokaliseringsmönstret som materialet från 1896/1900 ger, höll sig tämligen intakt fram till 1950-talet. Antalet sågverk hade däremot minskat, från 135 till drygt 90. Troligtvis var minskningen ännu större av orsaker som berördes ovan. Inlandets dominans förstärktes något under 30-årsperioden. Många småsågar i kust- eller kustnära socknar hade uppenbarligen lagts ned. Nedläggningar hade också förekommit i inlandet men inte i lika stor omfattning som vid kusten.

Vid sågverksinventeringen 1979 uppgick det *totala* antalet sågverk i länet till 117. Av dessa hade hela 84 en produktion understigande 1 000 m³/år (över hälften av småsågarna kom inte ens upp i en produktion av 100 m³/år). Att antalet småsågar trots allt inte reducerats mer sedan 1953 är förvånande. En orsak kan vara förbättrade metoder vid datainsamlingen, vilket gjort att inventerarna fått med sågverk med en mycket liten produktion, vilka man kanske missade vid 1953 års inventering. De regionala olikheterna i småsågarnas förekomst i länet bestod emellertid även in på 80-talet. Vissa förändringar och förskjutningar kan dock noteras. Antalet småsågar i Gästrikland går kraftigt tillbaka under efterkrigstiden. Småsågarnas kärnområde var ännu 1979 Hälsinglands inland med störst utbredning i Järvsö, Alfta, Ovanåker och Bollnäs - dvs. i de gamla jordbruksområdena.

*Tabell 7.1   Antal småsågar vid fyra undersökningstillfällen i Gävleborgs län fördelade på delområden.*

|      | 1896/1900* | 1922/1926* | 1953 | 1979** |
|------|-----------|-----------|------|--------|
| KO   | 45        | 70        | 49   |        |
| SI   | 13        | 24        | 15   |        |
| NI   | 26        | 41        | 29   |        |
| S:a  | 84        | 135       | 93   | 84     |

*)Sågade ett eller flera år under perioden.
**)Ej uppdelat på delområde.


## Produktion och sysselsättning

Under de två första undersökningsperioderna bedrev ett relativt litet antal småsågar (ca 20%) sågning under hela femårsperioden. Vanligtvis förekom sågning endast ett av de fem åren. Dessutom drevs sågen en begränsad tid av året (några veckor, ibland upp till ett par månader). Denna oregelbundna produktion innebar att man i regel ej hade någon fast anställd personal. Man lejde in folk när man hade ett parti timmer att såga (i regel om våren) eller virke att hyvla (om hösten och vintern). Man hyrde också ut sågen eller sågade för annans räkning, s.k. legosågning.

Produktionens storlek varierade dels mellan de olika sågverken dels från år till år vid samma sågverk. I källmaterialet anges sällan några direkta produktionssiffror utan man har nöjt sig med att ange att sågning sker "för husbehof" eller "endast legosågning". På goda grunder kan man emellertid anta att de flesta småsågarna inte producerade över 500 m³ sågad vara per år, det vill säga ungefär 1% av tillverkningen vid en medelstor salusåg. Sysselsättningsvariationerna vid dessa sågverk innebar att de största, vid vissa tillfällen, kunde ha närmare tio anställda, men flertalet hade ca fem anställda under den tid sågning pågick.

Vilken betydelse skall man då tillmäta småsågarna ur sysselsättningssynpunkt? Hur viktiga var dessa arbetsplatser i den lokala ekonomin? Frågorna är svåra att besvara med utgångspunkt i det ringa och osäkra källmaterial som finns till hands. Klart är emellertid att för vissa områden - socknar, byar och mindre orter - bör arbetet vid småsågarna ha inneburit ett viktigt försörjningstillskott i den lokala ekonomin. Som exempel kan nämnas Delsbo socken, som hade flest småsågar av samtliga socknar i länet vid början av 20-talet. År 1922 var sex småsågar i drift i socknen och sammanlagt var under sågningssäsongen drygt 40 man anställda. Det är uppenbart att detta måste ha inneburit ett tillskott till den lokala arbetsmarknaden, som i övrigt mest bestod av jord- och skogsbruk. Sågningssäsongen var förvisso begränsad, men som komplement till andra arbeten var sågarbetet med säkerhet inte oviktigt. Här kan vi också se paralleller till den för- och proto-industriella sågverkshanteringen. Många, för att inte säga de allra flesta, småsågar drevs även vid denna tid enligt samma princip som de proto-industriella sågarna. En viktig faktor hade dock troligen bortfallit, småsågarna under 20-talet avyttrade förmodligen en ganska liten del av sin produktion utanför den egna regionen.

Vid 50-talets början såg bilden lite annorlunda ut. Få småsågar hade en produktion som översteg 200 m³. Flertalet uppgav t.o.m. en produktion under 100 m³. Både antalet småsågar och produktionen vid dessa hade alltså minskat sedan 20-talet. Förutom detta faktum innebar ny och effektivare produktionsutrustning att det totala antalet sysselsatta vid dessa verk hade minskat under 30-årsperioden. Ovan nämndes Delsbo som exempel på en socken med flera småsågar. Jämför vi antalet sysselsatta vid småsågarna i Delsbo 1953 med antalet 1922/26 konstateras att nedgången varit mycket kraftig. 1953 arbetade endast nio personer vid de sex småsågar som var i drift.

År 1979 producerades ca 11 000 m³ sågat barrvirke vid länets småsågar, vilket utgjorde mindre än 1% av totalproduktionen i länet. Andelen sågat lövvirke var dock betydligt större, 12%. Totalt fanns 84 småsågar i länet vid denna tid. Jämför man denna siffra med 20-talets (135) kan man med fog påstå att dessa verk lyckats överleva i förvånande hög grad. Små-sågarna fyller fortfarande ett reellt behov i byarna och på mindre orter, genom att producera trävaror för byggnation, reparation etc. De utgör därmed fortfarande ett inslag i den lokala formella och informella eko-nomin. Det stora antalet småsågar visar med sin blotta existens att de fyller en funktion.

**Utrustning**

I början av 20-talet var ramsågen den dominerande sågtypen. Många an-läggningar hade också en eller flera hyvlar och en eller ett par sågklingor. Cirkelsågverk förekom endast i något enstaka fall. I regel drevs sågarna med ångmaskin eller vattenkraft. Kombinationer fanns också mellan dessa båda energikällor och elektrisk drift. Ett fåtal verk drevs enbart med elektricitet eller oljemotor. Kapaciteten var låg - särskilt gällde detta vattensågarna.

Fram till 1953 hade utrustningen förbättrats betydligt. Vattenhjulet el-ler -turbinen var visserligen inte helt borta men elektriciteten var den do-minerande kraftkällan. Cirkelsågen hade tagit över nästan helt - endast en handfull småsågar var ramsågverk. Materialet för 1979 ger tyvärr ingen information om vare sig den tekniska utrustningen eller antalet sysselsatta vid småsågarna. Inget sägs heller om sågningssäsongens längd.

# 6.2 Avslutning

Vilken betydelse skall man då tillmäta småsågarna ur produktions- och sysselsättningssynpunkt under 1900-talet? Ser vi till produktionen så är den i jämförelse med de stora och medelstora sågverken mycket blygsam. Det är knappast fråga om industriell produktion i den mening begreppet använts i kapitel 5, utan snarare tillverkning för husbehov eller för avsalu i liten skala. Småsågarna hade dock uppenbarligen en viktig roll att fylla ur försörjningssynpunkt i vissa delar av undersökningsområdet även långt in på 1900-talet. Sågsäsongen var visserligen tämligen kort, men arbetet vid småsågarna kompletterade annan verksamhet: skogsarbete, jordbruksarbete, flottning etc.; och utgjorde därmed en av flera näringar i länet, som gjorde att arbetsåret kunde täckas in relativt väl. Kombinationen sågverksarbete och jordbruksarbete levde kvar. Denna arbetsform och arbetsordning har som tidigare visats djupa rötter i denna region, vilket kanske är den mest intressanta aspekten. Man kan rentav påstå att ett proto-industriellt arbetssätt fortlevde långt in på 1900-talet i vissa socknar i undersökningsområdet.

Idag har småsågarna en viss möjlighet att tillgodose behovet av sågat virke på en lokal marknad. Konkurrensen från varuhus och byggmarknader är förvisso hård, men fortfarande finns en efterfrågan på udda dimensioner som inte finns att tillgå hos de stora trävarugrossisterna. Här är naturligtvis de små sågverkens flexibilitet av stort värde.

# Kapitel 8

# Sammanfattning och slutord

Sverige var vid mitten av 1800-talet i sina huvuddrag ett bondesamhälle. Av Sveriges 3,5 miljoner invånare fick nära 80% sin bärgning inom jordbruk med binäringar. Man träffar ofta i statistik på tillägget: *med binäringar*. Ofta har vi en vag uppfattning om dessa binäringars art och betydelse i den lokala och nationella ekonomin i äldre tid. På senare år har dock bi- eller kombinationssysselsättningarnas betydelse, inte bara för enskilda familjer eller regioner utan också för en senare industrialisering, blivit föremål för ett ökat intresse från forskningen. Den förindustriella varuproduktionen för avsalu bland allmogen i olika regioner i Västeuropa har, kanske främst genom teorin om proto-industrialisering, kommit att uppmärksammas i hög grad.

Sågverkshanteringen, sedermera sågverksindustrin, står i fokus i denna studie. Sågverkshanteringen har djupa historiska rötter i Gävleborgs län och redan 1726 skrev Olof Broman följande i sitt mäktiga verk Glysisvallur:

> På många och långa tider tilbaka hafwa här Sågqvarnar warit mycken god och stor Indrägt af goda Bräder (Broman, 1726 och 1949, s.310)

Industrins framväxt låter sig inte förklaras annat än som resultatet av en mängd faktorer och incitament. I kapitel 2 skissas två fall av industrialisering - med respektive utan teknisk omvälvning. En industrialisering utan teknisk omvälvning kan ske regionalt utan att någon teknisk förändring sker inom vare sig jordbruk eller industri. I det första fallet sker industritillväxten i nära anknytning till jordbruket. Proto-industrin hörde nära samman med jordbruket och teorin om proto-industrialisering måste uppfattas både som ett komplementärt och alternativt synsätt till den mer traditionella synen på industrialiseringen av Västeuropa. Proto-industrialiseringsteorin tvingar oss att betrakta industrialismens framväxt i ett längre historiskt perspektiv än vi gjort hittilldags. Det är också andra orsaksfaktorer som sätts i förgrunden.

181

Detta synsätt har följaktligen lett till att en rad invanda begrepp och förklaringar har ifrågasatts. Det är därför knappast att förvånas över att kritiken mot teorin om proto-industrialisering stundtals varit mycket hård. Även om kritiken delvis har varit berättigad, har den proto-industriella modellen, för min personliga del, inneburit en möjlighet att bättre förstå sambandet mellan kontinuitet och förändring i historien. Även när det gäller att försöka förklara och förstå problem rörande en tidigt uppkommen regional arbetsdelning eller regional industrispecialisering, och dennas eventuella bidrag till ett senare etablerat lokaliseringsmönster inom industrin, finner jag att teorin kan lämna viktiga bidrag. Teorin har en rumslig dimension och är därför särskilt intressant för geografer.

Finns det då tecken på att en sådan regional specialisering eller arbetsdelning inom varuproduktionen skulle ha existerat i Sverige redan före 1850-1860? Ja, det kan man med säkerhet påstå. Grunden för detta lokaliseringsmönster var naturligtvis möjligheterna att utnyttja respektive regions specifika lokaliseringsförutsättningar. Denna så att säga ursprungliga form av regional arbetsdelning kan fortfarande spåras i den svenska industrins geografi.[1] I kapitel 3 tecknas en bild av den för- och proto-industriella sågverkshanteringen i Gävleborgs län från slutet av 1700-talet till ca 1850. Sågverks- och övrig trävaruhantering utgjorde en viktig binäring eller kombinationssysselsättning i många delar av undersökningsområdet, framför allt i kustområdet. Sågverkshanteringen bedrevs säsongmässigt och produkterna avyttrades - bl.a. via Gävle, Söderhamn och Hudiksvall - utanför den egna regionen. Försäljningen var skattlagd men sannolikt förekom försäljning även från icke skattlagda sågverk. Arbetskraften bestod av bönder eller arbetare som alternerade mellan jordbruksarbete och arbete vid sågverken.

Jag har i denna studie bl.a. ställt frågan vilken betydelse man skall tillmäta den förindustriella produktionen när det gäller förklaringar till industrialiseringen av vissa regioner. För att kunna besvara denna fråga bör vi också ställa oss några följdfrågor: Skall vi söka grunden för "sågverksriket" i kort- eller långsiktiga förklaringsmodeller? Och: Är det den lokalt och regionalt nedärvda strukturen som bildar jordmån, eller är processen externt genererad via den nationella och internationella arenan? För att börja bakifrån, är det naturligtvis lätt att krypa undan den fråge-

---

[1]Se Andersson, m fl (1987).

ställningen genom att svara: *både och* - processen var både lokalt och internationellt genererad. Mycket tyder dock på att kapitalackumulationen - i såväl den förindustriella som i den tidiga industriella - primärt skedde på landsbygden och under kontroll av landsbygdsanknutna aktörer. Med växande behov av kapital för investeringar i ökad produktionskapacitet och de växande volymer sågade trävaror, som industrialiseringen av branschen såväl förutsatte som bidrog till, ställdes emellertid allt större krav på koordination, krediter, transporter och hamnkapacitet.[2] I sågverksindustrins initialskede spelade avgjort det lokala - i form av kapital, marknadskännedom, "branschkunnande" (i alla dess delar) m.m. - en mycket viktig roll. Låt oss säga att denna process varade 15-20 år. Från 1865-1870 kom den fortsatta industrialiseringen av branschen att bli allt mer beroende av den nationella och internationella arenan. Detta innebar dock inte att lokaliseringen av sågverkindustrin förändrades på något påtagligt sätt.

Den vanligast förekommande beskrivningen av Sveriges industrialisering trycker hårt på betydelsen av att landet drogs in i världsekonomin. De viktigaste impulserna kom i form av efterfrågan på svenska produkter, ny teknik inom skilda områden och kapital. Även om de inhemska förhållandena; såsom tillgången på arbetskraft, utvecklingen inom jordbruket samt reformer på det ekonomisk-politiska området brukar framhållas, tilldelas de oftast en underordnad roll som väsentliga orsaksfaktorer. I kapitel 4 diskuteras sågverksindustrins expansionsfas i undersökningsområdet. Några av de i äldre forskning oftast anförda orsaksfaktorerna bakom denna utveckling tas upp till behandling: näringslagstiftningen, avvittringen, tekniken, Västeuropas ekonomiska uppsving och "en förändrad mentalitet". Gemensamt för denna forskning är att den i hög grad sökt orsakerna i samtiden, vilket ofta resulterat i en uppräkning av utlösande eller pådrivande faktorer. Man frestas återigen att citera Fernand Braudel:

> Samtiden överraskas av eldskenet. Som vanligt föga uppmärksam på
> de långa förberedelseprocesserna inser den med ens ... storheten när
> denna redan är erövrad och bländande. (Braudel, 1986b, s.241)

Samtidigt som ingen av ovan nämnda faktorer ensam kan förklara skeendet, kan vi inte heller bortse från dem. Utan lättnader i näringslagstiftnin-

---

[2]Andersson & Haraldsson, 1988.

gen, utan ångmaskinens införande och utan den stora efterfrågan på sågade produkter i Västeuropa vid 1800-talets mitt, hade inte sågverksindustrin kunnat expandera med den kraft som kännetecknar utvecklingen i framför allt kustområdet. Likväl återstår att besvara frågan: Hur var denna utveckling möjlig - just här, just då? Utan en tidigt förvärvad kunskap om trävaruhantering (i alla dess delar) i regionen, och en tidigt utvecklad handel, är det troligt att den moderna sågverksindustrins utveckling i Gävleborgs län sett annorlunda ut. En förklaring av hur sågverksindustrins kraftiga expansion efter 1850 var möjlig måste därför inriktas mot en förklaring där vi betraktar expansionens förutsättningar i ett längre tidsperspektiv. Detta innebär att de långsiktiga, bakomliggande socio-ekonomiska faktorerna tillmäts en större betydelse. "Det långa perspektivet tar sig på olika omvägar alltid in på sin rättmätiga plats."[3] Med denna utgångspunkt har teorin om proto-industrialisering viktiga bidrag att lämna, utan att för den skull skapa en ny linjär modell, där proto-industrin uppfattas som en regelmässigt uppträdande mellanform i utvecklingen från agrart till industrialiserat samhälle.[4]

Vid sekelskiftet 1900 kulminerade sågverksindustrins långvariga och dynamiska kraft. Konkurrentländerna ökade vid denna tid produktionen samtidigt som den hårda exploateringen av den svenska skogen började märkas i en tilltagande råvarubrist. Trots detta var åren kring sekelskiftet "goda år" för den svenska sågverksindustrin. Genom flottning och skogsavverkning var i stort sett alla delar av Gävleborgs län indragna i trävaruhanteringen. 40% av länets sågverksarbetare var anställda i sågverk i Söderhamnsdistriktet. Sågverksindustrins lokaliseringsmönster var vid denna tid i stort sett identiskt med genombrottsårens. Parallellt med de stora exportsågarna bedrevs fortfarande avsalusågning vid en mängd by- och bondesågar - sågverk med rötter i en mycket gammal arbetsordning. Överhuvudtaget var sågverksindustrin även vid sekelskiftet en utpräglad landsbygdsindustri. Det skulle dröja till 30-talskrisen innan de stora strukurförändringarna drabbade sågverksindustrin. "Sågverksdöden" svepte bort en mängd uttjänta verk och arbetet i sågverken började rationaliseras på allvar. Den struktur som blev följden av 30-talets rationaliseringar levde sedan kvar fram till början av 60-talet då nästa stora om-

---

[3]Braudel, 1986b, s.475.
[4]Se Tilly, 1982.

184

välvning inom branschen inleddes, en teknisk förnyelse utan tidigare motstycke i syfte att öka produktiviteten. I förnyelsens spår ökade drifts-koncentrationen men också utslagningen av arbetsställen.

Branschens olika utveckling i skilda delar av undersökningsområdet har i kapitel 5 bl.a. illustrerats med hjälp av omfördelningstal. Ser vi till den regionala omfördelningen av sågverksindustrins sysselsättning från se-kelskiftet fram till 1980 kan vi konstatera att, beträffande kustområdet, tre av fyra kommuner i detta område gjort omfördelningsvinster. Om-fördelningsförlusten för kustområdet under 1900-talet faller helt på Sö-derhamn. Intressant att notera är den "positiva" utvecklingen i Gävle som i absoluta tal endast hade 50 jobb färre i branschen i slutet av 70-talet jäm-fört med vid sekelskiftet. Södra inlandsområdet gör som helhet en omför-delningsförlust under 1900-talet. Av de tre delområdena i undersök-ningen är det endast norra inlandsområdet som gjort en omfördelnings-vinst. Norra inlandsområdet hade vid 70-talets slut nära 200 fler jobb inom sågverksindustrin än om området hade utvecklats i enlighet med länet som helhet under 1900-talet. Den mest positiva utvecklingen upp-visar Ovanåkers kommun, som dessutom är den enda kommun som hade fler anställda i absoluta tal inom branschen vid slutet av 70-talet jämfört med vid seklets början.

Vi kan alltså konstatera att en "överströmning" av arbetskraft sker från det traditionellt starka kustområdet till norra inlandsområdet. Detta är en process som pågått under i stort sett hela 1900-talet. Trots omfördel-ningsförluster och en kraftig nedgång av antalet sysselsatta var dock kust-området fortfarande vid 80-talets början sågverksindustrins kärnområde i Gävleborgs län. Under perioden 1975/79 arbetade nära 70% av bran-schens anställda i länet vid sågverk i kustområdet. Samtidigt svarade dessa sågverk för drygt 70% av totalproduktionen.

Sågverksindustrin i Gävleborgs län var alltså vid ingången till 1980-talet fortfarande mycket starkt präglad av den regionala struktur och det lokaliseringsmönster som grundlades vid mitten av 1800-talet. Denna struktur var i sin tur i hög grad en frukt av den för- och proto-industriella sågverksrörelsen under föregående decennier. Vad vi kan se är alltså en mycket seglivad grundläggande lokaliseringsstruktur som, när vi detalj-granskar den, även innehåller ett stort mått av förändring.

185

Sågverkshanteringen har, som flera gånger påpekats, i alla tider varit en starkt landsbygdsanknuten näring. I SOS Fabriker och Handtverk från 1897 redovisas antalet sågverk i städer och på landsbygden. Av totalt 104 upptagna sågverk i Gävleborgs län, återfanns inte mindre än 95 på landsbygden. Landsbygdssågverken svarade för hela 85% av tillverkningsvärdet och hade nära 90% av de anställda. Även övrig industriell verksamhet var i hög grad lokaliserad till landsbygden vid denna tid. Av totalt 497 "fabriker" i länet 1897 var 359 lokaliserade till landsbygden. Landsbygdslokaliseringen gällde/gäller såväl för de stora kustsågarna som för de mindre inlandssågarna. På senare tid har de förindustriella icke-agrara aktiviteternas utpräglat rurala lokaliseringsmönster kommit att uppmärksammas alltmer i forskningen. Detta är emellertid inte i sig ett skäl för att betrakta städerna som mindre betydelsefulla i denna process. När det gäller att bedöma städernas roll för den förindustriella produktionens bedrivande intar forskarna härvidlag skilda och ibland helt motsatta positioner.[5] John Langton & Göran Hoppe (1983) diskuterar två huvudlinjer: en vars grundsyn är att städernas roll snarast var blockerande och konservativ, varför drivkraften var proto-industrialiseringen av landsbygden, baserad på efterfrågan från den internationella marknaden; en annan söker förklaringar utifrån de lokala rural-urbana relationerna och betonar starkare städernas roll. Även om inte författarna avfärdar någon av dessa förklaringsansatser, betonar de att industrialiseringen åtföljdes av en stadstillväxt, som på något sätt borde vara relaterad till själva industrialiseringen - åtminstone så att städerna drog nytta av, eller på olika sätt medverkade i landsbygdens industrialisering.[6]

Ännu vid 1980-talets början återfanns majoriteten av länets sågverk på landsbygden. Av totalt 32 sågverk i drift 1979, låg endast ett eller två sågverk i eller i nära anslutning till en stad. De allra flesta sågverken i Gävleborgs län är lokaliserade till mindre tätorter eller rena landsbygden. Även i detta avseende har alltså ett mycket gammalt industrilokaliseringsmönster levt kvar.

Det är alltså ingen tillfällighet att sågverkshanteringen, sågverksindustrin, i första hand vuxit fram och utvecklats på landsbygden. Möjligheterna att

---

[5]Andersson & Haraldsson, a.a.
[6]Hoppe & Langton, 1979, och Langton & Hoppe, 1983. I: Andersson & Haraldsson, a.a. Citat ur Andersson, 1987, s.78.

utnyttja vattenkraften och närheten till råvaran är ett par viktiga lokaliseringsfaktorer. Men det avgörande för att en etablering och utveckling skulle komma till stånd var kanske ändå den existerande socio-ekonomiska strukturen på landsbygden i delar av Norrland, som skapade ett behov av bi- eller kombinationssysselsättningar till jordbruket. I många regioner skapades tidigt en ekonomisk och social symbios mellan jordbruk och sågverkshantering under året.

I kapitel 6 undersöks sysselsättningsutvecklingen under 1900-talet för tre personalkategorier: kvinnorna, de minderåriga och tjänstemännen. Kvinnorna har aldrig utgjort någon stor arbetargrupp inom sågverksindustrin. Kvinnlig arbetskraft förekom dessutom huvudsakligen vid sågverken i Gävleborgs och Västernorrlands län. Andelen sysselsatta kvinnor i sågverken i Gävleborgs län har under 1900-talet pendlat mellan två (sekelskiftet) och sju (slutet av 70-talet) procent. Andelen har alltså ökat under 1900-talet och kvinnorna utgör idag, vid vissa sågverk, nära 20% av arbetsstyrkan. Minderåriga var en mycket viktig arbetargrupp i sågverksindustrin under senare delen av 1800-talet. Vid sekelskiftet utgjorde dessa mer än 15% av arbetsstyrkan vid de norrländska sågverken. Vid sågverken i Gävleborgs län uppgick andelen minderåriga till 16-17%, vid vissa sågverk över 20%, under de tre första decennierna av 1900-talet. Från 30-talet skedde en successiv minskning av antalet minderåriga. Först vid mitten av 1920-talet finns uppgifter tillgängliga över antalet tjänstemän i primärmaterialet till industristatistiken. Sågverksindustrin var under lång tid en "tjänstemannafattig" bransch. Först efter mitten av 50-talet, i samband med driftens modernisering, ökar antalet tjänstemän nämnvärt. Under 20-talet var relationen tjänstemän/arbetare 1 till 19 och vid ingången till 80-talet 1 till 7.

Det fanns i Gävleborgs län uppenbarligen, även långt in på 1900-talet, utrymme för mycket små sågverk med avsaluproduktion. Produktionen vid dessa sågverk har, i jämförelse med de stora sågverken, naturligtvis alltid varit mycket blygsam. Det är i många fall knappast fråga om industriell produktion i den mening som detta begrepp har använts i kapitel 5. Sågningssäsongen var tämligen kort, men arbetet vid småsågarna kompletterade annan verksamhet: skogsarbete, arbete vid flottningen, jordbruksarbete etc. Sågverksarbetet var *ett* "ben" att stå på som gjorde att arbetsåret kunde täckas in relativt väl. Sågverksarbetet ingick som en naturlig del i hälsinge- och gästrikeallmogens arbetsår. Hos Olof Broman[7] möter vi en kärnfull beskrivning av arbetsårets sysslor runt 1730, fördelade på: *Manfolks arbeten och Qwinfolks sysslor.*

> I *januari* : Skaffa hem timber [utur skogen]. *Februari* : Utföra Sågbräder til lastagie-platsserna. *Mars* : Föra hem timber,.. Köra Sågtimber til Sågqwarnen. *April* : Såg-qwarnarne brukas strax wårfloden kommer. *Maj* : Bräder sågas medan såg-qwarnarne gå.

Under sommarmånaderna torkar bräderna men i *augusti* är det dags att "Laga qwarndamarne" och i

> *september* fylls dammarna. *Oktober* : Timber, ... nedhugges och tilhopa föres. Sågqwarnar brukas, ... medan höstfloden pågår. *November och december* : timber, ... hemföres. Sågtimber til Sågqwarnen.

Broman var uppenbarligen väl förtrogen med dessa gamla sågkvarnar. På några sidor i sin bok ägnar han sig åt en noggrann beskrivning av "sågandets konst".

> sågandet är ibland the aldra tyngsta arbeten, och fordrar et styft och continuerligit sysslande, så framt Sågqwarnen skal få sin jämna gång. ... en oförfaren och owåhlig slasare kan lätteligen förlora en genomgodan sågstock, at icke et rätt bräde ther af tilwärckas, som äljest kunde gifwa hela tolften; ja snarl. skämma bort Sågbladet, och mycket annat. (Broman, 1954, s.93)

Avverkningen pågick fram till snösmältningen då sågningen vidtog. De flesta småsågar var långt fram i tiden beroende av vattenföringen i åar och bäckar, både för driften av vattenhjul eller -turbin och flottning. Sågningen pågick fram till dess vårbruket kom igång. Under sommarmånaderna lät man virket torka och efter skörden kunde sågningen (senare ibland även hyvling) återupptas. Försäljning av de sågade produkterna pågick främst under höst och vinter. Agneta Boqvist benämner denna företeelse "den dolda ekonomin", en hushållning som till stor del är osynlig i det källmaterial som forskare traditionellt brukar anlita. Av verksamheter utanför jordbrukets ramar märks sällan några spår.[8]

---

[7]Prof. Sigurd Erixon betecknar Bromans Glysisvallur i tre delar, som "ett av de förnämnsta arbeten ur kulturhistorisk, etnografisk och topografisk synpunkt, som vårt land äger över något landskap".

[8]Boqvist, 1978, s.16.

Småsågarna var under 1900-talet talrikast i de gamla jordbruksbygderna i norra inlandsområdet. Jag har i kapitel 7 ställt mig frågan vilken betydelse man skall tillmäta småsågarna ur framför allt sysselsättnings- och försörjningssynpunkt. Hur viktiga var dessa arbetsplatser i den lokala ekonomin? Frågorna är svåra att besvara med utgångspunkt i det ringa och osäkra källmaterial som finns till hands. De områden där småsågarna var som talrikast befann sig i många fall i periferin av den "riktiga" industrialiseringen, men naturligtvis nådde ekot av expansionen vid kusten även dit. Småsågarna var dock, som nämnts, sällan "ensamförsörjare" - de utgjorde ett "inslag" i den komplicerade väv av försörjningsmöjligheter som var ett överlevnadsvillkor i områden där ingen enskild näring kunde bära hela försörjningsbördan. Det är i detta perspektiv man skall betrakta dessa sågars sega livade existens. Utan att vilja dra alltför långtgående paralleller till den för- och proto-industriella sågverkshanteringen, anser jag att här ändock finns uppenbara likheter. De allra flesta småsågar under 1900-talet drevs fortfarande enligt en mycket gammal arbetsordning och i former som har sina rötter i den förindustriella tiden. De småsågar som fortfarande fanns kvar i undersökningsområdet vid ingången till 1980-talet har i många fall kunnat drivas vidare på grund av att man specialiserat sig. Det har gällt t.ex. udda dimensioner, som de stora sågverken inte ansett det mödan värt att ta fram. Man har också kunnat tillgodose behovet av sågade produkter på en lokal marknad där flexibilitet i produktionen är ett viktigt konkurrensmedel.

*Slutord*

Som historiskt inriktad geograf är mitt intresse inte i första hand att blottlägga en gången näringslivsstruktur utan framför allt att förstå utvecklingsprocessen från "början" för att kunna förklara dagens struktur - samtiden. Om jag vill förstå sågverksindustrins struktur i Gävleborgs län idag, måste jag också förstå den historiska förändringen. Detta kan framstå som en truism, men likafullt är det inte en särskilt vanlig arbetsmetod idag inom samhällsvetenskapen. Vi bländas och överraskas fortfarande av "eldsken" från nya tekniker och processer som skapar nya tillväxtcentra. Silicon Valley, Kista m.fl., är de nya sågverksdistrikten, framväxta till synes utan historiska rötter. Man försöker finna förklaringar till en överraskande strukturell utveckling i dagens situation. Få bryr sig om att uppmärksamma de långa förberedelseprocesserna. Tekniken blir återigen det som framför allt skall förklara utvecklingen. Enligt Braudel är tekniken ett nödvändigt, men otvivelaktigt inte tillräckligt, villkor. Han betonar också att om det finns någon faktor som har förlorat i prestige som huvudfaktor bakom den industriella revolutionen så är det tekniken.[9]

I denna studie har min strävan varit att undersöka vilka samband vi kan finna mellan en äldre sågverkshantering med nära anknytning till jordbruket, och en senare storskalig sågverksindustri, baserad på export. I skildringar av den svenska järnhanteringen betonas ofta, för att inte säga alltid, dess historiska rötter. Banden är självklara. I Riddarhyttan, Norberg, Ramnäs etc. är man medveten om detta. "Här har tillverkats produkter av järn och brutits malm i århundraden." Utvecklingen av järnhanteringen i Bergslagen är förknippad med tidigare generationers yrkeskunskap, inte bara vad gäller järnets bearbetning, utan med hela den struktur som utformats över lång tid, med kolbönder, forbönder, marknadskontakter och övrig transportapparat. Sällan hör vi något liknande yttras om utvecklingen i "sågverksriket". Varför? Kan man fråga sig. Kanske beror det på att den gamla sågverkshanteringen var en utpräglad landsbygds- och bondenäring. Till saken hör också att sambandet med gamla var lättare att iakkta på de gamla järnbruken än i de uppväxande sågverksorterna. Men likafullt var det på landsbygden som den moderna sågverksindustrin växte fram - och där har den i stor utsträckning också blivit kvar.

---

[9]Braudel, 1986b, s.501.

# Summary

## Tradition, regional specialisation and industrial development
## - the sawmill industry in the County of Gävleborg, Sweden.

"When it comes to social phenomena - like the industrial revolution - the slow and rapid are inseparable", writes Fernand Braudel and continues: "The problem is to link the long and the short perspectives - to be aware of their relationship and interdependence." (my translation). In the debate about the evolution of "modern" industrialisation in Western Europe in the 18th and 19th centuries, the theory of proto-industrialisation represents an attempt to focus upon the role that early forms of manufacturing, pre- or proto-industrial activities, might have played for the emergence of manufacturing industries in the era of modern, large-scale industrialisation. With the idea of proto-industrialisation as a conceptual basis, my aim is to try to uncover the relations between the pre- and proto-industrial sawmill trade and the development of the modern sawmill industry in Gävleborg County, Sweden. Is it, for instance, possible to trace a pre- or proto-industrial locational pattern in the spatial distribution of the 20th century sawmill industry? Has the "original" pattern been rubbed out, or do we still find sawmills at the end of the 1970's - when the study ends - in places where the trade once started?

The County of Gävleborg includes two provinces - Gästrikland and Hälsingland. In this study I have chosen to work with three regional classifications: a) the present ten municipalities of the county, b) the old subdivision into 52 parishes and 3 towns, and c) a division into three regions based on the structure of the sawmill industry: the coastal region, the northern inland region, and the southern inland region.

*Chapter 2* is a review of the theory of proto-industrialisation. The theory was introduced in the beginning of the 1970's by Franklin Mendels. He discusses the causes and effects of the existence of a proto-industry prior to the industrial revolution. His discussion is based on the fact that as early as in the 16th century there existed a rural industry in Western Europe, which was geographically concentrated to certain regions. It was located in rural areas and was primarily of a seasonal character. Mendels identifies the following four characteristics of proto-industry. Proto-industrial craftsmen produced goods for distant markets (in contrast to village handicraft). Secondly, these craftsmen combined farming with weaving and other manufacturing activities. A third characteristic was that rural manufacturing stimulated commercial farming by creating a market for food (proto-industrial workers did not grow enough food for their own needs, either because their farms were too small or improductive, or because the manufacturing activities were too time-consuming.) A fourth feature was that towns located in proto-industrialised areas were mainly centres of trade and commerce. According to Mendels, the early proto-industry was concentrated to regions less favourable to agriculture. Proto-industrial activities thus may have emerged because of a need to develop supplementary economic activities.

The proto-industrial concept has hardly escaped criticism. The critics argue that the theory has not succeeded in adequately explaining why certain regions could develop a modern industry while others failed, although, as Peter Kriedte points out, it seems as if all regions that finally became industrialised, developed via a proto-industrial phase. Several researchers have turned away from a strict interpretation of Mendels' theses. Maths Isacson and Lars Magnusson argue, for instance, that one must not make too rigid a distinction between proto-industry and other related pre-industrial activities, such as village crafts. It seems likely that, as empirical studies from different regions appear, the theory of proto-industrialisation will be refined and modified.

In *chapter 3* four problems are dealt with. a) To what extent did production of boards, not only for houshould use but also for sale outside the local market, exist in the rural areas in the investigated region at the end of the 18th and the first half of the 19th century? b) Which regions and parishes were involved in these production and trade activities? c) How important were these activities for the local economy? d) Is it reasonable to characterise them as proto-industrial activities?

The sources used in this investigation support the hypothesis that the production of and trade in sawn products was an important subsidiary or complementary industry to farming in many parishes. The parishes in the coastal region constituted the most important production area, but also in the northern inland region a large number of sawmills existed which produced both for sale and for household use. The sources tell us very little about the role of the sawmill trade in the local economy in quantitative terms, although documents from county officials imply that board and plank production for sale became more and more important for the peasant population during the first decades of the 19th century. The authorities complained that the peasants gave farming low priority - board production was evidently a more profitable occupation.

The pre-industrial sawmill production should be regarded as a proto-industrial activity in many parishes in the coastal and northern inland areas. The sawmills that produced for sale had a market which to a considerable extent was found outside the district or even the county. The labour force consisted of peasants, farm-hands and day-labourers which alternated between farming and work in the sawmills.

In *chapter 4* the phase of great expansion (1850-1890) in the sawmill industry is discussed. The prevailing interpretation of the Swedish industrialisation process emphasises the fact that the country was pulled into the world economy in the middle of the 19th century. The most important stimuli, according to this view, were the general increase in demand for Swedish products, new industrial technologies, and increased supply of capital. Even though domestic factors, such as a plentiful supply of labour, progress in farming, and liberalising reforms in the economic-political sphere are emphasised, they are often considered to be of secondary importance rather than being primary causal factors.

Earlier research on this phase in the development of the sawmill industry has pointed to some specific causes for the expansion. Among these are more liberal business legislation, *avvittringen* - an enclosure process that secured private ownership of forest land for farmers, and also for sawmill companies, thus making exploitation of forest resources much easier, new technologies, such as the introduction of steam-powered saws, the rapidly growing market for wood products in Western Europe, and a new entrepreneurship mentality. To a considerable degree research in this tradition has focused upon contemporary factors in the era investigated in its search for explanatory causes. However, if the aim is to explain how the rapid expansion of the sawmill industry, in e.g. Gävleborg County, was possible, it is suggested here that we also need to look more closely at the roots of this expansion, using a longer time perspective. It is in this context that the theory of proto-industrialisation seems to be relevant. The evidence suggests that sawmill production was widespread in the study area long before the breakthrough of modern wood industry, that it had many of the characteristics of a proto-industrial economic activity, and that the modern industry grew out of this proto-industrial system.

*Chapter 5.* At the turn of the nineteenth century the long and dynamic expansion phase of the sawmill industry culminated. Competition from other timber-exporting countries was increasing and the severe exploitation of the Swedish forests led to a shortage in raw materials. In spite of this, the years around 1900 were successful for the sawmill industry. Almost every parish or district in Gävleborg County was involved in some way in the wood production system by way of lumbering, log-floating, board production etc. The locational pattern of the industry was almost identical to that of the mid-19th century. Even though the big export sawmills on the coast dominated, there was a parallel production for sale at a large number of small sawmills - small plants where the work was organised in very traditional ways. The sawmill industry was still, by and large, a rural industry. Its structure was rather stable until the world-wide crisis of the 1930's hit the Swedish sawmill industry with full strength. During the depression, concepts like "the sawmill death" and "sawmill disease" became widely used. Thousands of mills were swept away, and the remaining sawmills were subject to extensive reorganisation and rationalisation. This new structure of the industry remained intact until the early 1960's. At that time a new period of major structural change began, characterised primarily by attempts to increase productivity by massive investments in new technology. This resulted in a continuous concentration of production to fewer, large plants, accompanied by an increasing number of plant closures.

An analysis of the regional redistribution of the sawmill industry within Gävleborg County from 1896 to 1980 shows that the coastal region as a whole suffered a decline in employment, mainly due to the heavy losses in the Söderhamn area. The remaining three of the four municipalities in the coastal region, however, made redistribution gains. The northern inland region was the only region that experienced redistribution gains during the period. Despite redistribution losses and a considerable decline in employment, the coastal region nevertheless was still the core area of the sawmill industry in Gävleborg County in the early 1980's, in terms of employment and, overwhelmingly so, in production.

The spatial distribution of the industry still bears the stamp of the historical locational pattern established in the middle of the 19th century. This spatial structure was, in turn, an outgrowth of the pre- and proto-industrial pattern of sawmilling. What we can observe today is a locational pattern that reflects both continuity and change.

Rural locations still dominated in the early 1980's. Only one or two of the 32 sawmills in the investigated area were located in, or close to, a town. Even in this respect one can conclude that a very old locational pattern has persisted. The establishment and development of the sawmill trade in the countryside was clearly not a random process. The use of water-power and the easy access to raw material are two important factors which can explain this pattern, in combination with the existing socio-economic structure in rural areas in parts of northern Sweden, which created a need for complementary activities to farming.

*Chapter 6* is a review of the development of three specific groups of employees in the sawmill industry during the 20th century: the women, the under aged (those under 18), and the white-collar workers. The women have always been of minor importance in terms of numbers of employees in this industry. In the County of Gävleborg they accounted for about 2% of the workforce at the turn of the century, and 7% in the end of the 1970's. The number of under aged reached a peak during the last quarter of the 19th century. In the County of Gävleborg this group of employees was especially important, and accounted for approximately 20% of the labour force in 1896. This group has been reduced during the 20th century, and practically abolished since the depression in the 1930's. There were very few white-collar workers in the industry before the 1950's. As a result of restructuring processes and modernisations during the decade, this group of employees increased rapidly. The ratio of white-collar to blue-collar workers, was 1 to 19 in the 1920's and had changed to 1 to 7 in the end of the 1970's.

*Chapter 7.* Despite the dominance of the great export sawmills on the coast, there was obviously a local or regional market for boards and planks produced by very small sawmills in other parts of the area. The production at these mills has, in comparison with the big sawmills, naturally always been very modest. This "supplementary" sawmill economy has been called "the hidden economy" since information about it is hard to come by in the sources available to researchers (Boqvist 1978). The production in the small mills was hardly "industrial" in the sense that this term has been used in chapter 5. In these small plants the working season was rather short, but the work supplemented other activities: felling, floating, farming etc. The work in the sawmills was *one* of many supplementary activities, which made it possible for people to be occupied throughout the year. Felling was carried out in the winter, until the snow thawed, when log-floating and sawing started. Most of the small sawmills were dependent on the spring flood in rivers and streams for the operation of water-wheels or turbines, as well as for floating. After the sawing, the timber was dried in the summer while the workforce was working on the farms. When the harvest was over, sawing - and sometimes planing - was resumed. The products were sold during the autumn and winter. These small sawmills have obviously been important in the local economies all the way through the 20th century. Their production is primarily geared towards a local market, on which they have managed to survive because of great flexibility in their operation.

An important starting-point for this study has been a desire to discover the connections between an early sawmill trade with close links to farming, and a subsequently developing large scale sawmill industry based on production for export, in the chosen region. As a historical geographer, my interest is not just to expose an old industrial structure, but to understand the evolution of these activities from "the beginning" to the present time. In order to understand the sawmill industry in Gävleborg County today, one must understand historical change. It is easy to be surprised by the suddenness with which the sawmill industry emerged, or, for that matter, by the appearance of today's Silicon Valley and comparable areas, created, it seems, by new technologies and sometimes without any obvious historical roots. It is tempting to try to find the explanations of such rapidly emerging industrial complexes in contemporaneous factors and developments. Certainly in the case of the sawmill industry in Gävleborg County, however, it is obvious that the breakthrough of wooden industrialisation was preceded by a long process of pre-industrial development, an understanding of which is a prerequisite for understanding the structure of today's sawmill industry.

# Källor och litteratur

## Otryckta källor

**Riksarkivet**
Kommerskollegium, statistiska byrån
    Primärmaterial till industristatistiken

**Statistiska centralbyråns arkiv**
Kommerskollegium, statistiska byrån
    Primärmaterial till industristatistiken

**Landsarkivet i Härnösand**
Kronofogdens i södra Hälsinglands fögderi
    Femårsberättelser
Kronofogdens i norra Hälsinglands fögderi
    Femårsberättelser
Kronofogdens i Gästriklands fögderi
    Femårsberättelser

## Tryckta källor och litteratur

Almquist, Jan Eric (1928) Det norrländska avvittringsverket.
    I: *Svenska Lantmäteriet 1628-1928*. Stockholm.
Andersson, Roger (1987) Den svenska urbaniseringen. Kontextuali-
    sering av begrepp och processer. *Geografiska regionstudier*
    Nr 18, Kulturgeografiska institutionen, Uppsala universitet.
Andersson, Roger, Lundmark, Mats & Malmberg, Anders (1983) Mot
    en ny regional industristruktur? *Forskningsrapporter från
    Kulturgeografiska institutionen*, Uppsala universitet, nr 80.
Andersson, Roger, Berger, Sune, Haraldsson, Kjell, Lundmark, Mats,
    Malmberg, Anders & Öhman, Jan (1987) *Maktutbredningen.
    Om resurser och beroenden i Sveriges kommuner*. Uppsala.

Andersson, Roger & Haraldsson, Kjell (1989) Geografiskt fokus och proto-industriell locus. I: *Bebyggelsehistorisk tidskrift* nr 16.

Andersson, Roger & Malmberg, Anders (red.) (1988) *Regional struktur och industriella strategier i Norden.* Uppsala.

Arell, Nils (1986) Från plog till dator. I: Törnqvist, Gunnar (red.) *Svenskt näringsliv i geografiskt perspektiv.* Stockholm.

Arpi, Gunnar (1955) Skogen. I: Hjulström, Filip, Arpi, Gunnar & Lövgren, Esse. Sundsvallsdistriktet 1850-1950. *Geographica.* Skrifter från Uppsala universitets Geografiska institution nr 26. Uppsala.

Bagge, Gösta (1931) *Det moderna näringslivets uppkomst.* Stockholm.

Bairoch, Paul (1973) Agriculture and the Industrial Revolution. I: *The Fontana Economic History of Europe.* London & Glasgow.

Berg, Gösta & Svensson, Sigfrid (1969) *Svensk bondekultur.* Stockholm.

Björklund, Anders (1977) *Splitvedjäntor.* Stockholm.

Björklund, Jörgen (1976) Strejk-Förhandling-Avtal. Facklig aktivitet, arbets- och levnadsvillkor bland sågverksarbetare i Västernorrland 1875-1914. *Umeå Studies in Economic History* 1. Umeå.

Boqvist, Agneta (1978) Den dolda ekonomin. *Skrifter från Folklivsarkivet i Lund* nr 21. Lund.

Braudel, Fernand (1982) *Civilisationer och kapitalism 1400-1800. Band 1.* Vardagslivets strukturer. Stockholm.

Braudel, Fernand (1986a) *Civilisationer och kapitalism 1400-1800. Band 2.* Marknadens spel. Stockholm.

Braudel, Fernand (1986b) *Civilisationer och kapitalism 1400-1800. Band 3.* Världens tid. Stockholm.

Bringéus, Nils-Arvid (1961) Sockenbeskrivningar från Hälsingland 1790-1791. *Acta Academiae Regiae Gustavi Adolphi* XXXVII. Uppsala.

Broman, Olof J. (1726, 1911-1949) *Glysisvallur. Del I.* Uppsala.

Broman, Olof J. (1954) *Glysisvallur. Del III.* Uppsala.

Bunte, Rune, Gaunitz, Sven & Borgegård, Lars-Erik (1982) *Vindeln. En norrländsk kommuns ekonomiska utveckling 1800-1980.* Lund.

Butlin, R.A. (1986) Early Industrialization in Europe: Concepts and Problems. *The Geographical Journal,* Vol 152, No.1, s.1-8.

Bylund, Thord (1979) Matfors bruk 1793-1850. Rekryteringen av arbetskraft till tidig norrländsk industri. I: *SCA 50 år. Studier kring ett storföretag och dess föregångare.* Sundsvall.

Carlgren, Wilhelm (1926) *De norrländska skogsindustrierna.* Uppsala.

Carlsson, Sten (1968) Den moderna socialpolitikens grundläggning. I: *Den svenska historien.* Band 9. Stockholm.

Clarkson, L.A. (1985) *Proto-Industrialization: The First Phase of Industrialization?* London.

Clarkson, L.A. & Collins, B. (1982) Proto-Industrialization in an Irish town: Lisburn, 1820-21. *VIIIe Congres International d'Histoire Economique,* Budapest 1982; Section A2. Université des Arts, Lettres de Sciences Humaines de Lille.

Cornell, Lasse (1982) Sundsvallsdistriktets sågverksarbetare 1860-1890. *Meddelanden från ekonomisk-historiska institutionen, Göteborgs universitet,* nr 49. Göteborg.

Dahmén, Erik (1950) *Svensk industriell företagsverksamhet.* Band 1. Uppsala.

Dunford, Michael & Perrons, Diane (1983) *The Arena of Capital.* London and Basingstoke.

Du Rietz, Gunnar (1975) *Etablering, nedläggning och industriell tillväxt i Sverige 1954-1970.* Industriens Utredningsinstitut. Stockholm.

Du Rietz, Gunnar (1980) *Företagsetableringarna i Sverige under efterkrigstiden.* Industriens Utredningsinstitut. Stockholm.

Ekstrand, C. (1979) *Svensk skogsindustri. Internationellt beroende - råvaruförbrukning - branschutveckling.* Borås.

Englund, Anders (1981) Sågverk 79. Del 1. *Sveriges Lantbruks-universitet, Institutionen för virkeslära.* Rapport nr 119. Uppsala.

Englund, Anders & Nylinder, M. (1980) Preliminära resultat från 1979 års sågverksinventering. *Institutionen för virkeslära, Sveriges Lantbruksuniversitet.* Uppsats 101. Uppsala.

Erikson, Bo G. & Löfman, Carl O. (1985) *Sagan om Sverige.* Stockholm.

Fahlén, N.T. (1972) Våra äldsta sågar. I: *Ångermanland,* 12. Örnsköldsvik.

*Forskningsprogram för Gävleborgs län* (1977). Länsmuseet. Gävle.

Fridholm, Merike, Isacson, Maths & Magnusson, Lars (1976) *Industrialismens rötter.* Stockholm.

Gaunt, David (red.) (1982) *Från proletariat till arbetarklass.* Gävle.

*Gefle stads och läns adresskalender* 1857, 1875, 1877, 1889.

Gregory, Derek (1982) *Regional Transformation and Industrial Revolution.* London.

Gruvberger, Nils (1968) Det industriella genombrottet. I: *Den svenska historien.* Band 9. Stockholm.

Gustafsson, Bo (1962) Sågverksindustrins arbetare 1890-1945. I: *Sågverksförbundet 1907-1957.* Stockholm.

Gutman, M.-P. (1982) How many phases? Continuity and change in the development of European industry. *VIIIe Congres International d'Histoire Economique,* Budapest 1982; Section A2. Université des Arts, Lettres de Sciences Humaines de Lille.

Gårdlund, Torsten (1942) *Industrialismens samhälle.* Stockholm.

Gårdlund, Torsten (1947) *Svensk industrifinansiering under genombrottsskedet 1830-1913.* Stockholm.

*Gävleborg 2000. En upptäXresa mot framtiden.* FoUX. 1989:3.

Hallberg, Annagreta (1951) Sveriges trävaruexport 1900-1922. I: *Svensk trävaruexport under hundra år.* Stockholm.

Hammarland, Thore (1962) Sveriges sågverksindustri under 1900-talet. I: *Sågverksförbundet 1907-1957.* Stockholm.

*Hamrångeboken* (1970) Redaktionskommitté, Per Wikberg, Norrsundet; Hamrånge kommun.

Haraldsson, Kjell (1983) *Sysselsättningsmönster och personal-kategorier vid sågverken i Gävleborgs län 1896-1979.* Gävle.

Haraldsson, Kjell & Isacson, Maths (1982) *Från bondsåg till processindustri. En historisk-geografisk skildring av sågverksindustrin i Gävleborgs län.* Gävle.

Heckscher, Eli (1949) *Sveriges ekonomiska historia från Gustav Vasa.* Del II. Stockholm.

201

Hellström, Otto (1925) Sågverksindustrien. I: *Skogsbruk och skogsindustrier i norra Sverige*. Uppsala.

Hellström, Paul (1917) Norrlands jordbruk. *Norrländskt Handbibliotek* Nr. 6. Stockholm.

*Hemslöjdskommitténs betänkande* (1918). Del I-II. Stockholm.

Hildebrand, Karl-Gustaf (1962) Sågverksförbundet 1907-1950. I:*Sågverksförbundet 1907-1957*. Stockholm.

Hjulström, Filip (1955) Sundsvallsdistriktet vid 1800-talets mitt. I: Hjulström, Filip, Arpi, Gunnar & Lövgren, Esse. Sundsvallsdistriktet 1850-1950. *Geographica*. Skrifter från Uppsala universitets Geografiska institution nr 26. Uppsala.

Hjulström, Filip, Arpi, Gunnar & Lövgren, Esse (1955) Sundsvallsdistriktet 1850-1950. *Geographica*. Skrifter från Uppsala universitets Geografiska institution nr 26. Uppsala.

Hoffman, Kaj (1982) Saw-mills - Finlands Proto-Industry? *Scandinavian Economic History Review*, Vol XXX, No. 1, s.35-43.

Holton, R.J. (1986) *Cities, Capitalism and Civilization*. London.

Hoppe, Göran & Langton, John (1979) Countryside and town in industrialisation *Kulturgeografiskt seminarium 7/79*, Kulturgeografiska institutionen, Stockholms universitet. Stockholm.

Hülphers, Abraham A. (1793) *Samlingar til en Beskrifning öfwer Norrland och Gefleborgs län, Första Afdelningen om Gestrikland*. Westerås.

Höglund, Helge (1957) *Såg vid såg jag såg...* Sundsvall.

Isacson, Maths & Magnusson, Lars (1983) *Vägen till fabrikerna*. Stockholm.

Johansson, Alf (1983) Vandringsarbetarna lade grunden. I: *Hälsingerunor*.

Johansson, Alf (1985) Så lika och så annorlunda - några synpunkter på sågverksarbetets förändring under hundra år. I: *Arbetslivets historia* . *Arbetarskyddsfonden* K 2/85. Stockholm.

Johansson, Alf (1988) Arbetets delning: Stocka sågverk under omvandling 1856-1900. *Det svenska arbetets historia* III. Lund.

Järbring, J. (1979) Småindustrierna i Järbo. I: *Från Gästrikland*.

Jörberg, Lennart (1982) Proto-Industrialization - an Economic Historical Figment? *Scandinavian Economic History Review*, Vol XXX, No.1, s.1-2.

Kjellberg, Isidor (1879, 1974) *Sågverksarbetarne i Norrland*. Sundsvall.

*Kongliga befallningshafvandes femårsberättelser för Gefleborgs län.*

Kriedte, Peter (1982) Die Stadt im Prozess der Europäischen Proto-industrialisierung. *VIIIe Congres International d'Histoire Economique*, Budapest 1982; Section A2. Université des Arts, Lettres de Sciences Humaines de Lille.

Kriedte, Peter, Medick, Hans & Schlumbohm, Jürgen (1981) *Industrialization before Industrialization - Rural Industry in the Genesis of Capitalism*. Cambridge.

Kriedte, Peter, Medick, Hans & Schlumbohm, Jürgen (1986) Proto-industrialization on test with the Guild of Historians: response to some critics. I: *Economy and Society*, Vol. 15, Nr 2 s.254-272.

Kumm, Elfrid (1944) *På vandringsväg och arbetsfält*. Stockholm.

Kungl Arbetsmarknadsstyrelsen (1958). *Befolkning och näringsliv*. Stockholm.

Käller, A. (1974) *Sågverk i Hedesunda. Stormfällningar 1795-1954*. Hedesunda. (stencil).

Käller, A. (1979) Sågkvarnar och ångsågar i Hedesunda. I: *Från Gästrikland*.

*Land du välsignade* (1974) Katalog till Nordiska museets och Riks-utställningars vandringsutställning. Stockholm.

Langton, John (1984) The industrial revolution and the regional geography of England. *Inst. of British Geographers, Transactions New Series*, Volume 9, Number 2, s.145-167.

Langton, John & Hoppe, Göran (1983) Town and Country in the Development of Early Modern Western Europe. *Historical Geography Research Series*, Number 11. Norwich, England.

Lothigius, Wilhelm (1937) *Sverige som skogsland*. Del II. Stockholm.

Lundberg, Ove (1984) Skogsbolagen och bygden. *Umeå Studies in Economic History* 5, Umeå universitet. Umeå.

Lundmark, Mats (1987) Skapade och förlorade industrijobb i
   Bergslagen 1965-1980. *Forskningsrapporter från
   Kulturgeografiska institutionen, Uppsala universitet* nr 94.
   Uppsala.

Lundmark, Mats & Malmberg, Anders (1988) Industrilokalisering i
   Sverige - regional och strukturell förändring. *Geografiska
   regionstudier* nr 19, Kulturgeografiska Institutionen, Uppsala
   universitet. Uppsala.

*Länsplanering 1980.* Slutredovisning från länsstyrelsen i Gävleborgs
   län. Gävle.

*Markinnehav i Gävleborgs län, översiktskarta.* Statens Lantmäteriverk
   (1976), Stockholm.

Marshall, Michael (1987) *Long waves of regional development.*
   London.

Massey, Doreen (1979) A Critical Evaluation of Industrial-Location
   Theory. I: *Hamilton, Ian & Linge, Godfrey (Eds.) Spatial
   Analysis, Industry and the Industrial Environment*, Vol 1,
   Industrial Systems. Chichester.

Massey, Doreen & Meegan, Richard (1982) *The anatomy of job loss.
   The how, why and where of employment decline.* London.

Massey, Doreen & Meegan, Richard (Eds.) (1985) *Politics and
   method. Contrasting studies in industrial geography.* London.

Mendels, Franklin (1972) Proto-industrialization: The First Phase of
   the Industrialization Process. *Journal of Economic History*, Vol
   xxxii.

Mendels, Franklin (1980) Seasons and Regions in Agriculture and
   Industry During the Process of Industrialization. I: *Pollard,
   Sidney (Hg) Region und Industrialisierung.* Göttingen.

Mokyr, Joel (1976) Growing-Up and the Industrial Revolution in
   Europe. I: *Explorations in Economic History* 13, s.371-396.

Montelius, Sigvard (1985) Iggesunds bruk 1685-1869. I: *Iggesunds
   bruks historia 1685-1985.* Del I. Iggesund.

Montgomery, Arthur (1947) *Industrialismens genombrott i Sverige.*
   Stockholm.

Nelson, Helge (1963) Studier över svenskt näringsliv, säsongarbete och befolkningsrörelser under 1800- och 1900-talen. *Reg. Societatis Humaniorum Litterarum Lundensis* LXIII. Lund.

Nilsson, A. (1973) Sågverkshistoria i Hälsingland. I: *Sågverk och människor. Anteckningar från Hudiksvall och Håstaholmens såg under 100 år.*

Norberg, Anders (1980) Sågarnas ö. *Studia Historica Upsaliensia* 116. Uppsala.

Nordlander, Johan (1934) Fisken och Sågkvarnar i norrländska vatten. *Norrländska samlingar* häftet 13 (III:3). Stockholm.

Nordquist, Magnus (1959) Skogarna och deras vård i mellersta Sverige. I: *Sveriges skogar under 100 år*. Del II. Stockholm.

Nordström, Lennart (1959) Skogsskötselteorier och skogslagstiftning. I: *Sveriges skogar under 100 år*. Del II. Stockholm.

Norling, Gunnar (1966) Södra Norrland. I: *Land och folk*. Del II. Stockholm.

Nyström, Maurits (1982) Norrlands ekonomi i stöpsleven. Ekonomisk expansion, stapelvaruproduktion och maritima näringar 1760-1812. *Umeå Studies in Economic History* 4. Umeå.

Näslund, J. (1937) *Sågar*. Stockholm.

Ohlsson, Knut (1982) Släkten Schönning. I: *Hälsingerunor.*

Olofsson, Christer, Petersson, Gunnar, Wahlbin, Clas & Wallström, Staffan (1985) Nyetablering, nedläggning och sysselsättning i Östergötland 1972-83. *Forskningsrapport nr 146, Ekonomiska institutionen., Universitetet i Linköping*. Linköping.

Olsson, Reinhold (1949) *Norrländskt sågverksliv under ett sekel*. Sundsvall.

Olsson, Reinhold & Lindström, Rickard (1953) *En krönika om sågverksarbetare*. Stockholm.

Pettersson, Jan-Erik (1980) Kristidsekonomi och företagsutveckling. Industrin i Uppsala län 1939-1949. *Uppsala Studies in Economic History* 24. Uppsala.

Pollard, Sidney (1985) Industrialization and the European Economy. I: *Joel Mokyr (Ed.) The Economics of the Industrial Revolution*. London.

Pollard, Sidney (1981) *Peaceful Conquest*. Oxford.

Richter, Herman (1959) Geografiens historia i Sverige intill år 1800. *Lychnos-bibliotek* 17:1. Stockholm.

Rolén, Mats (1979) Skogsbygd i omvandling. *Studia Historica Upsaliensia* 107. Uppsala.

Rondahl, Björn (1972) Emigration, folkomflyttning och säsongarbete i ett sågverksdistrikt i södra Hälsingland. *Studia Historica Upsaliensia* XL. Uppsala.

Rondahl, Björn (1977) Säsongsarbete och emigration i Söderalabygden. I: *Hälsingerunor*.

Rosander, Göran (1967) Herrarbete. Dalfolkets säsongvisa arbetsvandringar i jämförande belysning. *Skrifter utg. genom landsmåls- och folkminnesarkivet i Uppsala*, Ser. B:13. Uppsala.

Rostow, Walt W. (1960) *The stages of economic growth*. London.

Rowthorn, Bob (1986) De-industrialisation in Britain. I: *Martin, Ron and Rowthorn, Bob (Eds.) The geography of deindustrialisation*. London.

Rundlöf, Anita (1982) *Arbetets kvinnor. Sågverkshistoria ur kvinnoperspektiv*. (Kulturvetarlinjen, TS-terminen Vt 1982, Uppsala universitet.) Uppsala.

Samuelsson, Kurt (1949) Hur vår moderna industri har vuxit fram. *Industriens upplysningstjänst* Serie C, 3. Stockholm.

Samuelsson, Kurt (1968) *Från stormakt till välfärdsstat*. Stockholm.

Sandin, U. (1976) *Ett stort sågverk och dess flyttning vid sekelskiftet. Korsnäs sågverks AB:s flyttning 1899 från Korsnäs i Dalarna till Bomhus vid kusten*. (Otryckt uppsats i etnologi, Uppsala universitet, vt 1976).

Sandin, Jan (1951) Svensk trävaruexport 1923-50. I: *Svensk trävaruexport under hundra år*. Stockholm.

SCB 1966:57. Sågverk 1965. *Statistiska meddelanden* I.

Schön, Lennart (1982a) Proto-Industrializations and Factories. Textiles in Sweden in the Mid-Nineteenth Century. *Scandinavian Economic History Review*, Vol. XXX, No.1, 55-72.

Schön, Lennart (1982b) Industrialismens förutsättningar. *Svensk ekonomisk historia*. Lund.

Short, Brian (u.å.) *The de-industrialization process: a case study of the Weald 1600-1800*. (stencil) [Kommer att ingå i: Hudson, Pat (Ed.) Region and industries. Cambridge. Utk. juni 1989].

Sommestad, Lena (1982) *Sågverksarbetarna i strukturomvandlingen*. (C-uppsats vt 1982 vid ekonomisk-historiska institutionen, Uppsala universitet). Uppsala.

SOS (Sveriges Officiella Statistik)
- Fabriker och Handtverk 1890-1900, 1901-05, 1906-10.
- Industri 1911-1978.
- Jordbruksstatistisk årsbok 1987.
- Skogsstatistisk årsbok, 1951, 1953, 1958, 1961, 1964-65, 1971, 1975, 1977.
- Statistisk årsbok 1920, 1941.
- Sågverksdriften i Sverige 1953.

SOU (Statens Offentliga Utredningar)
- 1947:32 Sågverksdriften i Norrland.
- 1953:19 Tekniska produktionsförhållanden inom sågverksindustrien.

Sprengtporten, J.W. (1853) *Om skogsvård och skogslagstiftning*. Stockholm.

Stenman, Lennart (1983) Avvittringen i Västerbottens läns lappmarker. *Forskningsrapporter från Kulturgeografiska institutionen, Uppsala universitet* nr 83. Uppsala.

Sundell, O. (1974) Korsnäs-Marma. Ett skogsindustriföretag växer fram. I: *Från Gästrikland*.

*Svensk skogsindustri i omvandling*. Del 1. Skogsindustriernas samarbetsutskott - strukturutredning (1971). Stockholm.

*Svenska sågverks- och trävaruexportföreningen 100 år*. Utvecklingen 1950-75. (1975). Örebro.

Sågverksminnen (1948) *Svenskt liv och arbete* Nr 2. Nordiska museet. Stockholm.

Söderberg, Johan (1985) Stockholm på 1700-talet: Metropol i stagnation. *Folkets Historia* nr 3, s.2-14.

Söderberg, Johan & Lundgren, Nils-Gustav (1982) *Ekonomisk och geografisk koncentration*. Lund.

Söderlund, Ernst (1951) Sveriges trävaruexport 1850-1900. I: *Svensk trävaruexport under hundra år.* Stockholm.

Sörlin, Sverker (1986) Framtidslandet. Norrland och det nordliga i svenskt och europeiskt medvetande. I: *Kontinentens utkant. Sekr. för framtidsstudier, FRN.* Stockholm.

Thomas, Dorothy S. (1941) *Social and Economic Aspects of Swedish Population Movements 1750-1933.* New York.

Thunell, Bertil (1959) Sveriges sågverksindustri. *Industriens upplysningstjänst* 27. Stockholm.

Thunell, Bertil (1956) Sågverk och träindustri. I: *Svensk skog och skogsindustri.* Stockholm.

Tilly, Charles (1982) Flows of capital and forms of industry in Europe, 1500-1900. *VIIIe Congres International d'Histoire Economique,* Budapest 1982; Section A2. Université des Arts. Lettres de Sciences Humaines de Lille.

Tilly, Charles & Tilly, Richard (1971) Agenda for the European Economic History in the 1970's. *Journal of Economic History,* vol. xxxi, no.1, 184-198.

Törnqvist, Gunnar (1963) *Studier i industrilokalisering.* Stockholm.

Utterström, Gustaf (1985) Hudiksvalls Trävaruaktiebolag med föregångare. I: *Iggesunds bruks historia 1685-1985.* Del II. Iggesund.

Utterström, Gustaf (1957) *Jordbrukets arbetare I-II.* Stockholm.

Vadstena klosters jordebok 1500. Utg. genom Carl Silfverstolpe. *Historiska handlingar* 16:1 (1898). Stockholm.

Widmark, Per Henrik (1945, 1860) *Beskrivning över provinsen Hälsingland.* Bollnäs.

Wik, Harald (1950) Norra Sveriges sågverksindustri. *Geographica.* Skrifter från Uppsala universitets Geografiska institution nr 21. Uppsala.

*Virkesbehov och virkestillgångar.* Jordbruksdepartementet. Bilagor. DsJo 1975:1.

de Vries, Jan (1984) *European Urbanization 1500-1800.* London.

Åhrman, L.E. (1861) *Beskrifning öfver provinsen Gestrikland.* Stockholm.

Bilaga 1. Livslinjer över sågverken i Gävleborgs län 1896-1979.

| | 1896/<br>1900 | 1908/<br>1912 | 1922/<br>1926 | 1936/<br>1940 | 1950/<br>1954 | 1964/<br>1968 | 1975/<br>1979 |
|---|---|---|---|---|---|---|---|

Gävle

Korsnäs
O.Larssons
Wahlmans
Olrogs
Norrsundet
Wij
Axmars
Åsbergs
Hedesunda
Ölbo
Mälbo
Avaström
Forsby kvarn
Oslättfors
Forsbacka
Tolffors
Lunds o. Ö.
Åsbyggeby
Åbyggeby
Valbo
Alborga

Söderhamn

Florsjö
Gramers
Djupvik, 2 st.
Kungsgården
Utvik
Slammorfors
Holmsv.st.fab
Finnés
Holmsveden
Ala
Askesta
Bergvik
Marma
Ljusne
Myssje
Åsbacka
Långrör
Källskär
Marieh./Gr.
Lervik
Rundvirke
Lundbergs
Storsjö
Trönö
Wij
Rönningen
Anöänge

209

| Hudiksvall | 1896/ 1900 | 1908/ 1912 | 1922/ 1926 | 1936/ 1940 | 1950/ 1954 | 1964/ 1968 | 1975/ 1979 |
|---|---|---|---|---|---|---|---|

Vestansjö
Isbo
Källeräng
Fredriksfors
Glombo
Storån
Långbacka
Stömne
Långvind
Lindefallet
Böle
Forsa
Lunds
Forsa trä
Håstaholmen
Gia
Saltvik
Nianfors
Hålsjö
Via

Nordanstig

Bergsjö
Gnarp
Tjernvik
Tjernvik sn.
Stocka
Hassela
Ilsbo
Sandvik
Mon

Ovanåker
Runemo
Norrsjön
Wiksjöfors
Silfors
Alfta
Gälven
Mållångstad
Norrby
Alfta sk.bol
Edsbyström
Östanå
Edsbyns å-s
Gårdnäs
Rotebro
Berg

210

|  | 1896/ 1900 | 1908/ 1912 | 1922/ 1926 | 1936/ 1940 | 1950/ 1954 | 1964/ 1968 | 1975/ 1979 |
|---|---|---|---|---|---|---|---|

Ljusdal

Yg
Veckebo
Kårböle
Snasbäck
Lörstrand
Milåfors
Rödmyra
Skästra
Båtbackssv
Nor
Karsjö
Börser
Bäckebo
Edefors
Gunnarsbo
Harne
Hybo
Östernäs
Åkern
Allmogeför
Tandsjö
Los

Bollnäs
Forneby
Wallsta
Hedens
Nybo
Arbrå
Holmo
Åsbacka
Lottefors
Bollnäs å-s
Bollnäs trä
Kilafors
Sibo
Acktjära
Skogens
Höle
Lötens
Höjens
Svedja
Midnäs
Simeå
Flurns

211

| Hofors | 1896/ 1900 | 1908/ 1912 | 1922/ 1926 | 1936/ 1940 | 1950/ 1954 | 1964/ 1968 | 1975/ 1979 |
|---|---|---|---|---|---|---|---|
| Hofors | | | | | | | |
| Gammelst | | | | | | | |
| Hästbo | | | | | | | |
| Hoo | | | | | | | |
| Sikviken | | | | | | | |
| Sälgsjön | | | | | | | |
| **Ockelbo** | | | | | | | |
| Fredriksro | | | | | | | |
| Åbacka | | | | | | | |
| Bosågen | | | | | | | |
| Fallet | | | | | | | |
| Åmot | | | | | | | |
| **Sandviken** | | | | | | | |
| Sandv.jv. | | | | | | | |
| Järbo sn. | | | | | | | |
| Järbo s.för | | | | | | | |
| Järbo soh. | | | | | | | |
| Ö.Storviks | | | | | | | |
| Kungsgrd | | | | | | | |
| Åsh:r | | | | | | | |
| Åsh:r nya | | | | | | | |
| Årsunda | | | | | | | |
| Finnäs | | | | | | | |
| Ö.Färnebo | | | | | | | |

212

# Bilaga 2. Liten ordlista

*Battens* = plankor av omkring 2 tums tjocklek och 4-8,5 tums bredd
(halvplank, småplank)

*Bjälk* = fyrkantig bilad eller sågad stock.

*Bottenstäver (-stav)* = tvärs över kölen (på båt) gående timmer som
förbinder spantens nedre ändar.

*Bräder* = sågat virke, tunnare än planka. Ofta använt i pluralis om sågat
virke av minst 6 tum i bredd och 2 tum i tjocklek.

*Laggstäver (-stav)* = tunnstav till laggkärl.

*Lego* = lönsågning och lönhyvling.

*List* = profilerat, långt och smalt trästycke att användas på möbler och
liknande.

*Läkt (slatingbattens)* = långt, ofta smäckert, rektangulärt sågat trävirke
använt som underlag vid taktäckning; ribb.

*Pitprops* = gruvstöttor, gruvprops.

*Plank* = sågat grövre virke.

*Reveteringsstickor (laths)* = stickor för beklädnad av byggnad som sedan
överdras med puts (reveteras).

*Ribb* = avfall vid kantning av sågat virke.

*Scantlings* = battens av 2 tums tjocklek och 3-51/2 tums bredd.

*Sparr* = fyrhugget virke med högst 3/4 tums kant.

*Spjäl* = tunn mindre bräda, ribba. T.ex. tak- eller reveteringsstickor
(laths); spjälved (lathwood) eller taksticksämnen.

*Stav* = ofta käppvirke, list.

*Stump* =bräd- och plankstump, ibland hyvlad s.k. splitved.

*Syll* = (järnvägs-)slipers, bjälkar.

Mått

*Tolft*= 12 bräder. Tolftens kubikinnehåll skiftade både lokalt och över tid.

*Standard*= rymdmått för trävirke av växlande storlek. Oftast dock 165
engelska kubikfot, dvs. 4,672 m³, för sågat virke.

*1 kubikfot*= 26,17 liter.